困惑与超越

——西方文化与经济转型期的中国青少年问题研究

董娅　邓力　主编

人民出版社

国家社会科学基金项目

目 录

CONTENTS

导　言

自20世纪90年代确立建设完善的社会主义市场经济体制以来，我国步入了经济体制和经济增长方式由传统向现代转变的经济转型时期。一方面，经济转型的现代化发展目标，要求我们更加主动学习和借鉴西方发达国家的有益经验及文化；另一方面，世界经济一体化发展趋势带来的各国思想文化在全球化的舞台上相互激荡、相互交汇、相互影响的新景象，也使西方国家能够挟经济与技术之优势，将其文化强势渗透于我国。这就造成西方文化在我国经济转型环境下独特的强势渗透、交汇并存的存在状态，造成西方文化对我国社会和青少年思想多方面复杂影响的新情况。在国家社会科学基金资助下完成的《困惑与超越——西方文化与中国经济转型期青少年问题研究》一书，就是对这一新时代出现的新的文化现象进行深入研究后形成的专著。

一

研究西方文化在我国经济转型期对社会和青少年思想的影响，是一个全新的课题。能否客观展现这一特定社会条件下中西文化交汇、激荡的客观实际状况和发展趋势，能否真实地反映西方文化价值观及其新兴的文化样式对青少年思想影响的变化状况，揭示这种变化的复杂影响，准确地剖析在其积极影响后面潜隐的负面影响,并据此讨论系统有效的应对策略,是该书面临的难题。

为解决这些难题,必须首先找准正确的研究方法,方法对,则结论对,方法错,则整个结论都可能错。为此,在研究中,我们首先以辩证唯物主义和历史唯物主义的基本观点为武器,对西方文化的基本特质与多样性内容作具体的多样性分析,并根据我国社会主导价值观和社会主义精神文明建设和发展的要求,对西方文化在我国转型期社会的影响作了积极、无害、有害的区分。克服了从感性或感情出发,对西方文化及其影响作全盘否定或全盘肯定的笼统化、片面化、简单化评价偏向,使全书的研究建立在科学方法论指导的基础之上。

其次,在力图全面展现西方文化对我国经济转型社会和青少年影响全貌的基础上,将研究的重点放到负面影响及对策研究上。世界上任何民族的文化都有两面性,西方文化也不例外:一方面,西方文化特别是西方近现代文化,作为西方社会在市场化、工业化、现代化发展过程中积累的知识成果和社会生活样式的总和,其中先进的自然科学知识和技术、睿智的社会管理理念和管理方法,无疑对我国经济转型期的社会发展有极大的文化启迪作用。我们对其积极学习并由此获得的收益是客观存在的,不言自明的。我们的研究不是要去重复这些人人都看得见的东西,而是要从人们比较忽略的一面去揭示隐藏其后的问题。这就是西方文化作为近代资本主义世界体系兴起、扩张、危机、调整并动态发展着的资本主义的观念体系,在向非西方国家的传播和渗透中,表现出来的携资本和技术之优势的文化扩张性与霸权性;在与社会主义国家交流中,表现出的与其意识形态的矛盾性和对立性;特别是西方文化在伴随着西方资本主义社会充满危机的现代性发展中本身携带的难以克服的一些腐朽落后的文化元素,更是伴随信息全球化带来的文化交汇,不知不觉的进入我国,腐蚀人们的思想,尤其是腐蚀处于文化吸收期的我国青少年,使他们在经济转型和经济全球化的双重作用下,面临文化选择的困惑。因此,在研究中,我们本着发现新问题、研究新对策的思路,只对西方文化的积极影响作宏观方面的简要概括,而把西方文化的负面影响作为研究的重点,以便超越西方文化带给我国经济转型社会的文化选择困惑,更好的利用西方文化中优良的文化元素,发展我国的先进文化。

第三,运用理论分析与实证调查相结合的方法展开具体研究。既突出对西方文化中有负面影响的文化观念和类型的理论分析,又对其实际的影响状态进行广泛深入的实证调查。为了准确反映西方文化在我国的存在状态及其对转型期社会和青少年思想影响的客观实际情况,课题组成员深入社会、学校和青少年中进行了广泛持久的社会调查。用问卷调查、暗访调查和座谈调查等方法获得的案例和数据,对西方文化的具体影响作了定性与定量的分析,力求研究成果具有客观性、原创性和前瞻性。

二

全书一共八章,第一、二章是对西方文化及其在我国经济转型社会的存在状态以及对青少年思想和行为影响方式与影响特征等问题的研究,是对经济转型期西方文化作用与影响我国社会和青少年思想所作的宏观研究。研究经济转型环境下西方文化对我国青少年思想和行为影响的问题,首先需要对西方文化的基本特性及其在经济转型期的存在状态进行客观的梳理与概括,以便客观把握经济转型环境下西方文化这一影响源的根本性状。这既是本项研究展开的逻辑起点,也是科学进行本项研究的理论与现实基点。为此,全书的第一章以马克思主义文化观为指导,对西方文化的基本文化特质、纵向结构与多样性内容、层次结构与层次类型等本位概念进行了客观的梳理和分析;对经济转型期的内涵与社会特点做了简要的介绍;通过观察和分析,概括出了在经济转型社会特有的发展目标和经济全球化的双重作用下,西方文化出现的独特存在状态,即相对于 20 世纪 80 年代对我国社会主义意识形态构成直接和猛烈的冲击的状况,西方文化在我国转型期出现了相对理性与平和的存在状态,挟经济全球化之势强势渗透的存在状态,以及同我国本土文化多层面并存和交流的存在状态,从而为整个研究的展开作了客观的背景定位。

第二章是对西方文化在改革开放不同时期的传播方式及其对青少年思想影响的特征所作的纵向考察。西方文化对我国社会和青少年思想的影响始于改革开放之初,并在不同的时期呈现出不同的传播方式和影响性质。要准确地把握西方文化在经济转型期传播方式与影响青少年思想的特点,需要考察西方文化从 20 世纪七十年代末至今,在我国改革开放的不同时期传播与影响社会尤其是影响青少年思想的阶段性特点,以便在比较中认识西方文化在经济转型期传播与影响的独特性。本章将改革开放至今的发展过程分为三大阶段,分别分析了改革开放初期(1978—1983),西方理论文化在高校传播,对大学生思想形成的冲击性影响特征;改革开放深入期(1984—1989),西方文化进攻性传播方式,对我国政治制度和政治意识形态形成颠覆性冲击,造成大学生政治思想混乱的影响特征;经济转型期(1992—),西方文化利用经济全球化和日益紧密的经济文化交往,形成渗透传播与隐蔽性影响的特征。从而揭示出了西方文化在经济转型期利用大众文化制品、互联网和日常经济生活对青少年进行娱乐化、信息化、生活化影响的特点；揭示了西方文化在这一特定时期对青少年影响范围更为扩大，积极、无害与消极影响相互交织，抵御其消极影响更为困难的特点。

本书的第三章至第八章，主要研究了在我国经济转型期产生较大影响的几种西方文化观念和文化类型对青少年思想影响、特别是负面影响的客观实际状况及抵御对策，是对西方文化负面影响所做的具体化和深入化研究，也是本书的主体部分。本书的第三章着重探讨西方政治文化对转型期青少年政治观影响问题。西方政治文化是西方国家在长期的社会政治生活中积淀和形成的持久影响人们政治行为的政治心理倾向、政治价值观念和政治意识形态等的总和，包括自由、民主、平等、人道、人权、三权分立、多党制和多元主义等为核心内容的资产阶级的政治价值观念和政治意识形态，鲜明地体现着西方资本主义文化的基本特质，是西方文化重要和核心的部分。改革开放以来西方国家就不断向我国进行政治文化宣传和渗透，企图用它影响青少年的政治思想，改变我国社会主义的政治意识形态，达到西化的目的。进入经济转型期以后，西方国家更是将我国看作社会主义的最后堡垒，加紧了向我国进行政治文化的扩张和渗透，不断用西方资产阶级的人权、自由、民主、多党制等政治意识形态，干扰和诋毁我国社会的主流政治意识形态，影响青少年学生的政治思想意识。因此，抵御西方政治文化对青少年政治思想的负面影响，是与西方文化交流需要面对的首要和基本的问题。本章概括了西方政治文化的核心内容，梳理了西方政治文化向社会主义国家扩张渗透的多样化方式，在广泛的实证调查基础上，对转型期青少年接触了解西方政治文化的途径方式、程度特点、评价倾向以及西方政治文化对青少年政治观念的负面影响等问题进行了深入分析，深入地阐述了引导青少年认清西方政治文化在理论上的合理性与西方国家具体实施中虚假性的严重矛盾，帮助青少年充分了解西方政治文化的性质，正确认识我国社会主义政治制度和政治文化的民主性质，增强青少年抵御西方政治文化负面影响的政治思想素质。

本书的第四章着重研究西方个人主义对经济转型期青少年道德观影响的问题。西方个人主义是一种在解释个人与社会的关系上，强调个人目的、个人利益至上与优先，肯定利己具有合理性的理论体系和观念体系，是与西方资本主义私有制相适应的道德评价标准，贯穿于西方国家政治、经济和社会生活的方方面面，是西方文化最基本和核心的价值观。自改革开放与西方文化进行接触和交往以来，西方个人主义就与我国社会主义集体主义形成尖锐对立，价值观上的冲突始终相伴相随。坚持社会主义集体主义的价值导向，总是不断遭遇个人主义思想的干扰。进入经济转型期以后，在建立社会主义市场经济体制的过程中，个人主义思想对我国社会的影响进一步加强，它与我国社会中存在的小生产的自私自利思想相结合，已对我国社会主流思想文化和人们的道德意识形成极大的冲击，对青少年道德意识产生明显的消极影响。本章集中研究了西方个人主义的思想内涵与实质，分析了西方个人主义在经济转型社会的传播、滋生与具体表现，利用调查获得的第一手数据，重点分析了西方极端个人主义对转型期青少年认同集体主义价值观造成的不良影响和思想危害，在总结以往教育的经验教训基础上，阐述了加强抵御西方个人主义侵害的系统性策略。

本书的第五章研究西方消费主义对经济转型期青少年人生观价值观负面影响的问题。消费主义是第二次世界大战后在西方发达资本主义国家兴起的一种以消费至上为核心的社会思潮，它既是当代资本主义生产方式发展的必然产物,又是资本主义向全球扩张必然推行的生活方式、价值观念和文化态度。消费主义不仅包含着西方文化特有的放纵感官和享乐主义的生活价值取向,而且还创造出了诸如炫耀消费、身份消费、时尚消费、豪华消费、低俗感官消费等具体的消费方式,并以刺激经济持续发展为理由,在世界各国大力推销,对发展中国家人们的生活观念、消费欲望以及经济生产目标带来了消极影响,对自然环境带来极大的破坏。在经济转型环境下,西方消费主义通过与我国日益密切的经济和文化交流进入我国,对我国社会、特别是青少年的价值观人生观的形成和发展产生了严重的负面影响。抵御西方消费主义对我国社会和青少年思想的危害,是本书富有特色的内容。本章着重研究了西方消费主义产生发展的社会基础、思想内涵与本质,揭示了西方国家在世界推行消费主义的经济与政治目的,分析了消费主义在我国经济转型社会传播、扩散和现实表现,在调查研究的基础上揭示了消费主义对青少年人生观价值观健康发展造成的不良影响,提出了融社会调控示范、学校教育引导、家庭养成的系统化抵御消费主义侵蚀的对策。

本书的第六章研究西方拜金主义对转型期青少年思想负面影响的问题。拜金主义是资产阶级利己价值观的核心内容,是资本主义社会资本职能及其运动目的在意识形态上的反映,是资本主义社会最常见的金钱至上的价值观。经济转型以来,西方拜金主义在我国市场经济体制和规范还不健全的情况下,在社会各行业各阶层形成扩散之势,严重扰乱了经济运行秩序,败坏着社会风气,腐蚀着人们的精神,对相当一部分人,特别是正在成长中的青少年形成明显的负面影响。抵御拜金主义对我国社会道德意识和社会风气的腐蚀,抵御其对青少年思想的侵蚀,是社会主义精神文明建设的重要问题，也是研究西方不良文化影响的重要问题。本章的重点是对西方拜金主义在西方社会形成发展的根源及危害进行深入的揭示，对拜金主义在我国经济转型期的扩散、对青少年思想与行为的危害做出客观的分析和认识，并据此制定了包括社会和学校在内的抵御拜金主义对青少年侵蚀的对策。

本书的第七、八章集中研究建立在现代电子信息技术之上的西方制品文化和网络文化，在我国转型期对广大青少年形成多方面影响的新问题。西方文化制品（主要是大众文化制品）代替 20 世纪 80 年代在社会中流行的西方理论文化，成为青少年文化消费的重要选择品种；计算机互联网为支撑的跨国界、多媒体、交互式信息传递与交流平台，在经济转型期迅速发展，进入千家万户，使西方网络文化方便地进入我国社会，进入青少年视野，是经济转型期出现的两大新的文化现象。这两章就是针对这一新情况所作的专门研究。第七章研究了西方文化制品的特性及在我国转型期文化市场销售的状况，利用调查获得的数据对青少年消费西方文化制品的品种、途径、方式和特点进行了具体分析，重点研究了其中不良文化内容对青少年思想造成的危害，提出了强化阻断西方有害文化制品销售传播的长效机制、尽快建立西方文化制品分级制度，发挥学校在青少年选择和欣赏西方文化制品中的引导作用等抵御对策。第八章在分析西方网络文化造就了良莠兼容的文化信息图景后，重点分析了西方网络文化中的多种不良信息对青少年政治思想、价值观念、性观念、性行为以及道德意识等方面造成的冲击与危害，阐述了遵循网络文化特性，实施融导向示范、教育规束、道德约束、法律制裁、组织制约、技术控制等措施为一体的调控对策。以上八章共同构成全书完整的结构，体现了本书研究的主旨和内容。

三

本书的学术价值主要体现在:第一,以马克思主义的文化观为指导,对西方文化的基本特质、纵向结构、层次结构以及政治、伦理、经济、制品、网络等文化所做的理论概括和梳理,有一定的创新性,可以提高对西方文化的整体把握和具体内容的认识。第二,本书的研究成果,从一个侧面揭示了经济转型和全球化进程中,西方文化对我国社会主导思想文化、社会生活、大众心理以及青少年思想与行为影响方式、影响程度的客观实际情况,其研究成果可同20世纪80年代末90年代初的相关研究成果构成连贯的体系,真实地反映改革开放以来西方文化对我国社会和人们思想影响的过程及变化特点。第三,可以在同这之前的相关成果进行比较的基础上,具体认识经济转型期西方文化存在和影响的新特点、新趋势、新问题,从而为社会主义意识形态建设和文化建设,为政治学、文化学、伦理学和青少年思想教育学等多学科的研究,拓展新的研究视角,提供第一手资料。

本书应用价值表现在两个方面:首先,本书在大量调查研究基础上得出的关于西方文化对青少年思想产生消极影响的调查数据和分析结论,可以为国家制定对外文化政策和文化建设政策提供依据。书中对国家采取宏观文化调控的策略,如端正社会主导媒体在宣传西方文化上的理性态度,建立西方影视进入我国的分级制度等对策建议,具有简便易行的应用价值。其次,本书的研究成果可以帮助学校掌握经济转型期西方文化对青少年学生隐蔽性、渗透性和生活化、娱乐化的负面影响特点,运用书中阐述的理论澄清与实践锻炼活动相结合的教育和引导策略,正确分辨现实中存在的西方文化的具体特质,引导青少年积极吸收其中有益的成分,抵御其不良因素的消极影响,增强学校在经济转型和多元文化并存环境下的文化导向能力,发挥学校在文化引导中的有效作用。

第一章

西方文化及其在我国经济转型期的存在形态

人既是创造文化的主体，又是被现实存在的文化影响和塑造的客体。在经济全球化和我国经济转型环境下，西方文化与我国本土文化相互激荡，对我国社会和人们的思想，尤其是青少年①思想形成不同向度的影响，已是不争的事实。在这一文化影响的过程中，西方文化影响力的大小，一方面取决于西方文化内在特性以及同我国社会发展需要的联系度；另一方面取决于西方文化在我国社会的具体存在状态。前者是西方文化影响形成的内因，后者则是外因，两者相互联系，缺一不可。因此，研究经济转型环境下西方文化对我国青少年思想和行为影响的问题，首先需要对西方文化的基本特质、西方文化在我国经济转型期的存在状态等问题进行客观的梳理与概括，以便准确把握经济转型环境下西方文化这一影响源的根本性状。这既是本项研究展开的逻辑起点，也是科学进行本项研究的理论与现实基点。

① 按心理学对人生年龄阶段的划分界定，青少年时期是对少年期（11—12岁）、青年初期（14岁—18岁）、青年晚期（18岁—25岁）的总称。本项研究所指的青少年就是采用的这一界定。

一、文化的基本内涵及性质

西方文化是人类文化的重要组成部分,对它的认识和分析,需要在一般文化概念和理论的指导下进行。因此,我们有必要先了解文化的概念及其分析的基本理论和观点。

文化是一种复杂的社会现象,有人说它既是看得见又是看不见的东西。文化学家罗威特曾感叹:"我被托付一项困难的工作,就是谈文化。在这个世界上没有别的东西比文化更难捉摸。我们不能分析它,因为它的成分无穷无尽;我们不能叙述它,因为它没有固定的形状;我们想要用文字来规范它的意义,这正像要把空气抓在手里似的。当我们去寻找文化时,它除了不在我们手里以外,无处不在。"①现实中的文化确实像罗威特所说的那样,让人很难把握,却又让人感到它无处不在。因而对文化的理论研究也视角各一,可以从精神的、物质的、符号的、价值的、生物的、活动的等多个维度概括文化定义。法国社会心理学家 A. 蒙尔统计了 19 世纪到 20 世纪 70 年代的文化定义,发现竟达 250 个之多。

马克思主义坚持从物质生产是一切社会现象的基础这一根本观点出发,揭示文化的发生和发展,从而为正确把握文化提供了科学的观点和正确理解的基本方法。我国学者由此出发,对文化的定义主要从两个层面来理解:一个层面是从人的物质生产活动的创造性实践特性的角度所作的广义的理解,将文化定义为由人的

① 转引自殷海光:《中国文化的展望》,上海三联书店 2002 年版,第 26 页。

实践活动创造的"人化"成果,表现为"特定社会的具体的存在方式和样式",[1]显然,广义的文化概念是从人与自然相区分的角度来定义的,把文化看做是人的创造性本质和人类基本特性的对象化产物,将经由人的主观能动性创造出来的、体现着人的需要和智慧的一切物质的、制度的、精神的成果都统称为文化。另一个层面,则是从经济基础与上层建筑关系的角度所作的狭义的界定,将文化看做建立在特定经济基础之上的"以社会意识形态为主要内容的观念体系,是以社会的经济、政治相对应的、由哲学、道德、宗教、文学、艺术、科学等意识形态和生活观念形态所构成的领域"[2]。狭义的文化概念将文化看做与经济、政治相对应的观念意识及其理论化的部分,看做是由特定社会的经济和政治状况决定的观念体系。

尽管我国学者对文化的外延与内涵存在广义和狭义的不同看法,但在马克思主义科学世界观和方法论的指导下,对文化基本特性的看法却是基本一致的,即认为文化是人类在认识和改造自身生存条件的社会实践中创造的,是社会实践经验的集中结晶,体现着人的本质与精神特性。文化的外延虽然是宽泛的,但其基本内容总是包含着语言文字体系、精神思想传统、价值伦理观念、意识形态理论、科技知识体系、风俗礼仪系统、生活方式等综合化的意义体系。文化总是以各种民族的、区域的形态具体存在。各民族的文化是在各自生活的自然环境、社会生产过程以及独特的社会心理和历史发展中逐渐形成并发展的,不同的文化凝聚着人们不

---

① 李秀林等主编:《辩证唯物主义和历史唯物主义》,中国人民大学出版社1998年版,第408页。

② 同上书,第407页。

同的智力发展水平、思维方式、价值观念、审美情趣。每种文化有其自身的特点，如中华文化、印度文化、西方文化、伊斯兰文化等都有自己在基本价值观念和行为方式上的独特性，迄今为止，世界上还没有形成所谓的统一文化。各个不同国家和民族的文化，一方面，影响和塑造着本民族和本国人的思想观念和民族性格，使生物结构相同的人类，有了文化确立的社会差异和不同归属；另一方面，由于人类实践活动具有的共性，还可以相互交流和学习，自主地吸收其中适合自己民族发展的内容，丰富与发展各自民族和国家的文化，进而推动整个世界文明的发展。

二、西方文化的定义与概要

（一）西方文化的定义

由于学者对文化概念理解的多样性，要给西方文化一个普遍认同的、抽象精确的定义还比较困难。目前，理论界比较有代表性的定义有三类：第一类是从广义的笼统角度给出的定义，认为可以将西方文化看做是“西方人之为西方人的精神背景”①，也就是西方社会和西方人具体的生存方式及其相应的观念体系。第二类是从文化的地域及来源角度给出的定义，认为：“西方文化中的西方，从地域上讲，一般指欧美，西方文化指的是欧美文化，从内容上讲，就是指以古希腊罗马文化为传统，以基督教为基础而形成的独具特色的文化。”②第三类，是从文化的时代特性与社会属性的角度给出的定义，认为“对于近代中国而言的所谓西方文化，是指扬

① 李小兵：《资本主义文化矛盾与危机》，中央党校出版社1991年版，第286页。

② 孟节省、林雪原：《西方文化漫谈》，红旗出版社2000年版，第4页。

弃了古典希腊、罗马时代和中世纪基督教时代的近代西方文化”①。而“近代西方文化是围绕着资本主义世界体系的兴起、扩张和危机而形成的,是以欧洲和欧洲化了的北美大陆为主的资本主义社会的符号—价值体系”②。

以上三类定义对于从不同角度把握西方文化的特定意义都有重要的启迪作用。但在对西方文化的科学性界定方面都还存在不足。第一种定义过于笼统,很难对西方文化的具体内容和特征进行具体把握;第二种定义强调了西方文化的地域性特点却忽视了对西方文化质的规定性;第三种定义是相对比较科学的定义,着重强调了西方文化的特定历史阶段以及社会性特质的规定,但却未能对包括古希腊、古罗马在内的西方文化做整体的全景式的界定。综合三种定义的要义,结合本项研究的特定要求,我们为本书所指的西方文化做如下界定:西方文化是指以欧洲及欧洲化了的北美大陆为主要地域界限,以古希腊、罗马文化、中世纪基督教文化为基础,以近代资本主义世界体系的兴起、扩张、危机、调整、并动态发展着的资本主义社会的观念形态为基本特质的文化体系。③ 在西方文化漫长的发展历史中,虽然欧洲及欧洲化的北美各国都为西方文化的发展做出了特有的贡献,但在不同时期,又往往以其中经济文化较为发达的西方国家文化为代表和标志。最早是古希腊和古罗马文化;文艺复兴时是意大利文化;十六世纪以后是英国文

① 黄楠森主编:《有中国特色社会主义文化研究》,山东人民出版社 1999 年版,第 184 页。

② 孟节省、林雪原:《西方文化漫谈》,红旗出版社 2000 年版,第 187 页。

③ 马克思主义产生于西方,从地域上讲应纳入西方文化,但作为无产阶级和社会主义的理论基础,它已与西方文化的基本特性有本质的区别,故不包含在本项研究所指的西方文化之中。

化;进入二十世纪以后,美国文化成为当代西方文化典型的标志。本书研究的经济转型环境下的西方文化,就主要是指以当代美国文化为中心范式的西方文化。

(二)西方文化的基本特质

文化的基本特质是指一种文化最主要、最基本的文化精神以及作为该文化主导意识形态的核心价值体系及其社会属性,是一种文化与另一种文化相区别的核心与根本的部分。历史唯物主义认为,一种文化的基本特性,从其根本性上看,是由这种文化赖以产生和发展的社会生产方式及其社会形态的性质决定的。"一定文化是一定社会政治、经济在观念形态上的反映。"①中西文化的差异,就其本质上说,是由中西不同的社会生产方式以及由此决定的核心价值观念体系不同造成的。现代西方文化虽然经历了奴隶制、封建制等几个社会形态的发展,文化内容比较复杂,但就其本质看,应属于以崇尚个人激进性(肯定人的需要、人的价值、人的自由和意志能力)为根本取向,同资本主义生产方式发展相一致的文化体系。只有把握西方文化这一基本文化特质,才能正确认识西方文化的本质以及独特的社会属性,进而对西方文化的影响有理性的认识。

西方文化的发源地古希腊、古罗马虽然处于奴隶制社会形态,但贫瘠的山地和环海洋的地理环境,使古希腊和古罗马人与商业活动很早就有着密切的联系。航海、商品贸易、城邦生活以及向海外的扩张和征战等,是古希腊、古罗马人的主要生存与活动方式。在此基础上形成的古希腊、古罗马文化,内在地包含着以下独特的

① 《毛泽东选集》,人民出版社1991年版,第694页。

观念取向:崇尚人的自由、强健体能与精神的力量;积极探索和认识客观世界运动变化的奥秘;不断追求财富的增殖与活动领域扩大;认同城邦民主与法制等,带有明显的个体激进、客观性探索与城邦文明的特征。古希腊、古罗马文化的这种特质,与现代资本主义生产体系兴起和发展所需要的文化价值观,有着直接的血脉相承性。它不仅是推动欧洲诸国在相对短暂的时期里、冲破封建制度和教会统治、迅速建立资本主义生产方式的文化基因,而且经由文艺复兴的文化继承和发展运动,被注入了张扬人的个性、自由、创造力以及崇尚科学创新的资本主义思想因素,为以自由市场经济为基础的资本主义生产方式的发展提供了合理性的精神支撑和动力。伴随着资本主义体系的兴起和动态发展,西方文化经过宗教改革、科学革命、启蒙运动等一系列资产阶级思想解放和理论创新运动,一个以私有财产神圣不可侵犯观念为基础,以个人主义、自由主义、理性主义和新教伦理为核心的资本主义意识形态体系日臻完善,并最终随资本主义制度的发展,成为了近现代西方国家占统治地位的主流意识形态。

西方资本主义国家的这一主流意识形态体系,既与古希腊古罗马文化和基督教文化有着传统的渊源,又与资产阶级利益要求和精神文化需要密切联系,推动着资本主义世界体系的强势发展。私有制观念为资本主义制度的合理性、长存性、不可动摇性提供有力的文化支持。个人主义和自由主义作为西方文化最基本和核心的价值观,既是一种社会理想,也是一种政治理念,更是一种价值判断标准和生活方式。个人主义和自由主义作为西方文化的核心价值观和思想旗帜,贯穿于西方社会政治、经济、伦理和日常生活的方方面面,具有多种的含义。但其基本的理念主要包含以下观点:个人主义认为个人是社会最基本的单位，在发生学和本体论上具有优先权；个人是目的，具有最高的价值，社会只是个人目的的手段。"人人生而平等，造物主赋予个人某些不可转让的权力，其中包括生命权、自由权以及追求幸福的权利。"①一句话，个人主义是一种强调个人目的和个人利益至上与优先的观念。以个人主义为出发点建立起来的自由主义，则主要强调社会共同体中每个人的财产自由、市民经商贸易的自由尤其是市场的自由以及个性发展的自由、政治自由、信仰、言论出版和集会等多方面的自由权利。当代著名的政治哲学家罗尔斯总结了自由主义的若干原则，认为其中最重要的原则包括自决原则（个人的生活只有在自我决定即自由选择的意义上才是有价值的）、最大限度的平等自由原则（国家应当保障每个人等同的最大的个人自由）、多元主义等等。简言之，自由主义把自由价值置于其他价值之上，强调尊重个人的自由，不信任权力，不相信权威，坚持宽容和民主政治，保持对社会的批判精神。个人主义和自由主义虽然各自的具体内容不同，强调的价值不同，但两者又是紧密联系不能分离的。个人主义是自由主义的前提，自由主义是个人主义的保障和归宿，两者相互依存，你中有我，我中有你，共同代表着西方人尤其是新生资产阶级的利益要求、理想诉求和制度安排。个人主义和自由主义的文化价值观，相对于中世纪的宗教神学观念和封建等级观念，无疑是巨大的进步。它对个人价值、个人利益的承认和对个人自由的推崇，给世俗化的人们尤其是在中世纪处于被压迫地位的新兴资产阶级，指明了社会理

① 《独立宣言》，转引自石云霞等编《美国人权问题研究》，武汉大学出版社1998年版，第94页。

想和制度安排的根本取向，成为资本主义发展的主要伦理价值和精神动力。同时，这一核心价值观也使资产阶级成为资本主义制度中的最大的获益者。因为在一个“去除了宗教、王权和关税等等束缚的自由市场经济中，一个挟资本和技术优势的阶级自然可以轻易打败其他阶级，通过大量占有社会生产的剩余而上升为统治阶级，甚至将这种统治延伸到世界的任何角落”。① 个人主义、自由主义和民主政治为资本主义世界体系的建立和发展提供着观念和制度上的支撑与保障，是西方资本主义国家向外扩张必然同步推行的核心价值观。

理性精神，也称理性主义或科学主义，是统摄西方文化的基本精神，它既包括人们认识能力、思维能力以及科学创造活动中表现出来的科学精神，也包括人们在处理政治、法律、道德、经济等日常社会活动中表现出来的合理态度，集中表现为以下四个层面的科学态度和追求：(1)纯粹理性：即超出一己感官欲望和利害关系，不求功利和得失的探索未知事物规律的精神，探索未知、反映客观、寻找规律、追求真理，本身就是表现人的价值和智慧的神圣目的。(2)实践理性，也称实用主义：以活动结果应对人有利的合理态度，处理自己与周围世界的关系。(3)分析精神：即自觉区分主体与客体，对客体进行深入地分解研究和综合概括，找出内在联系和规律的精神。(4)实证方法：重视经验的观察和第一手材料的大量收集和认识，不迷信，不盲从，重视理论的验证与实践操作等等。理性主义在古希腊文化中萌芽发展，中世纪虽受到压制，但仍不绝如缕。随着文艺复兴、宗教改革、启蒙运动的相继兴起，理性

① 黄楠生等主编：《有中国特色社会主义文化研究》，山东人民出版社 1999 年版，第 191 页。

精神迅速成为社会的主导观念和原则，一切都被押上理性的审判台，促进了17世纪的科学革命和18世纪的工业革命。[①] 理性主义一方面促进了资本主义在科学研究和物质开发方面的巨大发展和进步，创造了无与伦比的科学理论和技术成果，推动着社会生产力和竞争力的全面发展；另一方面也支撑着资产阶级在市场竞争中利用先进的物质技术和扩张武器击败对手，实现利润最大化，并控制世界市场，夺取世界霸权，对资本主义世界体系的维护和发展提供着关键的不可或缺的科学技术支撑，是西方文化中最为突出的基本特质之一。

西方文化精神从渊源来说，还起源于经过宗教改革运动形成的新的基督教教义。这种新的基督教教义否认教会的绝对权威，从宗教理论的逻辑上创造出了"上帝面前，人人平等"的基督教原则。认为"任何程序良好和健康社会的基础，是对个人的尊重，个人应当享有一系列普遍的不受侵犯的、不容剥夺的权利"[②]，给予新兴的资产阶级意识形态以极大的宗教支撑，满足了资本主义市场经济发展的文化要求。新教教义还将基督教精神与世俗的生活相结合，将资产阶级原始积累所需的勤俭节省、进取开拓、尽职尽责、守时律己的精神与宗教的灵魂救赎联系起来，形成了近代以来资本主义发展中所普遍存在的"禁欲苦行"的人生观。资本对于财富增值的渴望，又强化和刺激了资本主义的这一新教伦理精神的发展，从而使人的一切行为都围绕资本的增值展开，推动着资本主义社会理性主义的真正勃兴与科学的飞跃发展。新教伦理作为

---

① 孟节省、林雪原：《西方文化漫谈》，红旗出版社2000年版，第6页。

② [英]罗纳德、欧文著，吴章彬等译：《西欧基督教民主党》，上海译文出版社1987年版，第75页。

从中世纪基督教中分离出来的一种文化要素，与个人主义、自由主义、理性主义一起共同构筑了西方文化主导和基本的精神特性。

以上几种思想理论及相应的价值观代表着西方文化中的主流意识形态和基本精神，支撑着资本主义体制在世界的强势发展，是西方文化服务于资本主义制度的社会属性的具体体现。在当前西方各国的文化发展中，将以上西方文化基本特质融合得最完备、体现得最充分的当数美国文化。掌握西方文化这一为资本主义社会发展和扩张服务的基本文化特征，有助于我们在学习借鉴西方文化有益成分的同时，保持正确辨别能力和应有的文化警惕。

（三）西方文化的纵向结构及多样化内容

西方文化的基本特质，是西方文化的主流意识形态和贯穿于整个文化之中的比较稳定的基本观念体系。虽然通过它可以把握西方文化的基本精神和社会属性，但西方文化作为几千年西方人在社会实践基础上积累的对自然、社会、人以及相互关系的能动意识和对象化的生产生活的结晶，其内部却是多样与纷繁的，绝非用基本特质就能概括的。尤其是对我国经济转型期社会产生影响的西方文化，更不只是用西方文化基本特质就能概括的。为此，需要对西方文化进行纵向的结构的分析，以把握其内容发展性、变化性、多样性的特点。

文化的纵向结构，是从文化历史发展的时间顺序出发，对文化内容发展状况进行的结构性概括。历史唯物主义认为，一定文化是一定时期的社会经济、政治状况在观念形态上的反映，而社会的经济、政治状况又是一个历史发展过程，有明显的时代性，因而不同时代的文化有不同时代的内容和特质。同时，文化作为人类精神的载体，又具有超越特定时代的限制而被传承下来的独特性。

前一时代的文化与后一时代生成的新文化共存于世，造成不同时代的文化汇集于同一时代，彼此既相互区别又相互重叠和包含，是一种普遍的文化现象。文化学家将这种现象概括为文化的纵向结构。用这种文化纵向结构分析西方文化，可以看到伴随西方文化的历史发展，当代西方文化交汇着西方古典文化、近代文化、现代文化、后现代文化等不同时期的文化元素，具有传统与现代、后现代交织汇集的文化多样性。

古典文化是指文艺复兴之前的文化，也可称为西方的传统文化。它主要由古希腊的哲学理性精神、古罗马的法制精神和希伯来的宗教精神构成，由古希腊哲学、神话、悲剧、罗马法及雕塑、圣经等文化瑰宝和德谟克利特、柏拉图、亚里士多德、奥古斯汀等众多不朽名人的伟大思想成果组成。相对于近代现代西方文化，西方古典文化是一种离世俗功利较远而重在表现人的思想能动性、创造力和精神追求与归宿的文化，因此有学者将其称为纯粹文化、神圣文化。这些来自远古的文化，虽然不断受到后世文化运动如文艺复兴、启蒙运动、宗教改革的冲击与发展，但是正如西方著名学者怀特海所说“两千五百年的西洋哲学，不过是柏拉图的一连串注脚”①一样，一方面，古典文化内在包含的精神实质被西方后来的文化创新抽取和吸收，成为西方文化和各国文化发展取之不竭的精神源泉和文化素材；另一方面，古典文化作为与现代西方文化过分世俗化与物化有别的文化品种，正在被越来越多的西方人视为精神家园，其原始文本和超越世俗功利的纯粹与神圣的文化精神，正以比原始装束更加光彩照人的面目出现在西方社会，形成具有长久稳定性

① 转引自荆学民：《文化困境：社会转型期信仰迷茫的文化因素探察》，《求是学刊》1999年第2期。

和普遍性的文化存在和文化影响力量。西方古典文化不仅对西方文化具有“根源”的存在价值和意义，而且对世界各国文化也有着深远而持久的影响。

西方近代文化，是指以文艺复兴为开端，中经宗教改革、启蒙运动、科学革命、工业革命等文化运动和工业化运动而形成的崭新形态的文化。它伴随西方国家由中世纪社会向资本主义社会转型的历史过程而形成与发展，包括从文艺复兴到19世纪中叶之间的全部文化。西方近代文化，从本质上看是西方资本主义生产方式和制度由萌芽到确立，再到迅速发展过程的社会发展要求和状况在观念形态上的反映，它的形成与发展是人类文化和文明的质的飞跃。在它形成发展的不长时间里，不仅促进了包含各种新观念、新主张的社会思潮和文化运动不断迭出，文学、艺术、哲学、科学以前所未有的繁荣和成果，推动着西方文化数量的成倍增长，而且在文化的整合中，逐渐形成了以个人利益和自由为取向，以理性主义、新教伦理、个人主义、自由主义为核心的近代西方文化体系。近代西方文化的基本文化精神和价值取向集中表现在西方文化的基本特质之中，这一文化特质已在前面作了概述，在此不再赘述。正是近代西方文化内蕴的基本文化精神、价值体系及提供的科学与技术知识，推动着资产阶级“在它不到百年的阶级统治中所创造的生产力，比过去一切世纪创造的全部生产力还要多，还要大”①，并在生产力高速发展的同时，改变了西方社会政治、经济和文化生产的目的与制度，使人的生活由为神而活，转变到了为个人利益、个人自由和幸福而活的目标上，从而给予社会不同阶层人们发挥积极性以“最强的动力”。正因为如此，西方不少学者认为，

① 《马克思恩格斯选集》第1卷，人民出版社1995年版，第276页。

与西方古典文化相比，西方近代文化是一种人本文化、世俗文化。西方近代文化内含的科学主义和人本主义精神以及在此观念上发展出来的制度文化、科技文化，对正在探索由传统社会向工业社会转型的国家和社会，无疑具有极大的文化启迪作用。我国五四时期提出的向西方科学与民主学习的口号，就是基于西方近代文化这一基本文化精神而言的。

伴随西方社会工业化和科学技术发明的飞速发展，资本主义也开始逐渐由自由竞争发展到了垄断阶段，资本主义社会的矛盾和危机开始逐渐暴露出来，西方文化也由近代文化发展到了现代文化。西方现代文化是指 19 世纪中后叶以来形成的文化形态。这一文化形态虽然从内容上看，涌现出了不少对资本主义制度持怀疑、否定乃至反抗的思想理论，如现实主义文艺思潮及其成果、社会主义思潮及其思想理论以及二战中流行的存在主义等等，但就其文化的主流看，仍然秉承着近代文化最基本的精神和价值。不同的只是，西方现代文化在科学革命和工业革命创造出来的强大生产力以及资本主义世界体系迅速扩张面前，产生了对人（准确地说是对拥有资本和技术的资产阶级及其制度）的自我力量的盲目乐观情绪和"唯我独大"的扩张侵略取向，将个人主义和自由主义发展到了非理性的程度。这种取向的突出的标志就是：叔本华唯意志主义和尼采权利主义等思想理论的产生，并在西方现代文化中占据突出的地位。我国学者认为，现代西方文化表面看来思潮纷繁，价值杂乱，但占主流地位的是一个由内蕴享乐的功利主义、非理性的主体主义和唯科学主义构成的文化价值体系。① 其

① 卢风：《现代西方文化与功利主义》，《社会科学研究》2000 年第 4 期，第 460 页。

主流价值取向概括起来就是：上帝死了，宗教、伦理对人的控制不复存在，人的意志成为存在的基础，个人成为最高和终极的目的；个人的目的就是追求财富增长，获得无止境的物质生活的舒适富足和感官欲望充分满足的幸福；而理性主义创造的科学技术是保证个人幸福的最重要的工具和途径，只要不懈地追求知识和科技，人就能达到类似上帝的全智全能，就能为所欲为地去追求并实现个人的任何目的、欲望，获取最大的成功与幸福。在西方现代文化的价值观中，自文艺复兴以来形成的人本主义，从反对神本主义，追求个人的自由平等，注重人的德性、理性的全面发展以及对人的尊严、价值、基本权利的尊重，畸变为了放纵人的意志、自由和欲望，去单纯追求物质满足、本能满足以及感官享乐的非理性主义和享乐主义。理性主义则演变成了功利主义、实用主义和科学至上、科技万能的唯科学主义，变成了凭借科学知识和技术，控制对手、战胜他国、征服自然的人类中心主义和霸权主义。资本主义的垄断扩张和矛盾与危机形成了西方现代文化特有的以非理性主义和人类中心主义为取向的文化价值体系，而西方现代文化具有的以上文化倾向，又从观念和精神上支持与助长着资本主义社会的个人主义、无政府主义的泛滥及其向他国的扩张与侵略活动，加速了资本主义社会的矛盾与危机。正是这种社会现实与文化的双重作用，导致在20世纪初期短短的三十多年时间内，爆发了两次世界大战，并成为今天西方资本主义社会极端个人主义、拜金主义、享乐主义泛滥，人们精神颓废、暴力吸毒等社会病根治不绝的重要原因。

后现代文化的“后”（post）一般是指现代之后的意思，从时间上看，后现代文化形成于现代文化之后，是20世纪60年代左右在西方发达国家形成的一种相对独立的文化形态。[1] 它的产生与西方社会出现的现代性矛盾和危机有着直接的关系，同时也与二战以后新技术革命兴起加剧的人与社会的矛盾状况相联系，新技术革命一方面促进生产力的发展，增强了人对自然的控制，提高了人们的生活富裕水平，另一方面又带来了环境污染、生态失衡、人文精神失落，军备竞赛。特别是随着西方经济从工业化转向信息化进程之后，文化被广泛地纳入商品生产范畴，精神文化的生产从高尚地位降为普通商品生产，为获取文化生产利润，文学、艺术、影视等必须适应市场消费需求及其变化，不断变换内容和形式。表达自我感悟，体现自我意识的文学艺术创作，成为了为市场需要和获取利润进行的商品生产活动。文化创造的商业性、无主体性、无权威性、无历史性成了当代西方文化的重要特点和形式。正是西方当代社会经济、科技和文学艺术的以上变化状况及其在人们心理上的反映，推动着后现代文化从现代文化中脱胎而出，成为与西方现代文化观念迥然有别的文化形态。

后现代文化从基本特征上看，是“以否定和超越西方近现代主流文化的理论基础、思维方式、价值取向为基本特征的，是当代西方社会的经济、政治、科学技术状况在观念上的反映”。[2] 后现代文化在理论基础和思维方式上最鲜明的取向就是：拒斥近现代理性主义的形而上学，反对现代科学主义中的基础主义、本质主义、理性主义，宣扬不可通约性、不确定性、易逝性、碎片性、零散化。认为以理性和逻辑为基础制定出来的科学实证方法不过是某种类型的游戏规则，如果将其当做规范，就会束缚人的想象力。并

---

① 刘放桐：《新编现代西方哲学》，人民出版社 2000 年版，第 616 页。

② 赵光武：《怎样认识后现代哲学》，《求是》杂志 2002 年第 8 期，第 49 页。

主张通过对概念、文本等现存知识的原有结构的消解与颠覆，发掘并肯定被中心意义所排除、隐蔽、遗忘掉的意义，特别是那些普遍和确定意义之外的意义。由此可见，后现代文化从其特性上看，是一种推崇不讲本质、不讲基础、没有标准的相对主义和多元文化主义。

从相对主义世界观和方法论出发，后现代文化对近现代西方文化传统的观念进行了否定、批判与超越，从而使当代西方文化的价值观念发生了复杂的变化。一方面，在后现代文化对近现代文化激进的否定中，从新教伦理延续下来的勤劳、节俭、律已、尽责以及追求成功的资本主义伦理精神，被置之一边，主张放逐理想，躲避崇高，消解责任，享乐当时，游戏人生的“且趣当生，奚遑死后”①的及时享乐人生观逐渐占领上风，将近现代西方文化一致推崇的奋斗、节俭、追求成就的资本主义新教伦理精神消解为了消费主义生活价值观。这是后现代文化对近现代文化所作的一种消极的否定，它使本来就充满金钱占有与享乐取向的西方文化面临更大的危机。另一方面，后现代文化对近现代西方文化处理人与社会、人与自然关系的核心价值观念则作了十分积极的超越。这种超越集中表现为：在人与人的关系上，后现代文化反对个人中心主义（即极端个人主义），认为每个人都不可能单独存在，自我不是自足的，而是永远处在与他人的关系中，因此个人应养成倾听他人、学习他人、宽容他人、尊重他人的美德；在人与自然的关系上，后现代文化反对人类中心主义，强调人与自然是一个有机整体，世界万物都有其价值和目的，自然不是人类占有掠夺的对象，而是需要关爱照料的因素；在

① 《列子·杨朱第七》。

对待社会不同群体上，后现代文化主张关注处于社会边缘的弱势群体的价值与利益，反对男性中心主义和父权制。此外，后现代西方文化同近代西方主流文化对资本主义持乐观肯定的态度相反，它继续了西方现代文化中的社会批判传统，对当代西方社会的种种矛盾进行了揭露和批判。正是由于以上独特的文化特征，不少学者认为，后现代文化是晚期资本主义社会文化逻辑发展的必然结果，深刻地反映了当代西方资本主义社会和文化的矛盾性及发展趋向。后现代文化最早产生于以法国哲学家德里达和福科、德国哲学家伽默尔、美国哲学家蒯因和罗蒂等为代表的哲学理论中，后广泛地存在于艺术、文学、历史学、政治学、伦理学等意识形态的诸多领域，随着其后在西方社会的流行与风靡，后现代文化所缔造的思想理论和价值观念，现已成为当代西方发达国家人们所普遍持有的一种心态，一种存在状态。"①

从对西方文化的纵向结构分析中可以看到，同任何社会的文化都存在多向度的思想理论和观念意识一样，西方文化在伴随西方资本主义社会内在矛盾的发展中也表现出多向度和多样化的内容特征。科学主义、个人主义、自由主义、新教伦理，由于适应了资产阶级和资本主义制度发展的文化需要，构成了西方文化的主流和基本精神，占据支配地位并贯穿于西方文化发展的全过程。与此相对的是怀疑否定和反抗资本主义统治秩序的反主流文化，包括社会主义思潮、现实主义文艺思想运动、存在主义以及后现代文化等等。反主流文化以激进的或温和的方式批判主流文化的意识形态，动摇主流文化的统治地位和它维系的资本主义体制，体制则

① ［英］安吉拉默克罗比著，田晓菲译：《后现代主义与大众文化》，中央编译出版社 2000 年版，第 5 页。

竭力压制或消除反主流文化的激进成分，去除其颠覆的性质。“主流文化与反主流文化在彼此对抗的同时，也相互渗透，乃至相互转化，推动着西方文化自身的发展。”①西方文化内部这种多向度文化观念文化元素并存、并相互对抗、渗透和转化的状况，作为当代资本主义世界体系中经济、政治、文化发展的内在矛盾的表现，构成了西方文化思想理论和观念取向各异，良莠混杂，难以简单肯定和否定的特性。当这些复杂多样的西方文化观念和文化元素，以“西方文化”这一统一的名称进入我国，对我国的社会、文化及人们思想产生影响时，我们显然不能用肯定或否定的态度简单对待。相反只能对其作具体的分析，以便从这一博大的文化体系中积极吸收有利于我国社会和文化发展的有益成分，摒弃其中落后的、腐朽的、不适合我国国情、不利于社会和人的全面发展的内容，使我国从全球文化交汇激荡的过程中受益而非受害。

（四）西方文化的层次结构及多层面类型

文化的内容并不仅仅表现为以语言符号为载体的观念形态，文化包含的特定社会的价值观念、思维方式等观念内容总是会通过人们的社会实践活动对象化为可以感知、理解、记忆、体验的文化形式。文化的层次结构就是指文化这种由内在的抽象的符号观念体系，向外延伸为制度规范、生活方式等不同层次的表现形式，是在文化的横截面上显露出来的文化的不同表现形式及其相互联系。从文化的层次结构上把握西方文化的多样表现形式与结构类

① 黄楠森等主编：《有中国特色社会主义文化研究》，山东人民出版社 1999 年版，第 192 页。

型，可以更为理性地对西方文化在我国经济转型期的存在状态作具体全面的分析。

同其他文化一样，西方文化从横截面上看存在着由里及表的四个层次。它的最里层是西方人在共同的社会生活和生产过程中历史形成的心理态文化（也称观念文化），包括西方人的价值观念、风俗习惯、道德观念、审美情绪、思维方式以及由此所决定的某种社会意向、时尚、趣味、生活态度、生活方式等世俗形态的文化，是西方人在漫长的历史发展中积淀下来的隐型文化结构，也是西方文化的深层结构，具有普遍性、群众性和相对稳定性。由于这一层次的文化内容与人的身心和行为浑然融合，因而只要与西方人交往共事，就能深切地感受到西方文化的独特的性格特点。第二层面是由专门的精神生产者概括或创造出的意识形态诸形式，包括经济理论、政治法律思想、道德伦理学说、文学艺术、哲学宗教和科学等理论化系统化的社会意识的表现形式，充分体现了西方人对自然、社会以及人自身的基本观点和看法，是整个西方文化最集中、最精确、最具意识形态意味的文化内容，处于西方文化的核心，对其他层面的文化具有导向和定位的作用，是文化交流中最主要最直接的部分。以上两个层面的文化内容，又可统称为西方文化结构中的精神文化。第三层是体现在社会组织活动中的制度文化，包括与西方人的价值观念、思维方式、文化传统相一致的组织形式、组织规则、行为规范以及固定化程式化的经济运行制度、政治法律制度、礼仪制度、婚姻制度、家庭制度、公司制度等文化形态，被季羡林教授称为心物结合的部分。西方文化是一种既推崇个人自由，又讲究规范管理和法制的文化，在经济体制、政治体制、公司制度的建构上表现出了特有的理性智慧和先进管理经验，其中有的内容值得我们认真研究与借鉴。西方文化的最表层是知识与观念对象化的表现形式，即物质形态的文化，包括生产工具—工艺技术文化、生态文化、服饰文化、建筑文化以及通过各种人造产品反映出来的设计制作理念、审美情趣等。西方文化在物质文化层面显示出了极大的创新性、超前性。物质文化最容易为人们感知，也最容易被其他民族的人无抵抗地接受与学习。

在西方文化中，心理文化和理论文化结合而成的精神文化体现着西方文化的价值取向、思维方式和基本精神，具有明显的意识形态特性。物质文化既是精神文化和制度文化的对象化，又是决定和制约三个层次文化发展水平的重要因素，规定着其他三个层次的文化所能达到的程度和水平。制度文化具有双重性质，一方面制度文化受到精神文化和物态文化的规定，另一方面制度文化特别是其中的政治体制文化，又对精神文化、物质文化起巨大的规范作用。三个层次的文化形态相互联系，构成由表及里的多层次统一的“文化场”。由于西方文化的内涵既体现在西方人的价值观念、思维方式（心理文化）和精神生产成果（理论文化）中，又体现在西方人的社会组织活动（制度文化）与活动成果（物质文化）中，因而可以将西方人活动所及的政治、经济、伦理、精神生产、文艺创作以及新兴的网络活动空间等领域存在的文化，称为政治文化、经济文化、伦理道德文化、制品文化以及网络文化。每个领域的文化都内在地包含着由表及里的三个不同层次的文化表现形式。为了具体分析西方文化对我国转型期青少年思想影响的状况，找到引导青少年正确选择西方文化的具体对策，本书将在以后的相关章节中，分别研究西方政治文化、经济文化、伦理道德文化、制品文化以及网络文化等不同领域的西方文化,在我国经济转型社会传播并对青少年产生影响的具体状况。

三、经济转型期的界定与社会特征

经济转型期环境下西方文化对我国青少年的思想影响的研究,是以我国经济转型期为特定的社会背景的。因此,必须明确地界定经济转型期的特定内涵,以明确该项研究的独特时段,展现其特殊社会背景。

(一)经济转型期的界定

"经济转型"这一概念,是从社会结构分类的角度提出的,意思是指社会生产方式及由此决定的经济体制、经济结构和经济发展模式与增长方式等社会经济因素,由传统向现代的转变与发展的过程,它是社会结构中最基本、最重要的基础性要素的转变过程。这一概念与包含着经济、政治、文化等全部社会要素在内的"社会转型",既有密切联系,又有一定的区别。从联系上来看,由于经济因素是决定其他社会因素的基础性要素,经济因素的转型或迟或早会带动政治、文化等上层建筑因素,发生或快或慢的同质性转变。从这一角度看,"经济转型"就是"社会转型",两个不同名称的转型概念可以互为替代。正是在这种意义上,我国学者将我国改革开放以来特别是20世纪90年代以来由计划经济体制向市场经济体制转变,并由此引发的巨大的社会变化,看做是自1840年鸦片战争以来开始的,由农业的、乡村的、封闭的或半封闭的传统社会向工业的、城镇的、开放的现代型社会转型的第三个阶段。[①] 然而从社会结构要素上看，经济转型与社会转型又是有一定的区别的，一是两者特指的内容有所不同。经济转型主要指经济要素的变革和现代性发展，社会转型则主要指经济、政治、文化的全面转型。社会转型可以包括经济转型，而经济转型只能带动社会转型，不能包含社会转型。二是由于政治等因素的相对稳定性及对经济的反作用，当代发展中国家的许多“经济转型”是在既有的政治制度的基本框架作用下进行的，其政治的根本性质如政权属性、政治意识形态并没有与之发生同质性转变，与政治因素关联最紧密的文化要素，也因政治的控制作用没有发生明显的乃至断裂的变化。我国当前正在进行的经济体制由计划经济向市场经济转变，经济增长方式由传统向现代转变，就是在坚持社会主义制度不动摇的政治前提下进行的，国家的社会主义制度和社会主义思想意识形态，虽然随着改革开放的发展在不断的创新发展，但性质上并没有随着经济体制上的市场化转型而产生根本性变化。相反，在政治和意识形态领域层面，反复强调只有坚持四项基本原则和社会主义方向这一既有的政治思想原则，我国现阶段的经济转型才能取得推动经济社会发展的预期目标。本书正是从这一区别入手，将我国从20世纪90代初期开始的经济体制由计划经济向现代市场经济转变、经济增长方式由传统向现代转变的过程称为经济转型，并由此将从20世纪90年代初期开始、至今仍在延续的建立完善的社会主义市场经济体制，推进经济增长方式向工业化、科技化、现代化方向转变

① 郑杭生：《中国社会大转型》，《中国软科学》1994年第1期，第47—53页。文章认为，第一阶段是1840—1949年，第二阶段是1949—1979年，第三阶段是1979年至今。

与发展的时期称为“经济转型时期”。

(二)经济转型期的社会特征

我国的经济转型期是在改革开放进行十多年之后,传统的计划经济体制已日渐式微,市场经济体制发展迅猛,以信息技术革命为推动力的新一轮经济全球化潮流日益凸显的形势下开始的。起始的标志是在邓小平南方讲话指导下,1993 年中共中央颁布建立完善的社会主义市场经济体制的决议,决心进行经济体制上更大力度、更深层次的改革。发展过程则同 20 世纪 90 年代中后期以来信息技术全球运用和经济全球化加速发展的进程相一致,至今仍在延续。虽然我国现阶段的经济转型出发点在于解放生产力,发展生产力,目的在于改变不适合我国生产力发展和世界经济发展要求的僵化的计划经济体制,建立面向世界的充满活力的社会主义市场经济体制,实现社会生产方式和经济增长方式由传统向现代的转变,推进经济和社会的全面进步。但经济因素不是孤立存在的,经济作为社会最基本的因素和活动,它的转型必然会打破原有社会结构的平衡,引起其他社会要素的变化,加上互联网技术全球运用带来的知识信息、文化观念以及资金的全球流动,我国经济转型期的社会出现了以下新特点:

1. 社会开放度加大,与西方发达国家的交往和联系大大扩展和增强。

虽然早在改革初期我国就已打开国门,实现了向世界的开放,但那种开放,无论是广度还是深度都不能与经济转型环境下的开放同日而语。这是因为经济转型要达到的目标是建立完善的市场体制和实现经济增长方式向现代化的转变,而现代的市场经济和增长方式完全不同于传统的自给自足的小农经济和封闭的计划经济。现代市场经济的特点是以需求为导向,哪儿有需求,经济的各个要素包括资金、资源、劳动力、商品及其销售就会流向哪儿,因此它本身就是一个开放的体系。市场不但可以打破单位和地域的条块分割,实行利益诱导下的资源配置,而且还不以人的意志为转移地会打破国内市场与国际市场的界限,进行资金、技术、劳动力等生产性要素的全球流动。经济上向市场经济转型必然会形成开放的市场和开放的社会。同时在我国这样经济、文化较落后的国家进行经济体制和经济增长方式的转型,必须主动开放,向市场化、工业化、现代化、科技化程度高的西方发达国家学习和借鉴。这就使得社会的开放度伴随社会主义市场经济体制的确立而日益加大。进入20世纪90年代中期以后,我国已从改革开放之初单一的引进外资,发展成了围绕国际市场需求生产与销售的外向型经济格局;同时与西方的文化交流也由小范围的学术研究和单一的理论文化交流,扩展到了多层面的文化交流。随着资金、技术与生产销售等经济要素的全球流动,我国与世界各国尤其是西方发达国家已形成多层面、全方位的文化交流,人员往来也日益密切和扩大,相互联系更为紧密。

2. 传统与现代交织的矛盾比较明显。

经济转型是一个渐进的发展过程,不管是经济要素,还是其他社会要素,都不可能在短时间内彻底消除旧体制的运行痕迹,而新的一套规范和观念体系的建立更不可能是一蹴而就的事情,因此,旧新共存、传统与现代交织的过渡性特征十分明显。这种特征表现在经济运行和人的观念上就是:一方面,原有计划经济体制的运行模式以及长期形成的与之相应的官本位观念、依赖观念、家长制观念,虽然已被全面动摇并遭到人们的唾弃,但在现实的经济生活中仍不同程度的残留着,并对社会经济和其他活动产生或明或暗的影响，在个别时候和个别地方还表现得相当强大；另一方面，现代市场经济的运行所需的规则和理念，如需求导向、效益观念、自主负责、公开透明、公平竞争等观念，虽然已被看做新的应然的机制与理念，在政府的强制推动下逐渐建立和运作起来，但由于是社会活动和观念系统中从未有过的新质，人们还难以一下子正确地理解和运用。尤其是各市场主体本能地从自身利益最大化出发进行无规则甚至违反规则的赢利活动，还普遍存在，造成新机制建设与运行的困难，进而导致新观念、新主张、新政策、新规范在执行中走样。经济转型期的这种新旧交织的过渡性特征，常常使得市场经济运行规律与社会控制体系发生矛盾，社会结构的各要素如经济、政治、文化之间发展的非同步性和非同构性的矛盾十分突出。面对市场利益驱动形成的不择手段的获利状况，社会控制治理机制和能力还比较薄弱，人们的思想困惑比较突出，道德失范行为也比较严重。

3. 多样性突出。

由前两个特征必然导致多样性特征的凸显。经济转型期的多样性特征十分明显地表现在社会经济、生活、文化的各个层面。从经济要素上看，一大二公的所有制体制打破后，出现了国有的、合资的、股份的、私营的、个体的等多种所有制成分并存发展的多样化局面，并由此产生了社会组织形式的多样化、社会生产方式与就业岗位、就业方式的多样化。经济转型的实质是人们经济活动方式和利益获得方式的调整，面对经济生活中的多样化变化，人们的思想观念和价值取向也发生着多样化的变化。人们更愿意从当前多样化的经济现实出发，作利益最大化的世俗选择。重义轻利的价值观虽仍然被人们推崇，但义利并重、重利轻义等多样化的世俗道德取向已受到普遍认同，并对人们的经济活动和行为方式产生支配作用。在文化上,社会主义的思想文化虽然仍然稳固地处于主导和支配的地位,但一统天下的局面已被打破,本土的传统伦理文化、封建迷信文化、基于计划经济特殊的社会整合要求形成的政治性文化、在市场经济运行模式中新形成的以获利为宗旨的经济文化、以及伴随经济转型和全球化发展进入我国的不同形态的西方文化等多种文化共存的现象十分突出。

四、西方文化在我国经济转型期的存在形态

西方文化对我国经济转型期青少年思想和行为的影响方式与影响状况,不仅与西方文化的内容特征和经济转型期的社会特征密切相关,而且更与西方文化在这一时期的存在状态密切相关。因为只有存在着的文化才能被处于模仿学习阶段的青少年接触感知,青少年是不可能受到在其生活环境中不存在的文化因素影响的。西方文化在经济转型期的存在状态是青少年接触并受到影响的客观前提。所谓西方文化在经济转型期的存在状态,主要指西方文化在我国经济转型这样特殊的社会环境和多样性文化共存格局中的存在形式与影响力的总体状态。一种外来文化在本土社会的存在形式可以从多个角度分类:从其与本土主导文化的关系性质上划分,可分为冲突式存在与平和式存在形式;从存在的势头上划分,可分为弱势存在形式与强势存在形式;从存在的范围上划分,可分单领域存在形式与全方位融合型存在形式等等。一般来说,不同的存在形式会形成不同的影响方式和影响力量,以上每一种类型的后者比前者具有更大的影响力。由于我国经济转型是在经济和信息全球化迅猛发展的世界背景下进行的,作为全球化主导国家的西方文化强势渗透的力度很大,而我国社会的经济转型

又具有开放性、过渡性、多样性等特征,因此西方文化对社会结构的作用比较大。加上经济转型的近期目标是建立完善的社会主义市场经济体制,根本目标是推进我国社会向富裕、文明、民主的现代化社会转变,其转型本身也需要主动借鉴西方发达国家的有益经验和积极的文化成果,因而从总体上看,西方文化在经济转型期的存在状态与后者比较相似,同经济转型期之前相比较表现出较大的差异性。具体表现为以下突出的存在状态。

(一)相对理性与平和的存在状态

这种存在状态集中表现为:与改革开放之初和经济转型之前西方文化频繁地冲击我国社会主义主导文化的形态相比,进入经济转型之后,西方文化被我国主导文化置于了一个合理的位置,对我国主导意识形态的直接冲击与对抗明显减弱,理性共存、平等交流的格局正在成为主流。具体表现在以下几个层面:

首先,全盘肯定和盲目推崇西方文化,导致西方文化对我国社会主义主导文化构成颠覆性冲击的状况得到了根本性改变。进入经济转型以后,我国主导文化和文化生产与传播群体对西方国家利用文化交流向社会主义国家的人民和青年传播资本主义的核心价值观,推行“西化”与“和平演变”战略的认识更为清楚,文化交流中的意识形态警惕大大提高。坚持马克思主义在意识形态中的指导地位,遏止西方国家的“西化”图谋,保证我国的政治稳定、文化安全和思想统一、全心全意搞建设的文化主张,成为了大多数文化生产、评价和传播主体特别是其中绝大部分文化精英的自觉意识与行为。上世纪整个 80 年代思想文化领域屡禁不止的资产阶级自由化倾向以及大学生中持续出现的非理性的西方文化热状况,得到根本性的改变。坚持马克思主义一元指导下的文化交流和多样性共存，反对思想文化领域指导思想的多元化、自由化，成为了经济转型期主流文化与精英文化的共识。

第二，对西方文化在经济转型过程中地位和作用的定位更加明确。“社会主义要赢得与资本主义相比较的优势，就必须大胆吸收和借鉴人类社会创造的一切文明成果，吸收和借鉴当今世界各国包括资本主义发达国家的一切反映社会化大生产规律的先进经营方式和管理方法。”①邓小平南方讲话的这一思想，科学的确立了西方文化在经济转型社会重要的参照系地位和借鉴作用。明确了坚持马克思主义的一元指导，不是要封杀西方文化，闭关自守，而是要更加科学地处理我国社会主义文化与西方文化的关系，摆正西方文化在我国经济转型过程中的恰当地位，更好地发挥社会主义自主吸收西方文化先进的东西来提升自己的后发作用。具体地说就是要在抑制和遏制西方文化中不利于我国社会稳定和意识形态安全、不利于社会主义精神文明建设和青少年健康成长东西的基础上，更为自主地、开放地吸收西方文化中有益于我国经济转型和现代化发展的先进文化成果。由此而来，经济转型期与西方国家文化的交流不仅没有收缩和减少，相反，根据经济转型期社会发展和文化建设需要，我国与西方国家进行的文化交流活动更为频繁。

第三，被我国社会主义主导文化控制并不断消解其政治颠覆性的西方文化，在经济转型的社会环境下，受到了我国本土文化更为开放的接纳。上世纪 90 年代后期以来，随着我国经济领域市场化的深入发展，尤其是加入世贸组织和美国 9·11 事件之后，以美国为首的西方国家的经济政治联系不断增强，与西方文化交流的

① 《邓小平文选》第三卷，人民出版社 1993 年版，第 373 页。

广度和深度也相应地不断发展。两种不同制度的文化,虽然在意识形态和根本价值观上的差异和冲突依然存在,美国仍坚持"对华政策的最终目标是促进中国的自由化"①,也就是说美国仍然坚持冷战思维,继续对我国进行"西化"图谋,但在相互依赖的世界经济联系和反恐、环境保护等共同利益基础上,交流和融合是更为主要的方面。

(二)强势渗透的存在状态

由于我国的经济转型是经济在全球化加速发展的国际背景下进行的,而经济全球化又是在美国为首的西方国家利用自身高新技术优势以及冷战结束后更为开放的国际市场积极主导和推进的。西方国家积极主导和推进经济全球化,一方面是想要在经济全球化的进程中获得经济上的最大利益;另一方面则是想要利用其主导的地位和信息技术的优势,获得政治和文化上的霸权地位,进而实现其"按照自己的面貌为自己创造出一个世界"的理想。②这就使得在全球化中占据资金和技术强势地位的西方国家(其中主要是美国),必然会继续向我国社会进行文化渗透。这里所讲的渗透,是不易被觉察和抵御的浸润,是自然而然而非强制与对抗的濡化。具体讲就是西方国家充分地利用全球化的便利条件,以非对抗的手段,有意识有计划地向我国进行文化扩张,进而使西方文化在不知不觉间大量弥漫于我国社会文化之中,潜移默化地作用和影响我国的社会生活和人们思想的状况。西方文化在经济转

① [美]吉姆·赫尔姆斯、詹姆斯·普里斯特主编,张林宏译:《外交与威慑:美国的对华战略》,新华出版社1998年版,第2页。

② 《马克思恩格斯选集》第一卷,人民出版社1995年版,第274页。

型期对我国社会进行的这种渗透，与我国参与经济全球化的发展进程有着密切相关性。概括起来主要存在以下几种渗透状态。

第一，通过全球化日益加深的经济交往活动进行渗透。当前，西方国家的经济与文化的结合越来越密切，文化的因素深深嵌入经济活动之中，使整个的经济活动及其产品打上了鲜明的文化印迹。西方跨国公司的高科技核心技术、生产经营理念、管理制度以及企业精神，资本与贸易的全球流动与交易的规则，欧美制造的商品以及与之密切相连的广告、流行时尚，无不包含着西方文化的价值观念、思维方式、审美情趣、生活方式等文化信息，表现着西方文化多方面的内容。在全球化背景下，我们可能会对西方国家赤裸裸地推销自己的意识形态和价值观感到愤慨和反感，但对跨国公司、科学技术与设备、资金、商品交换、生活消费等为主要内容的经济要素和经济活动却会欣然接受。这就使得西方国家能够通过正常的经济交往活动，将西方文化毫不费力地渗透到我国社会和人们的生活之中，对我国的经济活动和人们的思想观念产生潜移默化的影响。尤其是在西方国家处于明显优势的物质文化以及由此形成的生活方式更容易被人们在不知不觉中认同与肯定，并由此泛化到对整个西方国家和文化的认同乃至崇拜。

我国经济转型以来，西方文化借助经济活动的渗透日益广泛，在现实中的表现非常明显。比如以威尼斯、曼哈顿、希尔顿、夜巴黎等洋地名命名的饭店、酒店、旅店和娱乐城显示出的一种身份档次；奔驰、宝马、耐克等等商标商品内含的社会象征意义；尤其是近年来在不少地区修建并被一些媒体炒作的高尔夫球场、世界一流的射击场、跑马场等豪华娱乐场馆的开张营运，在向人们尤其是青少年昭示的一种欧美式休闲娱乐方式在中国诞生的同时，所传达出的文化内涵，无不对人们（包括高官显贵和青少年）的生活观念、生活方式、价值取向等思想意识产生深刻的影响。可以这样说,经济转型期以来,西方国家借助经济交往活动,顺理成章进行的文化渗透无处不在,无孔不入,对人们思想和行为产生的影响,已达到了深入生活、潜移默化的程度。

第二,通过赠送电影片、电视片和图书等文化制品进行文化渗透。不同国家相互赠送各自的文化产品,本是最基本的文化交流活动,因而最容易接受。然而美国却将此当做"对美国国家的长远利益投资"的活动来做。① 早在1985年我国"西方文化热"正处在高热不退的时期,美国哥伦比亚广播公司就通过澳大利亚新闻集团向我国无偿赠送150多部经过精心挑选的美国影片,条件是中央电视台必须在星期天晚上的黄金时间播映。② 这一赠送影片的活动一直持续到经济转型期,直到20世纪90年代中期才陆续播完。此外美国每年都要向我国有影响的高校图书馆捐赠较大数量的有关美国历史文化和介绍政治、经济、教育等现状的图书。这些赠品由于是美国自己挑选出来的集形象性、娱乐性、可读性为一身的西方文化宣传精品,大多包含对西方国家政治制度、经济和文化的全面宣传和赞美,又精明地选择了在我国最有影响的媒体播放,在青年密集的高校图书机构存阅,因而文化浸透力和影响力相当大。

第三,借助先进发达的信息传播媒介和网络进行文化渗透。美国历来是世界上传媒最发达的国家,最早的电影、广播和电视技术就产生于美国。进入经济全球化以来,依靠雄厚的资金与信息

---

① 转引自刘军:《浅论美国文化霸权》,载《国际关系学院学报》2001年第2期,第20页。

② 转引自李建军:《西方文化渗透的影响与对策》,载《山东省青年管理干部学院学报》2000年第4期,第43页。

传递技术，美国的媒体几乎可以覆盖整个世界。美国的两大通讯社（美联社和合众国际社）可以使用100多种文字向100多个国家和地区的2万多家用户昼夜提供新闻。每天的发稿量约700万字，并拥有一个世界范围的图片网，①“美国之音”是美国媒体中为数极少的由美国政府拨款和掌管的对外宣传的音频传媒工具，它建于第二次世界大战期间，现已发展到能使用52种语言播音、每周播音时间超过1200小时的超级音频传媒，仅2002年国会为其拨款就高达1.47亿元。② 对华广播是美国之音的重要任务，早在1984年美国之音就专门开辟了华语的“中国论坛”等节目，利用新闻报道的形式，对中国的政治制度和内政进行攻击和丑化，在1989年政治风波中发挥了巨大的政治煽动作用。冷战结束我国进入经济转型期以后，美国之音的文化渗透和政治煽动策略，也开始由赤裸裸地硬性攻击，转为和颜悦色的“客观报道”。他们每天编发各类新闻报道，以貌似客观公正的口吻发布美国观点，竭力塑造美国的自由民主形象，炫耀美国文化和生活方式，贬损与美国社会制度和文化不同的国家尤其是社会主义国家的政治制度和意识形态，是美国对其他国家进行意识形态宣传、扩大美国倾向和态度的重要传播工具。近年来，随着互联网技术的发展和全球互联网络的形成，美国新闻和大众文化制品商纷纷上网，大大加强了美国文化、美国倾向在全球传媒中的统治地位，“使人们一进入因特网就进入了美国文化环境之中”。③ 近年来利用我国正迅速发展和

---

① 蔡骁、蔡雯：《美国传媒与大众文化》，新华出版社1998年版，第65页。

② 袁明主编：《美国文化与社会十五讲》，北京大学出版社2003年版，第154页。

③ 关世杰：《因特网与文化帝国主义》，载《国际政治研究》1999年第1期，第121页。

普及的音频与视频传播媒介以及计算机网络，西方国家向我国传播与渗透他们的文化变得更为方便快捷，从而使我国大众尤其是对计算机网络使用最频繁的青少年学生，能更为便捷地听到或见到其中流动的各类西方文化信息。

第四，通过大规模文化制品销售进行文化渗透。美国的文化产业发达而又成熟，早在20世纪30年代，美国电影就大量出口他国。进入20世纪90年代以后，美国倚仗其丰富的文化人力资源、雄厚的文化资本、高科技的文化创新技术以及高超的文化产品推销方式，利用经济全球化带来的更为开放的市场，大肆向世界各国倾销自己的文化产品，在与其他国家的文化产品竞争中占据强大优势，成为国际文化市场上的巨无霸。1996年，美国仅电影片、音乐、游戏等文化娱乐产品在国际上的销售收入就达602亿美元。美国对我国人气十足的文化市场早就垂涎不已。早在20世纪80年代中后期，他们在每次对华最惠国待遇谈判上，都要以贸易自由为由，要求我国更加开放文化市场，接纳美国各类音像制品的进入。我国则坚持文化例外的主张，对美国的文化制品进口做了一定限制。所以整个20世纪80年代，在我国社会中流行的主要是以文字为主的西方理论与文学著作，以大众娱乐为主的电影、录像、音乐、游戏之类的文化制品则并不多见。进入经济转型期以后，经济全球化所要求的市场开放和贸易自由规则，猛烈地冲击着我国对西方发达国家文化制品进口限制上的防线。美国好莱坞大片通过正规的贸易进出口渠道，开始大张旗鼓地进入我国各地的电影院。各市县级闭路电视中播放的美国枪战片数量，近年来出现不断增长的趋势。尤其是在市场利益最大化的杠杆作用下，一些情趣低俗，宣扬享乐主义、拜金主义、色情暴力的文化垃圾也通过走私、盗版等途径，暗地进入我国文化市场。只要暗地查访就能看到，在全国各地数以万计的VCD出租店里，几乎每家都有美国制造的各种类型、各种级别的录像片出租。有学者通过调查认为，20世纪90年代中后期，中国老百姓消费的美国文化制品，大大超过了消费美国的其他产品。今后美国文化产品将在WTO规则的要求下，更加轻易地大量进入我国文化市场，成为与本土文化产品并存且在争夺观众尤其是争夺青少年观众上更具优势的文化品种。

更为严重的是，美国等西方国家始终还将“西化”重点放到我国青少年一代身上。为此还策划了用腐朽文化来败坏我国优良文化和腐蚀青年思想的“西化”策略。据报道，美国中央情报局极其机密的《行事守则》中有关对付中国的部分，最初写于中美严重对立的1951年。随着中美关系的变化不断修改，至今形成了十条，被内部称为《十条诫令》。诫令中除了要求通过培育反政府派别、制造政治动乱、利用经济和技术控制、武力干涉等手段分化中国之外，最主要的就是通过文化渗透对青年一代进行思想腐蚀，以达到“使中国的意识形态西方化，从而失去与美国对抗的可能性”的政治目的。① 这方面的内容在《十条诫令》中占了前三条，具体内容为：

“第一，尽量用物质来引诱和败坏他们的青年，鼓励他们藐视、鄙视并进一步公开地反对他们原来所受的思想教育，特别是共产主义教育。为他们制造对色情产生兴趣的机会，进而鼓励他们进行性的滥交，让他们不以肤浅、虚荣为耻。一定要毁掉他们一直强调的刻苦耐劳的精神。

① 李刚：《美国中情局“中国十诫”》，载《环球》2001年第9期，第26—28页。

第二,一定要尽一切可能做好宣传工作,包括电影、书籍、电视、无线电波和新式的宗教传布。只要让他们向往我们的衣、食、住、行、娱乐和教育的方式,就是成功的一半。

第三,一定要把他们青年的注意力从以政府为中心的传统引开来。让他们的头脑集中于体育表演、色情书籍,享乐、游戏、有犯罪行为的电影,以及宗教迷信。”①

美国针对我国制定的西化策略,不仅停留在美国政府的决策参考层面,而且反映在美国向我国进行的文化扩张和渗透中。近年来,在美国向我国出口的电影片和电视片中,思想性、艺术性强的精品越来越少,娱乐休闲和逗乐类的肥皂剧越来越多,《百万富翁》、《百万富狗》之类的西方电影不断地闪现在人们的视野中。这种故意运用西方文化中腐朽和缺陷的思想内容腐蚀我国青少年的做法,一方面暴露了西方国家进行文化扩张和渗透的野蛮性、非道德性,另一方面也反映出,经济转型期青少年遭遇西方不良文化影响的可能性比以往更大。对此不安全的西方文化因素,社会主导文化绝不可掉以轻心。

西方文化以非对抗的方式在我国社会生活和文化中强势渗透的深度与广度,是与我国参与经济全球化的程度同步发展的。也就是说,我国面向西方国家的开放度越大,参与经济全球化的程度越高,西方文化的渗透就越强。而今我国已成为世界贸易组织的成员,在 WTO 的有关规则要求下,西方文化采用以上传播方式对我国社会进行的强势渗透还会有所加强,并持续于经济转型的全过程。

---

① 李刚:《美国中情局“中国十诫”》,载《环球》2001 年第 9 期,第 26—28 页。

(三)多层面并存和对接的存在形态

这种存在状态指存在于我国经济转型期西方文化已突破改革开放之初单一的理论文化的存在形态,发展成了集物质文化、制度文化、精神文化为一体的多层次全面性的存在状态,并形成了不同层次的西方文化与我国相应文化层面并存,对我国社会的经济、文化发展以及人们的思想产生影响的重要文化因素。西方文化这种与我国社会主义文化并存并在相应文化层面的不同程度对接或融合的状况,是西方文化在我国经济转型期独特的存在状态。

首先,这种并存或对接融合的存在状态突出地表现在物质文化层面。物质文化是文化的表层和显性结构,包含着生产工具与科学生产技术、生态文化、服饰文化、建筑文化、自然景观文化等改造自然以满足人的物质需要的那部分文化,是文化结构中最直接地反映民族物质创造力量和社会生产力水平的部分。西方物质文化在当今时代的独特性和先进性是毋庸置疑的,它本身就是一种现代性的文明符号和标志。而我国要在尽可能短的时间里实现社会生产方式由传统的粗放型向高效型、科技型的现代化转变,必须积极学习与引进西方国家的最新物质文化。由于经济转型期对西方物质文化的学习与引进是在经济全球化潮流下进行的,因而学习引进的力度和范围是这之前的任何时候都无法比拟的。一方面,主动引进西方发达国家的先进科学技术与生产设备的种类、范围、数量出现加速增长,积极学习西方发达国家的科学技术、设计观念和各类工程操作技术并将其用来指导我国的生产技术创新,已成蔚然之势。另一方面,随着我国经济的发展、人民生活水平的提高和国际贸易的增强,购买和消费西方物质文化成果——各类商品的人群,已由过去少数的特权和富有阶层,扩展到寻常百姓。

西方的物质文化已深深嵌入了我国物质生产和生活的活动之中，成为提高我国生产力和物质文明不可或缺的文化因素。伴随经济转型过程的纵深发展，西方物质文化与我国物质生产过程的对接张力还将进一步扩大。当然这种对接状态也带来我国建筑文化、服饰文化、自然景观文化等物质文化中民族文化特色逐渐被替代的潜在危险。这一点，从转型期城市建设发展中存在的过分模仿西方的情况可见一斑。

其次，西方文化在精神文化层面与我国本土文化的并存与对接，在继续20世纪80年代发展势头的基础上，出现了新的变化。精神文化的内涵和层次比较复杂，包含着人们的观念文化和社会意识形态诸形式。作为文化的深层结构，观念文化是固化在人身上与人的身心浑然一体的那部分文化，主要通过人际交往、工作合作进行交流与传播。它是不同文化交流并产生影响的最活跃的因素。在经济转型的社会环境下，我们与西方国家人员的交往日益扩大和频繁。便利的交通、快捷及时的通信与互联网平台，加上日益密切的经济联系，一方面，欧美国家来我国工作、留学、旅游的人员不断增加；另一方面，我国去欧美国家留学、旅游、参观、工作、探亲的人员越来越普遍。西方观念文化包含的价值取向、思维方式、审美情趣、风俗习惯、生活方式这部分文化内容，通过这种人员的密切交往和工作合作，不仅深刻地影响彼此的交往方式和合作结果，而且直观地形象地影响我国人民的思想与情感。对人们的思想观念尤其是青少年的思想观念产生潜移默化的影响作用。

西方精神文化层面中的理论文化，既是西方文化的核心和西方文化精神的主要表达形式，也是随着资本主义社会发展而动态变化的思想成果与理论体系，包含着西方的知识精英概括和创造出来的政治法律理论、经济理论、哲学宗教、文学艺术等诸多意识形态在内的理论知识和思潮。由于它不仅反映着西方国家政治经济变化发展的状态与取向，而且对世界格局和发展趋向有相当大的影响，因此一直是我国了解西方文化、学习和借鉴其中有益成分的主要文化内容。20世纪80年代在我国社会中存在的西方文化主要是这一层面的文化内容。进入经济转型期以后，我国知识精英阶层对西方理论文化的发展一直保持着较高的自觉，理性的追踪研究和动态评价的活动相当活跃。虽然经济转型期中每年出版的西方学术专著的数量，再没出现过20世纪80年代中后期那种一年高达五千多种的热潮，但年出版总数却基本保持在年出版总量20%左右的水平。学术期刊和报纸相关栏目，对西方理论文化研究评价的数量和深度则更胜于以前。尤其是一些在西方国家曾经流行或正在流行，对西方国家政治、经济、外交、科技、教育发展产生重大影响的社会思潮，更是不断受到知识精英的重视、研究和评价，其社会影响的力度仍然比较大。继20世纪80年代兴起的西方存在主义热、弗洛伊德热、尼采热等非理性思潮和人本主义思潮之后，经济转型期不断涌现的对社会和青年学生影响较大的西方文化思潮概括起来主要有：西方马克思主义思潮、市场经济思潮、人权思潮、文化冲突思潮、后现代思潮、行政改革思潮、知识经济思潮、生态文化思潮、全球化思潮、新保守主义思潮、新自由主义思潮等等，其种类和涉及的领域大大超过了经济转型之前。理论界对以上多方面西方文化思潮的评介与研究的活动，又几乎总是与我国现实的社会发展的关键性问题和热点问题密切相关，因而西方理论文化对我国经济转型期社会的理论创新、知识创新、大众社会心理以至社会决策的影响是相当明显的。进入新世纪以来，思想理论界常常出现这样的情景：当经济转型社会面临新的经济与社会发展的具体瓶颈问题或重大的新问题时，理论界就会及时推出(研究与介绍)某种相关的西方理论与思潮,使之作为一种参照系开启思维,为寻找解决路途提供一定的知识借鉴。由于这种理论评介的现实针对性强,因而一旦评价,大多会引起广泛的社会关注,引起较大的社会反响。总起来看,进入经济转型期以后,当代西方社会新生成的社会思潮或理论传入我国社会的时间越来越快。由于西方理论文化需要较高的理论水平和思维能力才能把握,因而西方理论文化的传播仍主要存在于精英层面,影响和作用的人群主要是知识分子、城市白领以及大学生。

为客观反映西方理论文化在当前我国社会的存在情况,我们做了一个相关调查:对重庆市一所教育部主管的综合性大学图书馆陈列的中文社科核心期刊进行抽样统计调查。我们从阅览室陈列的2004年第2期读物中,分别选取了政治、经济、管理、新闻传播、教育、哲学、文学理论、社会学等有一定影响的期刊共10本做样本,进行标题分类统计与文章内容分类统计分析。统计结果显示,10本期刊中,专题进行西方理论文化研究与评价的文章平均达到18.2%(两篇多一点),最高达到29.6%。从10本期刊涉及的内容看,除少数调查报告和评论外,大多数文章在论述我国的社会改革问题与操作性对策时,都不同程度地使用了来自西方国家的文献资料,或作观点,或作论据,或作范例。特别是在一些建设性主张与建议的论文中,几乎都有西方国家的相关做法的列举。西方理论文化在知识精英层面对接的情况,由此可见一斑。

第三,越来越多的西方大众文化制品进入我国文化市场,与我国本土文化制品并存并展开竞争,共同成为人们自主选择的文化消费对象。大众文化制品是满足大众精神文化和审美娱乐需要的文化商品,包括书刊、电影、电视、流行音乐、电子游戏以及磁带光盘等,既包含着文化生产主体的劳动价值,也包含满足大众精神文化需要与娱乐需要的使用价值，因而可以按市场交易原则进行交换。但大众文化制品又不是一般商品，消费者通过购买和消费文化制品，获得的是精神或文化需要的满足，而非物质需要的满足，因而精神文化是其根本的属性。每个国家的大众文化制品都是其文化特性最鲜明的表征和审美化的表现，因而各国大众文化制品反映的文化内容不可避免地带有该社会文化的意识形态倾向性，具有明显的意识形态性质。正因为如此，各个国家都对大众文化制品的流通和交易设置了比一般商品交易更高的门槛。改革开放之前，西方大众文化制品被当做资本主义文化的主要内容遭到明令禁止。即使在改革开放迅猛发展的20世纪80年代，西方理论文化中的各种学术思潮已能够较为自由的在我国社会传播时，对西方大众文化制品的进口仍然是有比较严格的限制的。在社会上公开放映和播放的少数几部电影片和电视片，也大多属于对资本主义制度持有批判倾向的现实主义、浪漫主义以及存在主义经典作家的作品。而进入经济转型期以后，西方国家尤其是美国大众文化制品进入我国文化市场的种类和数量出现了大幅飙升。在社会高涨的精神文化需要和娱乐需要的刺激下，在文化市场化发展的推动下，加上国内本土文化生产力水平与西方发达国家相比还存在较大差距，西方大众文化制品尤其是美国的电影、电视曾在90年代末期风靡一时，掀起了声势不小的美国大片热。20世纪90年代中后期的大学校园，美国大片、流行音乐与摇滚音乐大行其道的情况相当突出，甚至出现校园影院放映国产片时门可罗雀，而放映美国大片则可连续几场爆满的趋同化选择现象，似乎只有美国大片才能吸引大学生走进学校影院。进入新世纪以来，虽然随着我国文化政策的调整和文化生产力迅速提高，美国电影、电视、音乐独霸市场的现象虽然得到一定的改变，国产文化制品有了迅速提升的对抗能力,但在文化市场化发展速度加快以及经济全球化潮流的合力作用推动下,具有良好审美娱乐效果的美国大众文化制品,在我国国内文化市场上所占份额仍然呈悄悄扩大的趋势。今天的情况是,无论在我国的电影院、电视频道、互联网上,还是印刷读物与 DV 光盘的销售市场上,都有种类丰富的西方大众文化制品,同本国文化制品一起并存,成为大众尤其是青少年审美娱乐的选择品种。随着 WTO 规则的逐年生效,我国设置的限制西方(主要是美国)文化制品进口的规定将逐渐取消,西方文化制品与我国本土文化制品的并存与竞争将更为激烈。

第四,西方制度文化突破禁区,被广泛介绍并引入我国社会主义制度的改革与建设之中,成为建立完善的市场经济体制和和谐社会的重要文化参数。制度文化是文化结构中的规范层面与秩序系统,包括组织形式、组织规则、行为规范以及固定化程式化的经济运行制度、政治法律制度、礼仪制度、婚姻制度、家庭制度、公司制度等文化形态。制度文化具有两重性,一方面受文化结构中精神文化因素如价值观念、思维水平、道德风尚、政治思想、管理理念等精神文化因素的制约,受物质文化达到的水平的规定;另一方面,它又对精神文化和物质文化的发展产生规范与引导的作用。因而制度文化是引导文化结构各子系统整体互动的直接文化因素,对整个社会变迁具有很强的反作用。正是由于制度文化的这种功能,不同文化间的交流对这一文化层面的学习与借鉴,都相当谨慎,往往要滞后物质文化和精神文化交流很长一段时间。在我国与西方文化接触交流的历史中,近代社会的封建统治阶级,是只准许学习西方的“器学”(物质文化),而禁止学习西方的制度文化的。戊戌变法的失败就是例证。建国以后,我国建立了社会主义制度,而此时正逢世界社会主义与资本主义两大阵营处于相互对抗的冷战阶段，在这种特殊背景下，不仅制度文化成为禁区，连其他层面的文化交流也不可能进行。即使在已实行改革开放的20世纪80年代中期，在西方的理论文化已得到广泛的评价传播的时候，由于当时我国计划经济为主的生产体制与西方社会的自由市场经济体制的异质性、冲突性太大，加上西方国家疯狂的政治颠覆意图，因而有关西方制度文化的话题仍然是比较敏感的区域。直到冷战结束，我国确立建设与完善社会主义市场经济体制的经济转型之后，西方制度文化作为我国制度改革与制度创新的重要知识借鉴和参照，才真正受到社会广泛关注和传播。西方制度文化对我国制度建设的影响，最初发生在20世纪90年代中期，现已从最初的企业管理制度、现代企业制度等微观制度的学习与借鉴，不断向产权制度、金融制度、保障制度乃至行政制度、监督制度、法律制度等中观或宏观的制度文化学习与借鉴的方向发展。关于西方制度文化的文献和话题不仅成为学者的研究重点，也成为越来越多的人关注的焦点。尤其是加入WTO以及中国共产党十六大提出加强政治文明建设和制度创新后，西方制度文化对我国制度改革与制度创新的影响作用更为明显。如果要对西方制度文化在当前我国社会的存在状态做具体的描述，可以看到这样一幅社会图景：国家领导层以世界的眼光和胆略，要求知识精英联系中国实际研究西方制度文化，为我国社会主义各项制度的改革与创新提供知识借鉴与实践参考；学者与政府官员赴西方国家考察与研究相关制度的人逐年增多；报刊电视就一些社会关注的重要的体制改革问题邀请某些专家学者讨论时，不少学者在阐述了自己的意见和操作性建议后，大都会提到"发达国家的做法"等话题；大学的讲台与教室里，师生间有关我国现代化发展的讨论话题，总会不可避免的要谈论到西方制度文化的内容。

纵观以上三个层面的西方文化在经济转型期的存在状态及其对我国社会改革和发展的影响状况，我们认为，一些学者对经济转型期的文化格局持“西方文化重于本土文化”的看法，①确实是有根据和道理的。它表明经济转型期的对外文化开放是广泛而深入的，我国与西方文化的交流进入了近现代历史上少有的开放期。正如季羡林先生所言：“从长期的历史研究中，我得出一个非常可贵的经验：在我们国力兴盛、文化昌明、经济繁荣、科技先进的时期，比如汉唐兴盛时期，我们就大胆吸收外来文化，从而促进我们文化的发展和生产力的提高，到了见到外国东西就害怕，这也不敢吸收，那也不敢接受，这往往是我们国势衰微、文化低落的时代。”②

西方文化在我国经济转型社会文化和社会生活中这种多层次并存的存在状态，在我国历史上是前所未有的文化景观。从主观上看，这与我国经济转型的社会发展目标和文化需要密切相关，与我国主导文化和精英文化开放宽阔的文化交流的自觉意识密切相关。从客观上看，也是经济全球化、信息全球化潮流裹挟的必然，同时与西方发达国家作为经济与文化强国的文化扩张状况密切相关。这也使得在经济转型社会各层面存在的西方文化相当复杂，既有合理的因素，也有不合理甚至错误的因素，其中的合理因素无疑有力地促进着我国经济转型和现代化的进程；而其中不合理尤其是错误的因素则产生着消极的影响。身处这种文化存在环境的青少年，必然受到这种文化并存与对接的复杂状态的双重影响。

---

① 荆学民：《文化困境：社会转型期信仰迷茫的文化因探察》，《求是学刊》1999年第2期。

② 季羡林：《东学西渐与东化》，《东方论坛》2004年第5期。

第 二 章

改革开放以来西方文化对青少年思想影响特征的纵向考察

始于20世纪70年代末的改革开放，不仅引领我国进入了全面建设社会主义现代化的新时代，而且开启了我国与西方国家中断近30年的文化交流大门。从此，西方文化在我国改革开放与现代化发展的社会背景下开始了继五四运动之后又一次更为广泛和持久的传播，给我国改革开放的历史进程以及生活于其中的青少年以多向度的影响。本章着重考察从20世纪70年代末至今西方文化在我国改革开放的不同时期的传播状况及其对青少年思想影响的阶段性特点，以便全景式展现西方文化影响伴随我国改革开放的不断推进而出现的变化趋势，拓展这一问题的研究广度和深度，从中概括出带规律性的特性。

一、改革开放初期(1978年—1983年)：理论文化传播与冲击性影响特征

1978年对中国来说是值得永久纪念的一年。这一年年末，在经历结束文革之后两年的拨乱反正和思想转变，党中央确立了以经济建设为中心、实行改革开放的伟大战略方针。在改革开放方

针的推动下,党和政府要求尽快恢复被十年文革破坏和中断的自然科学研究和社会科学研究,为改革开放和现代化建设提供文化支持。在这样的文化背景下,被十年文革搞乱和禁锢的文艺理论研究和对外文化交流,开始逐渐突破"左"的禁区得以恢复。思想理论界的研究者开始有选择地对西方经典作家、思想家的学术观点和著作进行介绍和评价,从而掀起了改革开放初期西方文化较大声势的传播。这一时期西方文化的传播虽然还只局限在精英理论文化层面,传播的范围主要集中于学术界和大学校园,但由于这是两种不同制度的异质文化在中断并对峙30年后的第一次开放性接触和交流,因此对刚刚改革开放的我国社会和青年大学生思想的冲击性影响十分突出。

(一)传播的西方理论文化主要是存在主义等非理性思潮

改革开放之初,西方文化在我国较大范围的传播,主要是从我国学者对西方存在主义思潮的介绍研究与评价开始的。1979年,《外国文学研究》第1、2期刊发了柳鸣九《对当代资产阶级文学评价的几个问题》的连载文章,第一次比较系统地介绍了西方非理性主义的重要思潮——存在主义的主要代表人物萨特的文学与哲学思想,并对萨特的"存在先于本质"、"自由选择"等观点作了相当的肯定。针对这种肯定,欧力同、王克千等评论家于1980年在《外国文学研究》第1期发表了《关于萨特的文艺思想基础》的反驳文章,认为萨特的"存在先于本质"的命题从主观唯心论出发,夸大了人的主观性,是与马克思主义唯物主义相背离的思想理论。文艺界的这些争论引起了社会尤其是高校师生的广泛关注与回应。在改革开放和思想解放风气的推动下,以萨特存在主义作品为主的西方非理性主义的经典作品,率先面向社会出版和发行。

20世纪80年代初出版发行的西方文化作品，除了少数西方新闻作家所写的纪实性作品如威廉·曼彻斯特的《光荣与梦想——1932年—1972年美国实录》等反映西方国家社会政治、经济、文化生活现状的作品外，出版最早和出版最多的是存在主义和现代派的作品。其中影响较大的有存在主义的主要代表萨特的文学作品和哲学著作，如《禁闭》、《呕吐》、《存在与虚无》、《辩证理性批判》等，加缪的《局外人》、《鼠疫》，海勒的黑色幽默小说《第二十二条军规》，荒诞派剧作《等待戈多》及尤奈库斯的《秃头歌女》等等。与此同时国内影院也开始引进一些西方现代主义的电影作品，如根据萨特剧本改编的戏剧和电影《肮脏的手》、《被侮辱与被迫害的人》等，并陆续在上海、北京等大城市电影院上演。伴随着这些西方文化作品的翻译出版和上映，国内理论界出现了评价的热潮，不仅当时的文学评论刊物大都比较关注西方存在主义思潮有关作家和作品的评价，而且连国内权威性的刊物也参与了对此的相关评论。1982年第5期的《中国社会科学》发表了唐有伯《论“存在”——存在主义“人学”评述》；1982年第23期的《红旗》杂志发表了刘放桐的《萨特及其存在主义》。一些相关的评论专著也陆续出版，其中影响较大的有袁可嘉等编选的《外国现代派作品选》，陈焜所著的《西方现代文学派研究》，柳鸣九编选的《萨特研究》，石昭贤等编写的《欧美现代派文学三十讲》等等。正是在以上西方文化作品陆续翻译出版、上演以及众多刊物的评论与争论等多方面推动下，改革开放之初的第一波西方文化传播热潮逐渐形成。

西方存在主义产生于20世纪初、中叶，是资本主义进入垄断阶段后，社会经济、政治等矛盾和危机进一步激化，经济危机和世界大战不断爆发，人们普遍对西方资本主义社会产生怀疑的产物。

从哲学的取向上看，存在主义针对资本主义社会对人的异化现象，谴责社会制度与规范对人的异化和束缚，反对把人归结为先定的存在，主张当下存在状态下的个人的“自由选择”和个人奋斗，并认为只有后者才是人的本真的、根源性的存在。存在主义的这些理论对自20世纪60年代开始在我国盛行、文化大革命时期达到登峰造极的“出身论”无疑具有怀疑与批判的作用。但是，存在主义的理论在反对“先天决定论”的同时，完全否定了社会制度和社会规范对人的存在的制约作用，将个人的价值和自由推到了凌驾于社会之上的绝对高度。从文化取向上看，存在主义摒弃了16世纪以来对资本主义经济、政治、文化所持的乐观态度，渲染出了一种对资本主义社会悲观失望的情绪。存在主义思潮的本质正如有的学者所言：“是当代西方资本主义社会文化矛盾和危机的理论核心。”①

存在主义和现代派等西方非理性作品首先被引入我国，有其客观的和主观的多方面原因。从客观原因来看，存在主义是20世纪四五十年代西方社会相当盛行的文学和哲学思潮，引进西方文化客观上存在着与西方社会文化热点相对接的关系。主观原因主要来自两个方面：一方面，存在主义等非理性文化是西方的非主流文化，它深刻地反映了当代资本主义社会存在的不可调和的矛盾和难以摆脱的严重危机，揭露了资本主义社会内在的潜在的人文危机。理论上讲引入这种取向的文学和哲学思潮，有助于认识西方社会资本主义制度存在的弊端，减少其他类型的西方文化对刚刚经历了文革动乱的人们的心理冲击。另一个至关重要的主观原

① 李小兵：《资本主义文化矛盾和危机》，中共中央党校出版社1991年版，第22页。

因则是改革开放初期思想解放和文化建设的需要。此时的思想理论界正担当着反思文革错误、批判包括“出身论”和个人崇拜思想等“极左”思潮、重新认识个人与社会、个人与领导的关系、进一步解放思想、推进我国社会各领域的改革和现代化建设的重大任务，这需要在哲学上丰富和发展马克思主义的人学理论。存在主义思潮内含着当代西方学者对人的价值和存在的深切关注和深刻思考，正好契合和满足了这一理论借鉴的需要。正是在这样的合力作用下，西方存在主义等非理性的思潮成为这一时期传播的主要内容。

（二）传播场所主要集中在大学校园

这一时期西方理论文化传播的场所主要集中在大学校园。20世纪80年代初的大学校园，精英荟萃、思想活跃。改革开放引入的西方文化理论和文艺思潮在这儿会聚、传播，并与反思文革错误和探索改革之路的思想解放运动相结合，引起师生的极大关注。数量众多的大学师生积极参与西方存在主义思潮和现代派文学的讨论与评介活动，成了这一时期大学校园文化活动的特殊景观。这种现象的产生并不是偶然的，其中包含着诸多必然的因素。

首先，这种状况与这一时期传播的热点主要集中于理论色彩较强的非理性主义作品密切相关。不管是存在主义的哲学著作和文学著作，还是意识流、黑色幽默、荒诞派等现代派作品，从内容上看，都蕴涵着西方学者对处于垄断资本主义社会条件下人的处境和命运的深切关注，有很强的思辨性和抽象性。从表达形式看，存在主义和现代派作品选择的表现方式和使用的名词术语，与我国常见和习惯的用语形式大相径庭，需要拥有较高知识水平和花费较多时间的思考才能理解和领悟。存在主义和现代派等非理性主义作品的这种理论特性,决定了这一时期西方文化的传播只能局限于有较高知识水平和浓厚文化研究氛围的地方,而大学校园就是这样的场所。

其次,从大学的社会地位来看,我国大学历来是新思想、新知识传播的主要场所和文化开放的窗口,是各种外来文化和社会思潮交流汇合的主要地方,西方文化思想和流派历来都是首先通过大学传播开来的。改革开放之初的大学,云集着诸多学识渊博的学者以及通过激烈的高考竞争进入大学的学子。他们的精英意识,使其对国家和社会的发展具有很强的使命感和责任感,因而非常关注社会发展动向,对新出现的文化现象也必然率先作出反应。事实上,改革开放初期西方存在主义思潮的传播热潮,首先,与高校相关教授学者的介绍和评论密切相关。80 年代初期我国的大学校园,聚集着一批经历文革动乱折磨的专家和学者,在改革开放带来的民主、开放、宽松的研究环境和氛围中,他们中的一些人开始从自己的研究方向出发,开放地接触西方理论文化的诸多内容,进行西方文化的理论研究,这使他们能够在教学中讲到自己这方面新的研究成果和研究心得。再加上对新思潮的介绍和评论,在大学里被看做是教师知识新潮、学术前沿的表现,从而使得不少教师在课堂上以介绍西方现代思潮为荣耀。由此,大学校园和课堂就成了大学生接触西方理论文化的场所之一。其次,与大学生的热切参与密切相关。西方非理性主义,尤其是存在主义对个人的存在意义和价值实现的关注正好契合了当时大学生反思文革、探索个人地位价值的思想需求,因而存在主义等西方文化的传播又受到大学生的欢迎。正如当时的一位大学生所说的那样:“强调人的存在,追求人的自尊和价值这种关于‘人的学说’,是每个人尤其是刚踏上社会的青年不清楚又想弄清楚的问题,西方文化理论比较符合我们当时的心理，从而使这些学说给我们很强的现实感染力。”①正是大学师生对新思潮、新文化的积极接纳和探索，使得大学校园成为直接传播西方文化和思潮的热土。

（三）接受对象主要集中于大学生

高校对西方文化传播的积极回应，使这一时期接受西方文化影响的对象主要集中在大学生身上。这种情况的出现，除了当时高校特殊的地位和文化氛围之外，还与这一时期大学生身心发展的特殊阶段及他们特殊的人生经历和遭遇有关。

首先，大学生身心发展的特点决定了他们成为这一时期接受西方文化传播的主要对象。从当时大学生的主流构成看，改革开放初期的大部分大学生正处于人生的青年期，具有青年的一般特征。他们好奇心和求知欲强，对新事物非常敏感，同时情绪性和冲动性强，认识思考问题和处理问题时，情感大于理智。作为社会的新一代成员，他们喜欢用怀疑和批判的眼光来看待现实，因而特别容易接受对社会持批判态度的西方非理性主义的作品和思想观点，这是一方面。另一方面，“文化大革命”十年的思想桎梏和对外信息的封锁，使得这一批学子饱尝了“信息的饥饿”，因而对新知识、新思想充满了强烈渴望。当面对与他们一贯接受的思想观念大相径庭的西方非理性主义的作品和思想观点时，这部分大学生大多表现出极大的学习与接受的热情。这是20世纪80年代初期年龄偏小的大学生，推崇西方文化的一个重要的原因。

其次，80年代初期的大学生中有相当一部分亲身经历了文化

① 杨德广：《西方思潮与当代中国大学生》，河南人民出版社1991年版，第42页。

大革命的磨难,饱尝了"停课闹革命"、上山下乡和失学的痛苦,他们有的下过乡,有的当过兵,有的做过工,不少人有着艰苦的人生经历和遭遇,因而对导致文化大革命的根源的反思特别深刻,对民主的向往和追求意愿特别强烈。他们带着拼搏后的喜悦和十年内乱留下的创伤进入高等学府,痛惜浪费的宝贵时间,决心把失去的年华找回来,把损失的时间夺回来,因而特别珍惜来之不易的学习机会。一进入大学,他们就如饥似渴地学习新知识,积极参加当时的思想解放运动和新知识的学习。因此,社会和校园中传播的存在主义和西方现代派的文学与哲学著作,必然首先进入他们的学习视野;西方社会发展的真实情况以及西方非理性主义宣扬的社会异化论和个人自由选择等思想观念,也必然引起他们浓厚的理论探究兴趣。当这种学习和探究成为群体心理倾向并在极容易相互感染的大学中流行时,西方文化对大学生的影响就自然大于社会的其他群体。

事实正是如此。当出版界、理论界和文艺界开始陆续翻译出版和上演西方国家的文学和文艺作品时,大学生作出了积极的回应,他们以拥有或阅读这些著作为荣。1981 年前后,北京高校掀起了一股"西方现代派文学热",不少大学生将阅读的热点集中在西方现代文学作品上,以能解释和使用其中新奇术语和表现方法为骄傲。1982 年前后,理论界对西方存在主义大师萨特及其作品比较集中的宣传和评价,又在大学生中引发了一场不小的"萨特热":上映萨特作品的影剧院门前挤满了购票的青年人;萨特的某些作品在青年中广为流传;萨特的生平和作品中的人物、情节,成为青年的热门话题;有关萨特思想的讲座几乎场场爆满。思想界、学术界、文艺界以及大学校园,通过当时能使用的传播媒介对西方非理性主义思潮作品的集中展示和评价,与大学生对这种展示的群体性追逐和一致性响应，构成了20世纪80年代初刚刚改革开放的中国社会独特的文化景观。

（四）西方理论文化传播中的"自由化"偏向

在大学生群体性追逐西方非理性主义思潮的同时，理论界和文艺界在传播西方文化和反思文革错误的过程中，出现了不加分析盲目推崇存在主义思想和现代派文艺作品的偏向，出现了否定社会主义制度和集体主义价值观的偏向。正如邓小平同志1983年在中国共产党第十二届二中全会上对此进行批评的那样："现在有些同志对于西方各种哲学的、经济学的、社会政治的和文学艺术的思潮，不分析、不鉴别、不批判，而是一窝蜂地盲目推崇。对于西方学术文化的介绍如此混乱，以致连一些在西方国家也认为低级庸俗或有害的书籍、电影、音乐、舞蹈以及录像、录音，这几年也输入不少。"①一些学者采用简单的类比方法，借用存在主义的人的价值、人道主义和异化等理论来批评社会主义，表现出对社会主义、对党的领导的怀疑倾向；文艺界有些作家借现代派的创作手法，专写社会的阴暗面，歪曲革命历史和现实，宣泄对社会主义的不满情绪；一些极端倾向的人，更是将西方意识形态的理论观念作为批评我国现实存在问题的评判标准，无视社会主义在我国存在的历史合理性以及取得的成就，并以此否定中国共产党的领导和社会主义制度。这在当时被批评为"搞精神污染"，受到邓小平"思想战线不能搞精神污染"②的批评。但这种思想意识形态的偏差，还是给追逐西方非理性思潮的大学生带来了很大的思想混乱。

---

① 《邓小平文选》第三卷，人民出版社1993年版，第44页。

② 同上书，第39页。

一些大学生出现了不加分析地推崇和赞赏萨特的自我观、存在观、自由观;萨特作品中的语言成为大学校园中的时髦语,西方非理性主义经典作家尼采、叔本华等人的理论和观点,被一些大学生当做真理来信奉。由此可见,当时思想领域在西方文化传播上的"精神污染"和自由化偏差,对社会主义集体主义的主导意识形态构成了一定的冲击,对喜欢追新的大学生盲目地接受和认同西方非理性主义文化产生了错误的导向。

(五)对大学生的思想影响正负交织,负面影响更为突出

改革开放初期第一波西方理论文化在社会和大学的传播与流行,像一柄双刃剑,对大学生思想产生了正负交织的影响。正面影响主要体现在以下三个方面:第一,扩大了大学生的知识面,开阔了认识视野。在这一次较大规模的西方文化传播中,大学生第一次接触到了来自西方国家的信息、思想和文化。第一次通过西方人的著作和电影真切地认识和了解西方的社会和文化,因而极大地开阔了大学生的认识视野,使他们感受到在社会主义国家之外,还存在着一个同我们有着明显差异的西方世界,了解了这个世界发达繁荣的经济以及对个人与社会关系的不同看法。这对于长期在封闭环境中成长、只受到单一文化教育的大学生,无疑是一次重要的思想解放和视野扩大,对他们思考"文化大革命"发生的根源、探索社会主义改革的意义都有重要的思想启迪作用。第二,激发了大学生的自主意识。改革开放以前,中国实行的是完全的计划经济,个人被限定在固定的社会单位,活动空间极其狭小。虽然生活不富裕,但单位和国家包干了个人的一切,个人只要躺在单位的大锅饭上,就可以衣食无忧了。在这种背景下成长起来的一代青年大学生习惯于依赖社会、依赖国家、依赖领导和组织,自主性、能动性和创造性较为缺乏。西方非理性主义思潮尤其是萨特的存在主义张扬人的个性,充分肯定自我存在的意义,提倡人对自己命运的自由选择、自己负责的思想,对于大学生克服习惯性的依赖心理,转变依赖顺从的观念,增强自主自立意识,迎接改革开放的竞争和挑战,具有积极作用。第三,增强了大学生的民主观念。文化大革命之所以出现个人崇拜,出现重大决策的失误,一个重要的原因就是没有调整好个人与社会的合理关系,大多数人的价值、权力、利益没能得到社会应有的重视和尊重,社会主义民主没有得到应有的发挥。大学生通过存在主义和现代派作品,从西方思想家和作家对资本主义社会异化人的自由本质的批判中,进一步地感受到了民主对个人和国家发展的极端重要性。改革开放之初,虽然我国已经确立了实事求是的思想路线,邓小平也早在1980年就提出了改革党和国家的领导体制,以杜绝文化大革命那样的个人独断专权错误的发生。但封建主义的官本位和家长制思想仍然顽固地在现实中存在。存在主义思潮包含的鲜明的人本主义、民主主义的思想倾向,不仅契合了20世纪80年代初期的大学生追求民主的心理愿望,而且还从理论体系的角度强化了大学生的民主意识。

但是从影响的总体情况看,这一时期存在主义思潮的传播对大学生思想的负面影响也是相当突出的。这是因为存在主义思潮是建立在唯心主义基础之上的理论,这种意识形态虽然对资本主义制度作了一定的批判,但基本的思想观念仍然是与资本主义社会的个人主义、自由主义的基本价值观一脉相承的,与改革开放初期社会主义的经济基础和意识形态相差太远,加上在传播过程中理论界出现的"精神污染"和自由化偏差,因而对大学生产生了明显的负面影响。具体而言,这种负面影响主要体现在以下三个方面:

1. 加深了悲观情绪,助长了"三信"危机。

20 世纪 80 年代初期的大学生亲身经历或目睹了文革动乱，对那个时期出现的经济濒临崩溃、人的尊严任意被践踏的状况有较深的体会。部分大学生由于缺乏对马克思主义理论正确和完整的把握，错误地把文革时的社会状况当做社会主义的基本模式，把"以阶级斗争为纲"的极"左"思潮当做马列主义的理论，因而对社会主义的前途悲观失望，对马克思主义、毛泽东思想产生怀疑，对党和政府的领导失去了信任，这就是文革结束时青年中普遍存在的"三信"危机。

存在主义在高校和大学生中的传播，无疑进一步加深了这种悲观失落情绪，助长了"三信"危机。因为存在主义作品在对资本主义社会的罪恶进行揭露和批判、对人们在充满危机的社会中迷惘的精神、孤独的自我以及人与人之间的冷漠和相互猜疑进行深入地刻画和描绘时，也渲染了一种对人生、对社会的怀疑和否定情绪，带有十分浓厚的悲观厌世倾向。即使被称为乐观主义的存在主义者萨特，也终因个人绝对自由难以实现，发出了"人生和世界都是虚无的、荒谬的、不可捉摸的"感叹。大量西方现代派文艺作品更是宣扬了对人生、对社会、对世界的无奈和绝望，文字间浸透着强烈的怀疑主义和虚无主义，反映出"站在毁灭因素边缘的一种完全失掉信仰的心境"。这种悲观消极的人生观，显然只会加深大学生对人际关系、社会关系消极否定的看法。在存在主义的影响下，不少大学生产生了人与人之间不存在同情、友谊和无私的爱的片面看法。认为人与人在利益问题上总是相互冲突，尔虞我诈，相互欺骗，在这样的世界里，人是孤独的、无助的，人生充满了恐怖、烦恼、绝望，世界没什么价值可言，理想事业都是空的，个人奋斗也是徒劳无益的，部分大学生还因此对人生和社会历史的发展失去了信心，对他人失去了信任，精神上失去了信仰。一些沉湎于存在主义构造的虚无主义幻境中不可自拔的大学生，甚至还出现了把一切都看穿的冷漠症和对什么都无所谓的失望心理。

2. 助长了大学生无政府主义和自由主义倾向。

青年特殊的社会边缘地位使其本身具有叛逆性和独我性，他们追求自由、民主，反对社会规范的束缚和压制，从这一角度看，可以说青年是天生的无政府主义者。改革开放初期的大学生又有其特殊的人生遭遇。他们亲身经历了文革，而文革打破既有的社会规范，将社会和他人抛入一种无序状态的情况，对其成长影响深刻。因而无组织无纪律观念成为了不少大学生思考和处理问题的惯性方式。西方存在主义思潮在他们中间的传播，进一步助长了大学生的这种不良倾向。因为，西方存在主义作为建立在唯心主义基础之上的思想理论，带有明显的否定社会价值和社会规范、单方面强调个人自由至上的片面性。加上理论界在研究和评价这一思潮的过程中，受到一些背离马克思主义思想的干扰，大大助长了大学生对存在主义和现代派作品中无政府主义和自由至上观点的认同和接受。在这一些理论观点的影响下，一些大学生社会责任感、历史使命感消减。一些大学生为达到个人的目的，置法律、道德、纪律于不顾，不惜损害他人和社会的利益。少数青年学生还由此走上了犯罪的道路。1981 年 7 月 11 日的《中国青年报》就报道了一个大学生，因信奉萨特存在主义哲学宣扬的个人自由第一的观点，只顾自己私欲满足，不顾社会规范要求，走上盗窃杀人犯罪道路的犯罪过程。[①] 可以说，在萨特的“绝对自由观”的影响下，80

---

① 1981 年 7 月 11 日的《中国青年报》，在《严重的教训在哪里？》一文中，报道了北京外国语学院四年级尖子生冯大兴因偷钱被发现而杀人致死的消息。

年代初期的不少大学生都不同程度的存在反对纪律约束,要求随心所欲的不良倾向,把社会权威、法律、道德、传统习俗不加分析的看做是对人的自由的束缚;把校纪校规看做是妨碍个性自由发展的桎梏,主张无限制的自由,从而助长了青年与社会的对立情绪。

3. 对个人主义价值观产生一定程度的认同。

存在主义思潮虽然对西方资本主义异化人的制度作了深入的批判,但从基本价值观上看,仍然与西方个人主义核心价值观一脉相承,甚至可以说是西方个人主义的极端化阐述和表达。整个思想理论张扬的都是个人的自我存在、自我选择、自我设计、自我奋斗和自我实现,表达的都是在个人与社会发生冲突和对抗时,对个人利益和个人自由至上的肯定。在这种与社会主义集体主义价值观完全对立的个人至上思潮的影响下,一些大学生产生了抱怨社会给予自我的满足和尊重太少的倾向,向社会主义的集体主义的价值观提出了"无自我何来集体,无自我何来社会"的理论质疑,把自我凌驾在他人和社会之上,把是否符合自我的意愿、需要、利益作为评价社会制度好坏的标准。一些学生行为做事只顾自己,不顾他人,只讲索取,不讲奉献,只讲个人的权利,不讲对社会的义务和责任,个人至上的自我观急速膨胀。"人都是自私的,任何人不管是生存还是创造,都是主观为自己,客观为别人"①的观点得到了不少青年大学生的赞同,成为当时相当一部分青年思想倾向。一些激进的大学生,甚至把萨特的"外部世界是令人作呕的世界,只有自我的世界才是真实的"观点作为至理名言,认为"人活着都是为了提高自我存在的价值,有的为名,有的为利","只有自我才是绝

① 潘晓:《人生的路啊,为什么越来越窄……》,《中国青年》1980年第5期。

对的,个人的价值高于一切”,并要求社会唤醒人的这种自我意识,倡导“重估一切价值”,建立新的价值观。总之,在西方存在主义思潮的影响下,一些大学生在主体意识觉醒的同时,对社会主义集体主义的基本观念也产生了怀疑,一部分大学生的集体主义价值观受到冲击,出现了不同程度的动摇,西方个人主义的思想意识开始得到一部分大学生的认同。

二、改革开放深入期(1984年—1989年):激进传播方式与进攻性影响特征

在20世纪80年代初期转变观念、统一思想、改革开放取得初步成绩,尤其是农村改革取得初步成就的基础上,从1984年起,我国进入了经济体制、科技体制、教育体制和政治体制改革的新阶段。1984年10月《中共中央关于经济体制改革的决定》出台,开始了打破僵化的计划体制,实行多种经济成分并存的城市经济改革。随后又颁布了《中共中央关于科学技术体制改革的决定》、《中共中央关于教育体制改革的决定》等推动科技、文艺、教育体制改革的文件,开启了这方面改革的序幕,并在邓小平提出的政治体制改革构思的基础上,进行了党政分开、权力下放、精简机构、消除官僚主义、发展社会主义民主,调动人民和基层单位积极性的一系列政治体制改革①。这种全面深入的改革在我国社会主义进程中是前所未有的,特别需要与之相适应的思想文化来支撑。经济领域的深入改革必然要求思想文化领域进行相应的文化建设。正是在这样的文化建设要求下,这一时期与西方理论文化的交流有

① 《关于政治体制改革问题》,《邓小平文选》第三卷,第176—180页。

了纵深扩展的态势。由于这一时期是我国社会主义改革全面展开并向纵深发展的时期,因而也是体制转换、利益调整引发的社会矛盾和社会问题最多的时期。

这一时期的国际形势是冷战以来变化最大的时期。社会主义与资本主义两大阵营对抗的政治格局正悄然地发生着变化:几个主要的社会主义国家在经济发展缓慢的情况下,自觉地走上了改革开放之路,希望通过自觉的改革开放,逐步摆脱经济上的困境,加快现代化进程。与此同时,以美国为首的西方国家经过第二次世界大战以后的调整和发展,进入了又一个繁荣时期,不断发展的空间技术、物理技术、海洋技术、生物技术以及信息技术等高新科学与技术,使生产力和竞争力大大提高,向外扩张的动力和欲望日趋强烈。新一轮以高新技术为推动力的生产技术革命正在世界范围兴起。为了将正在进行改革开放的社会主义国家全部纳入资本主义的世界体系,以便资本主义可以在世界的任何角落自由地活动,以美国为首的西方国家开始改变长期以来与社会主义国家对抗的遏制政策,与正在改革开放的社会主义国家逐渐增加了政治上的接触和经济上的交往,并发动了以经济为基础、以意识形态渗透为主要内容的"和平演变"攻势,准备打一场没有"硝烟"的战争,达到不战而胜的目的。作为社会主义大国之一的我国,必然成为这一攻势的主要对象。在这种特定的国内国际环境下,这一时期的西方文化传播表现出了对我国主导政治意识形态和根本政治制度明显的进攻甚至颠覆的激进传播态势,从而使这一时期的中西方文化交流在扩大的同时,充满了浓烈的意识形态斗争的色彩。青年大学生在西方文化激进传播、并对社会主义主导意识形态构成进攻的文化环境中,遭受的西方文化影响是复杂的,带有明显的负面特征。

（一）西方文化热的兴起

伴随西方国家新技术革命的兴起和国内改革的纵深推进，特别是随着各项体制改革的深入进行和新旧体制交替造成的摩擦，客观上要求我国理论界进一步探讨改革的具体路径和策略等问题，讨论中国文化发展前景等重大理论问题。围绕着建立适应改革开放和时代发展特征的中国文化体系这一主题，了解西方文化、学习西方文化成了社会共同关注的热点。据当时北京主要出版社统计：从 1984 年到 1988 年短短 4 年时间中，我国翻译出版的西方文艺作品和理论著作，总体上呈现出上升趋势。1985 年出版的社科类译著有 399 种，1986 年上升到 477 种，到 1987 年已有 600 多种，到了 1988 年仅第三季度就翻译出版了 600 多种。① 出版翻译的西方文化著作不仅数量多，种类齐全，内容涉及哲学、文学、科技、经济、政治、历史等众多领域，而且还出现了内容相对集中的西方文化丛书：如上海译文出版社编辑出版的“20 世纪西方哲学译丛”、“外国文学名著丛书”；人民出版社编辑出版的“现代外国政治学术著作选译”；中国社会科学出版社的“美学译文丛书”、“当代经济比较研究丛书”、“国外经济管理名著丛书”；中国文联出版社的“文艺理论译丛”；四川人民出版社的“走向未来丛书”；浙江人民出版社的“现代社会学比较研究丛书”；等等。其中有的著作和丛书出现了多次再版仍供不应求的状况。正是在以上引进、翻译、评价、出版、发行、销售、学习西方各种理论和文学作品成为一种时尚的过程中，1986 年前后，一场以思想界、理论界、文艺界、科

① 杨德广：《西方思潮与当代大学生》，河南人民出版社 1991 年版，第 19 页。

技界、出版界等多方面社会精英为主体力量、大中学校和党政企事业单位的广大社会成员积极参与的“西方文化热”逐渐形成。

在这场对我国改革开放产生重要影响的“西方文化热”中，出现了西方近现代主要的思想文化理论和各种社会思潮像走马灯似的在我国不断登场的壮观景象。西方文艺和哲学思潮的传播按以往的惯性继续扩展，继存在主义、现代派文学热之后，尼采热、弗洛伊德热、马斯洛热紧接着出现，其热浪未消之余，后现代主义等文学和哲学思潮又相继登台亮相。与此同时，反映西方科技、经济、政治等内容的各种译著和理论思潮也蜂拥而至，很快走俏大学校园，并开始向其他青年群体扩散，成为西方文化热中的一大亮点。从当时造成影响的重点看，首先受到广泛传播和社会普遍关注的是20世纪50年代到70年代西方新技术革命所创造的新兴科学知识和理论。在西方社会引起轰动的“旧三论”（信息论、系统论、控制论）、“新三论”（耗散结构理论、协同学理论、突变论），不仅在我国“热”播到了自然科学领域，还出现了向社会科学领域和其他领域广泛传播的现象。反映“信息社会”即将到来的理论著作，如托夫勒的《第三次浪潮》、约翰·奈斯比特的《大趋势——改变我们生活的十个新方向》等预测学新书，更是轰动一时，其中的思想观点在社会广为流传。其次，伴随着经济体制改革的纵深发展西方经济理论的传播，也逐渐成为热点，其中影响较大的经济思潮主要有凯恩斯主义思潮、福利经济思潮、私有化思潮、经济趋同思潮。这些相互联系又相互矛盾的经济理论和思潮，由于思想新颖，采用了数量分析、图像描述和模型构造等形象且具体的表达形式，因而很快得到研究者和学习者的青睐，其表达的主要观点迅速向社会扩散。再次，西方国家的一些重要的经典政治学著作，如马基雅维利的《君主论》、洛克的《政府二论》、卢梭的《社会契约论》、穆勒的《论自由》以及国内学者的相关评价专著，如《比较政治学》、《当代世界政治理论》等等，也很快引起了大学生的热购，其著作中表达的自由、民主、人权等西方国家的政治价值观以及议会制、三权分立制、多党制等西方国家的政治制度也因此被为数众多的大学生了解和认识。

青年学生在西方文化热流行与时尚的裹挟下，仿佛置身于西方文化形成的海洋中。据北京市1988年调查的结果显示，当时的大学生接受西方文化的五种主要途径分别是：报刊占30.1%，西方文学作品与其他理论著作占34.6%，电影电视占23.7%，听课和各种讲座占14.1%。[①] 同时期西安交大的调查还表明了外刊、外电的传播作用，占到10.9%。[②] 由此可见，这一阶段的大学生接受西方文化的途径已经突破了译著、评论的限制，开始向电影、电视、广播等媒介的方向发展，接受途径和方式日趋多样化。

掀起西方文化热的主力虽然主要是理论界、文艺界、出版界的知识精英，但青年学生盲目崇拜西方文化的狂热参与也起到了不可忽略的作用。这就注定了这场西方文化热的兴起，带有较大的冲动性和盲目性。部分知识精英根本没有考虑当时我国改革开放的实际状况和西方国家和平演变的图谋，简单地以为现代化就是西方化。大学生在这种观点的影响下，表现就更为冲动。他们中的大多数人并未认真理解"热播"中的西方理论，只是跟随热潮走，人云亦云，真正认真阅读原著的大学生还是少数。这种跟着时尚和流行走的"接受热"，往往造成青年在学习西方文化时缺乏独立思考、紧跟群体狂潮走的集群现象。

---

① 杨德广：《西方思潮与当代大学生》，河南人民出版社1991年版，第8页。
② 同上。

(二)西化论的扩散和自由化思潮泛滥

在西方文化热中,理论界和传媒界在各种文化活动和文化媒体上表达的有关中国文化建设的各种倾向性主张,对社会大众的思想和心理的影响比西方文化理论本身的影响更大。由于这一时期国内和国际复杂的社会背景,早在改革开放初期就被邓小平严肃批评的资产阶级自由化思潮,在这一时期沉渣泛起,在社会意识形态领域的表现十分抢眼,其中具有广泛影响的主张主要有"彻底反传统"、"全盘西化"以及少数资产阶级自由化分子的极端自由化言论。

"彻底反传统"的主张是当时颇为轰动的主张。这种主张认为,中国传统文化是落后的,根本无法适应现代化的要求。"中国文化必须从总体上予以彻底否定"①,"中华民族落伍的痛苦的现实使我们必须从现在开始进行彻底反传统",②"所谓批判的继承,并不只是在过去已经存在的东西中挑挑拣拣,而是要对他们进行根本的改造,彻底的重建"③。这种"彻底重建说",代表着一些激进的中青年学者的观点,不仅在理论界有较大的势力,在青年学生中也有较大的影响。这种不加分析的全盘否定传统中国文化,主张全面吸收西方文化来重建中国现代文化的思想,鲜明地表达出当时理论界文化激进主义的错误倾向。

"全盘西化"是"彻底反传统"的必然归宿,是理论界文化激进主义倾向的极端化表现。这种主张,割断历史联系,用简单类比的

---

① 《封建体制抛弃了传统文化中的好东西》,《世界经济导报》1986年6月9日。

② 参见《选择的批判》,上海人民出版社1988年版,第4页。

③ 《传统·时间性与未来》,《读书》1986年第2期。

方法看待中国与西方国家的差距，声称：现在的中国文化的落后是全面的落后，应在政治、经济、科技、文化、教育等各个方面，向西方国家开放，也即"应全方位开放，或者叫全盘西化"。① 这种文化主张在少数所谓"文化精英"的带领下，于1987年左右开始突破学术讨论的范围，向社会扩散。其中，借助电视政论剧片《河殇》，用鲜明、形象和具有广泛社会影响力的形式来表达，就是"全盘西化"论轰动社会的集中表现。《河殇》打着改革开放的旗号，运用现代的视听手段，以充满激情的言辞，告诉人们一个明确的观点：中国的衰落，是由于衰落的"黄色文明"（或内陆文明）造成的，而西方的先进是由蓝色文明（或海洋文明）推动的，"按照内陆文明的统治模式来进行现代化建设，不能根本性的赋予整个民族以一种强大的文明活力。只有当蔚蓝色的海风终于化为雨水，重新滋润这片干旱的黄土地，才有可能使巨大的黄土高原获得生机。"②《河殇》贯穿始终的是"地理环境决定论"的观点，宣扬的是民族虚无主义，传达的核心观念是：中国的传统文化是历史的包袱，只有彻底抛弃现有的文明包袱，走西方的路，全盘西化才有光明的将来。《河殇》不仅在中央电视台播放了两次，它的录像片还流传到全国各地，并很快传到亚洲及西方各国。它的解说词被十几家报刊转载，有几家报刊还专门为它召开了隆重的座谈会，赞赏的文章充斥于大小报刊。这就造成仿佛《河殇》就是中央关于改革的声音，就是改革发展方向的误导，导致社会上出现一阵空前的《河殇》热。《河殇》热的出现是国内"全盘西化"论和自由化思潮泛滥

---

① 转引张秉楠、邵汉明：《中国新时期学术思潮》（文化卷），吉林教育出版社1996年版，第135页。

② 引自黄楠森、龚书铎、陈先达：《有中国特色社会主义文化研究》，山东人民出版社1999年版，第3页。

的具体体现，是国内思想理论界自由化思潮泛滥的必然结果。国内理论界的“全盘西化论”同西方国家“和平演变”的图谋不谋而合，对社会主义主导意识形态和改革开放造成了极大的冲击，其影响不亚于西方文化本身的理论观念。

与此同时，少数资产阶级自由化的顽固鼓吹者，通过公开和非公开的渠道，利用文化建设的论题，打着思想解放、反对封建主义和反“左”等旗号，攻击社会主义制度，大肆宣扬资产阶级的世界观、人生观、价值观，鼓吹资产阶级自由化思想。他们公开否定社会主义，否定共产党的领导，否定马克思主义，宣称马克思主义是“过时的意识形态”，要求把马克思主义作为“百家中的一家”，反对马克思主义的指导地位，主张思想自由，鼓吹资产阶级的大民主。这些反对四项基本原则、动摇社会主义根本政治制度和主导意识形态的反动言论，虽然不断受到中央和邓小平同志的批评，受到理论界大多数有识之士的抵制和反对。但是，在当时的社会环境下，其社会影响还是很大的，对社会主义意识形态造成的冲击和混乱是非常严重的。这些自由化言论和观点，不仅搞乱了人们思想，直接危害了改革开放的顺利进行，而且给青年政治思想造成了极大的混乱，对1989年政治风波的发生起了政治思想上的促动作用。

（三）西方国家的意识形态进攻和政治煽动

在国内“全盘西化”论和资产阶级自由化思潮泛滥的同时，以美国为首的西方国家也开始了对我国社会主义制度和意识形态的猖狂进攻。国外的敌对势力更是利用改革开放的便利，开展了多种渠道的企图颠覆我国社会主义意识形态和政治制度的活动。事实上，西方国家对我国的“西化”图谋自我国建立之初就开始了，几代美国总统都将颠覆我国的社会主义制度和中国共产党的领导作为一项重要的战略任务。早在新中国成立之初，他们就采取经济封锁和军事进攻的方式，企图压垮中国共产党的领导。20世纪六七十年代，西方国家看到硬的“西化”方式不能达到目的，便调整策略，采取硬软结合的方式，企图通过意识形态的渗透，推行“和平演变”战略。但由于当时我国与西方国家的交往几乎中断，西方国家的“和平演变”战略在我国较难实施。因此，一旦我国打开国门，西方国家就立即利用改革开放的有利条件，向我国发动了以经济合作为联系纽带、以政治意识形态进攻和政治煽动为手段的和平演变攻势。这种攻势在这一时期国内文化建设出现以上偏向的同时，达到了白热化的程度。

以美国为首的西方国家，在这一时期采用了大张旗鼓的传播其政治意识形态的进攻策略。首先他们利用各种文化交往活动，如免费赠送影片、图书等文化交往方式，向我国进行政治思想、价值观念等思想意识形态的大量输出。1985年，美国哥伦比亚广播公司（CBS）通过澳大利亚新闻集团向我国无偿赠送了150部经过精心挑选的美国故事片，要求中央电视台在每周星期天晚上的黄金时间播出。这些免费赠送的美国影片，形象地向亿万中国观众“免费”地展示了美国为首的西方国家社会生活的多方面情境，潜移默化地宣传了美国的政治意识形态、核心价值观念与欧美化的生活方式。其次，西方国家还积极资助其问题研究专家和出版、报刊、新闻等部门，编写攻击社会主义和共产主义、宣扬西方制度和意识形态优越论的相关著作，如布热津斯基的《大失败：共产主义诞生和灭亡》、海克的《致命的幻想》、尼克松的《1999：不战而胜》等，并将其翻译介绍到我国。以上著作曾在我国发行了几百万册。这些著作大肆宣扬资本主义民主的“优越论”，鼓吹社会主义国家只有走资本主义道路,"补资本主义的课",才能发展生产力、实现现代化等西方意识形态的观点,对正在探索社会主义改革发展路径的理论界和青年大学生形成很大的政治思想影响。第三,通过学术研讨会和文化交流,加紧对知识文化界的思想政治影响。如西方国家通过开展各种研讨会和有关国际性会议,给那些崇拜并积极宣传西方民主自由的学者各种荣誉和奖金,提高他们在国内外的名声和地位;通过他们宣传西方社会的价值观念,加强了对政治多元化、经济私有化、思想自由化的宣扬和鼓吹;西方国家还直接资助社会主义国家的科学研究机关,让他们承担有利于宣传西方民主、自由和人权的科研课题等。西方国家还以资助外国学者到美国学习或研究的形式,让在美国的留学生接受所谓的"自由、民主的熏陶",使其成为"亲西方的一代"。第四,西方国家还不忘利用宗教活动进行文化进攻和文化渗透。在20世纪80年代中后期美国陆续派出传教人员以教师、商人、医生和技术人员的身份来华,秘密进行传教活动。

总之,在这一时期,以美国为首的西方国家对我国进行文化进攻和意识形态渗透的方式可谓多种多样,令人防不胜防。这些诸多方面的意识形态进攻活动在青年的心目中逐渐形成了西方国家民主、自由、富裕;社会主义国家专制、僵化、贫穷的强烈反差印象,极大地动摇了青年学生的社会主义信念。

除了文化进攻手段外,西方国家还以政治煽动的手段发动和平演变,在我国制造内乱。所谓政治煽动,就是指西方国家为了达到他们和平演变、不战而胜的目的所进行的旨在攻击我国社会主义政治制度和主导意识形态,搞乱人民思想,鼓动推翻党和政府领导的公开化宣传活动。在西方国家的政治煽动中,美国和英国的广播电台的宣传影响作用最大。据统计,当时我国收音机的人口覆盖率达到70%以上，许多中国百姓大多借助收音机了解新闻。青年学生因为学习英语的缘故，拥有的收音机比率非常高，收听国外电台广播的时间最多。曾被前总统肯尼迪骄傲地称为“政府的一只臂膀”的“美国之音”（VOA）借此良机，加紧了对华广播。“美国之音”华语广播时间，在这一时期不断地增加，到1988年前后已增至每天12小时。这些电台，借滚动新闻、人权对话、对华论坛等话题，散布民族仇恨；诽谤和丑化中国共产党的历史；攻击党和国家领导人；攻击社会主义制度和意识形态，夸大改革中存在的问题；支持和鼓吹少数民族极端分子分裂国家的活动，千方百计地寻找事件和时机，鼓动推翻共产党的领导。“美国之音”在20世纪80年代中后期疯狂的政治煽动，对1989年政治风波的形成，起了推波助澜的作用。其次，西方国家还大力培植和公开支持亲西方的“民主势力”和“持不同政见者”，利用各种国际奖励，煽动我国内部的反对派继续从事反党反社会主义的活动。如1989年，西方国家就把当年度的诺贝尔和平奖授予分裂中国的政治流亡者达赖喇嘛，支持其分裂祖国的行动。另外，西方国家特别是美国很擅长利用人权外交进行政治煽动。在这一时期，里根政府多次以“人权”为借口，支持和鼓动国内敌对势力进行反对四项基本原则的政治性活动。以上几种典型的政治煽动方式，对我国广大青年产生了巨大的蛊惑作用。

国内文化发展过程中严重的自由化偏向，与西方国家政治意识形态的进攻和敌对势力诸多反党反社会主义的活动方式相呼应，从整体上构成了对我国社会主义意识形态进攻的态势，对中国共产党领导的社会主义国家政权构成了巨大的威胁，并由此造成了这一时期我国意识形态和政治环境复杂多变，充满对立与矛盾的局面。青年学生在这一充满矛盾和对抗的文化环境中，受到影响也带有明显的负面特征。

(四)青年学生政治思想和行为遭遇严重负面影响

不可否认,西方文化热中,西方科技和社会科学经典作品的大量出版发行,对恢复和促进这一时期自然科学和社会科学的发展起到了积极作用。在开放的学习西方新兴科学的过程中,我国恢复、建立和发展起了一大批新兴的交叉边缘学科,推动了我国科学文化事业的发展。青年学生在大量接触和学习西方文化的过程中,开阔了眼界,丰富了知识,增长了见识,在一定程度上推动了他们的思想解放。但是自由化思潮的泛滥、全盘西化论的扩散以及西方国家有意识的政治意识形态进攻和政治煽动,也对青年学生的政治思想和政治行为产生了严重的负面影响,并在特殊的国际国内大气候的影响下,引发了青年学生激进主义情绪和非理性政治行为的扩散。这些负面影响集中表现在以下方面:

1. 助长了部分青年学生崇洋媚外的思想倾向。

随着这一阶段对外开放力度的加大,我国与西方国家的经济交往、人员往来和文化交流不断增加,青年学生可以通过多种渠道直接或间接地了解西方国家的风土人情、生活方式、价值观念及其经济、政治制度等多方面的状况。在全方位接触和了解的基础上,他们自然而然地产生了比较的心理。由于当时我国与西方国家经济实力上的差距确实较大,加上青年认识、思考问题感性化的色彩比较浓厚,用感性代替理性的情绪化情感性的认识特点比较突出,因此在面对物质和文化相当发达的西方国家时,难免形成西方什么都好的印象。而这一时期,思想理论界的"彻底反传统"和"全盘西化论"的文化建设主张,以及《河殇》引发的社会轰动,又包含着明显的民族虚无主义话语和倾向,这就在思想舆论上进一步加剧了青年学生崇洋媚外思想的倾向,导致不少大学生产生了“凡是西方的东西都是好的,凡是我国的都是封建的、落后的、无价值的”民族虚无主义思想认识。这种崇洋心理的最集中的表现就是,1986 年以后,我国著名高校和沿海地区出现的青年出国热。一些青年将西方国家视为自由的天堂,以为只有到西方国家才能找到富裕和幸福的生活。以出国为目的、为光荣,根本不管专业是否对口,出国是否适合家庭和自己的能力。一些青年,为了出国甚至不惜出卖人格和尊严。青年学生中崇洋媚外思想倾向的出现和泛滥,强烈冲击着我国主导文化倡导的爱国主义精神,淡化着青年学生的民族自尊心、自信心和自豪感,导致他们对本民族历史、文化和现状认同感的大大下降,并由此造成我国 20 世纪 80 年代末青年人才向西方发达国家群体性流动的“人才流失”现象。

2. 导致青年学生政治思想的严重混乱。

这一时期我国社会主义文化与西方资本主义文化在思想意识形态上的尖锐冲突和对立,严重影响了我国社会主义教育特别是政治教育的效果,造成了青年学生在政治思想上的严重混乱,主要表现为部分青年学生产生了怀疑和否定四项基本原则的思想倾向。

坚持社会主义道路,坚持马克思列宁主义,坚持党的领导,坚持无产阶级专政的四项基本原则,是我国的立国之本,是保障改革开放坚持正确方向和顺利进行的基础。学校思想政治教育的根本目的就是让青年学生接受并认同四项基本原则,从而与国家主导意识形态和政治制度保持思想上和行动上的一致。但是,在西化论和自由化思潮的错误导向下,在西方敌对势力的意识形态进攻和政治煽动下,部分青年学生产生了怀疑和否定四项基本原则、推崇西方资本主义制度的思想倾向。据当时有关部门于 1986 年 6

月和1988年6月对首都大学生思想状况的调查数据显示，认为“社会主义与资本主义无优劣之分，主张搞资本主义”的，在1986年只占16.8%，到1988年就上升到34.5%；认为“靠共产党的领导，中国富强没有希望，主张多党制”的调查比例分别达到20.5%、21.1%；①到1989年4月“政治风波”发生前夕，有关部门对北大、清华、北师大、人大、北航5所高校的调查显示，学生中倾向于两党轮流执政和多党制的比例已上升到50.12%，②足足占了5所高校学生人数的一半，反映了当时北京大学生对西方政党制度的认同已达到相当大的范围，而对社会主义制度、共产党的领导和马克思主义指导地位持认同的人明显减少。特别是1989年“政治风波”前夕，这股怀疑和否定四项基本原则的思想倾向出现了非理性的群体传染，部分大学生因此丧失了正确的识别力，直接或间接地参与了20世纪80年代中后期的无政府主义的集群行为，给改革开放的有序进行造成了极大的冲击。

3. 酿成无政府主义的集群行为。

20世纪80年代中后期的大学生群体与改革开放初期的大学生群体相比，已有很大的不同。经历过文革的大龄学生逐渐减少，95%以上是粉碎四人帮后进入中学，再经过激烈的高考竞争进入大学的青年学子。面对改革开放后社会对大学生的强烈需求，他们有一种“天之骄子”的精英意识。他们关心社会改革和国家的前途命运，但缺乏对国情的具体了解；喜欢简单的横向类比、不愿作历史的纵向分析是他们突出的认识特点。这种认识特点导致他们往往以偏激、急躁和非理性的态度对待改革向纵深推进引发的

① 杨德广：《西方思潮与当代大学生》，第30、31页。
② 同上书，第52页。

各种社会问题和矛盾。加上自五四以来,我国大学的文化传统就是担当国家兴衰之大任,呼吁文化变革之新声。在这一文化传统的影响下,这一时期的青年大学生政治参与意识一直非常强烈。然而,这一时期社会意识形态领域出现的政治思想混乱的状况与西方国家意识形态的进攻和政治煽动相结合的文化环境,却对青年学生的政治参与产生了错误的诱导和鼓动,导致他们的政治参与行为,从非理性的活动逐渐发展到无政府的集群行为,如1985年的"9·18事件":大学生不顾我国政府对日抗议的安排,在未经过政府批准的情况下,擅自组织示威游行,全国约有8000到9000名大学生参加了游行示威活动;1986年12月起源于合肥中国科技大学的示威游行波及上海、武汉等14个城市的17所高校,有的城市的大学生参与人数达到25000人之多,造成了严重的社会混乱。其中破坏力最大的是1989年春夏之交的"政治风波",这场"政治风波"背离了大学生良好的主观意愿,不仅扰乱了学校正常的教学秩序,而且破坏了社会安定团结的政治局面和人民群众的正常生活,对改革开放的深入发展造成了极大的消极影响,对社会的破坏性影响一直延续了好几年。

纵向考察20世纪80年代中后期西方文化激进传播与青年政治思想和政治参与行为混乱的状况和特征,可以清楚地看到它们之间的正相关性:国内思想战线在文化建设中出现的激进主义和自由化偏向,引发了过度的西方文化热和"全盘西化论"的扩散,助长了自由化思潮的泛滥,而这正是造成青年大学生盲目崇拜西方资本主义制度和文化、怀疑和否定四项基本原则、产生民族虚无主义思想倾向的思想文化原因;西方国家有意识的政治意识形态进攻和政治煽动等激进的和平演变活动,又将当时大学生中已出现的一些不良思想倾向和行为势头,推到了更加极端的偏离社会主义主导意识形态的方向；国内思想文化出现的舆论偏向又反过来助长了西方国家意识形态更为猖獗的进攻，并与国内错误思想合流形成强势舆论，对大学生政治思想和政治行为产生明显的负面影响。20世纪80年代中后期，青年学生政治思想和政治行为偏离社会主义主导意识形态的方向，以致最终酿成1989年春夏之交的“政治风波”，虽然原因是多方面的，但国内思想文化领域出现指导思想上的自由化偏向，无力抵御西方意识形态的进攻却是最主要的原因。这一相关性，较典型地反映了两种不同制度的文化，在改革开放的社会环境下相互接触，既相互学习又相互对立的交会特性。深刻地反映出这种文化交会中的对立，常常会在特定的条件下、不以我们的良好意愿为转移地发生激化的某些规律，这对以后坚持正确的文化交流方针具有重大的启示作用。

三、经济转型期(1992年—　):渗透传播方式与隐蔽性影响特征

经历了1989年的政治风波之后，我国政府顶住了西方国家的政治颠覆和意识形态进攻，在各种矛盾以激烈的方式释放后，赢得了坚持社会主义道路和改革开放的主动权。特别是经过多年改革开放的探索，在吸取苏联、东欧剧变的经验教训上，形成了以邓小平理论为代表的指导我国社会主义现代化建设的理论创新成果，完成了改革开放以来对我国社会主义现代化建设的道路、方向、动力、步骤等根本理论问题的曲折探索。在苏联解体、冷战结束、以信息技术为先导的经济全球化格局日趋凸显的形势下，又果断采取了建立和完善社会主义市场经济体制的社会转型，并主动申请加入世界贸易组织，将我国的经济发展融入到世界经济发展的格

局之中,对外开放的广度和深度都是前所未有的。

这一时期虽然美国仍坚持“对华政策的最终目标是促进中国的自由化”①,也就是继续对我国进行西化的策略。但伴随着经济全球化的发展,卷入其间的各国必然形成相互联系和制约的密切关系,形成更多的共同利益关系。为此美国等西方国家不得不调整“遏制”政策,转而采用“接触”为主的对华政策。在这样的背景下,美国等西方国家对我国实施西化图谋的策略,出现了由意识形态的直接攻击向文化扩张和渗透转变的调整,并把我国青少年当做主要的影响对象。因此,在我国经济转型期,西方文化主要与强势扩张和渗透的方式传播,并向年龄更小的青少年扩散,对青少年思想的影响出现了从未有过的隐蔽化和渗透化特征。

(一)西方大众文化制品的广泛传播与娱乐化影响

进入经济转型期以后,在 20 世纪 80 年代中后期持续升温的西方理论文化热播的状况,开始逐渐势微,其影响主要局限在理论界、学术界及相关专业的大学生,取而代之的是西方大众文化制品的热销,以及向年龄更小、数量更庞大的青少年群体蔓延。

西方大众文化制品,是指以现代电子媒介为传播载体,通过满足都市大众精神文化需要和审美愉悦的需求为文化资本带来利润的文化商品,包括电影片、电视片、流行音乐光盘、游戏软件及报刊书籍等可复制的文化产品。西方大众文化制品是文化生产过程与商品生产过程相结合的产物,具有大众文化与商品的二重属性,作为大众文化,它总是以群众喜闻乐见的形式、生活化平面化的内

① [美]吉姆·赫尔姆斯,詹姆斯·普里斯特主编、张林宏译:《外交与威慑:美国的对华战略》,新华出版社 1998 年版,第 2 页。

容、新奇刺激的视听效果等特性，来满足广大人群在紧张生活之余的文化娱乐和审美需要，因而具有广泛的接受性；作为商品，它总是按现代商品生产与销售规律进行生产与市场销售，以便最大量地占有市场，为投资人获取最大的利润，因而具有广泛的传播性。所以从本质上讲，西方大众文化制品“是资本主义社会工业化和都市化生活对人性进行现代重塑的文化反映，是丧失理想追求和历史深度之后的现代都市大众的精神状态的外化表现，是现代都市人在他们还来不及适应的、令他们头晕目眩的都市生活中维系他们的精神健全的诺亚方舟，是资本主义生产方式的产物。”①是西方文化在当代社会最具广泛影响力的文化类型。

美国是西方大众文化制品生产和销售最发达的西方国家，早在20世纪三四十年代，美国好莱坞的电影片就已销售到世界各国。进入20世纪90年代以后，美国倚仗其丰富的文化人力资源、雄厚的资本、高科技的文化创新技术以及高超的产品推销方式，利用经济全球化带来的更为开放和广阔的市场，在与其他国家的文化制品竞争中占据绝对的优势。据美国商务部的统计，1996年美国的电影占据欧盟市场的70%，占据日本电影市场一半以上份额。在加拿大，收音机听到的音乐四分之三来自美国；出售的杂志每5本中就有4本来自美国。1996年美国的娱乐产品在国际上的销售额高达602亿美元。② 因此，向世界各国推销文化制品以获取文化上的霸权地位和经济上的巨额利润，是美国全球战略的重要方面。

① 黄楠森，龚书铎，陈先达：《有中国特色社会主义文化研究》，山东人民出版社1999年版，第503页。

② 李希光：《谁在左右你的视听》，《环球》杂志2000年第2期。

利用我国建立社会主义市场经济和经济全球化加速发展的有利时机,美国加紧了对我国倾销文化制品的文化扩张和渗透进程。从 1994 年起,美国的影片、电视节目、流行音乐磁带和光盘等大众文化制品,就在我国电视机、随身听、影碟机等现代传播设备日益普及、文化学习和文化娱乐需求日益高涨的情况下,特别是在我国进一步发展和建设文化市场等有利条件下,开始大规模地进入我国文化市场,并首先在城市青少年中广泛地传播和流行。据统计,1994 年—1998 年,我国引进的外国有线节目共 426 部,2533 集,其中美国节目占 269 部,1238 集,占全部外国节目的 63.1% 和 48.9% ,1996 年—1998 年,我国共进口外国电影 112 部,其中美国片 62 部,占 55.3% ;1998 年我国音像制品进口为 227.28 万美元,大大高于出口的份额。① 除了以上通过正规渠道引进的大量西方大众文化制品之外,还存在不法分子为牟取高额利润,不惜铤而走险,利用走私、盗版等非正规途径进入的大量文化制品。不少专家认为,20 世纪 90 年代中后期以来,中国老百姓消费的美国大众文化制品大大超过了消费美国的其他产品。

在这众多的老百姓中,青少年是最主要的消费群体。我们在 2002 年进行的调查显示:高中生和大学生中喜欢看美国电影和电视片的人比喜欢看国产电影片的人高出了 22 个百分点,喜欢听美国流行音乐的人比喜欢听大陆流行音乐的人高出 28 个百分点。去大学生寝室,会看到大部分学生的录音带中除了英语,最多的就是美国的流行音乐歌带。许多单位和学校闭路电视放映的电影录像,美国枪战片是最多的。大学校园里的影院,似乎只有美国大片

---

① 刘继南:《大众传媒与国际关系》,北京广播学院出版社 1999 年版,第 256、262 页。

才能吸引大学生走进电影院。校园电影广告栏中张贴的大幅彩色广告,绝大多数是宣传美国影片的。1997年,仅一部《泰坦尼克号》影片,就将美国大片热从大城市迅速推进到了幅员辽阔的乡镇。一时间席琳·迪翁在影片中演唱的《爱无止境》的主题歌,几乎可以在所有城市女中学生和女大学生的"随身听"中听到。进入新世纪以后,这种"美国大片热"的轰动时尚,在我国主流媒体的调控中虽然有所减少,但在西方大众文化制品良好的娱乐特性吸引下,通过租用光碟和上网进行消费的青少年数量仍然十分庞大,并且影响更为隐蔽。

西方大众文化制品虽然有很强的娱乐性和商品特性,但是它必定不是一般的娱乐品,作为文化制品总是包含着特定的文化意识形态。不可否认,不同国家的大众文化制品,总是存在着因人类生活的共同性而反映出的某些共同的审美理想和审美情感,并由此进行跨国交流,为不同国家和民族的人带来精神和审美上的通感和愉悦,带来视听娱乐上的新奇补偿。也不否认西方大众文化制品中确实存在不少优良的制品,其中表现人类文明和高尚道德的内容,如对人的价值和生命的珍重、爱国主义、责任、互助、忠贞爱情等的表现和讴歌,对青年思想和情操的熏陶无疑是有积极意义的;一些运用信息高科技手段制作的影视片对满足青年的求新求奇的需要、激发想象也具有积极或无害的审美娱乐作用。但是我们也应该看到,作为文化产品,许多西方文化制品包含的价值观与我国主流价值观的差异还是十分明显的。因为每个国家的大众文化制品,总是会从不同的侧面,在不同的程度上反映着该社会的主导价值观、理想、愿望及其社会生活状态。纵观美国的大众文化制品,尽管为了获得世界各国的市场份额,他们在制作上也提出了诸如反映人类共同情感和价值、淡化美国意识形态色彩的主张，但美国的文化中心主义传统和文化霸权主义动机，又总是支配着他们将美国文化看做是最先进的文化，将美国的自由主义价值观、政治经济制度当做应在全世界实行的共同的普适文化，看做是人类社会共有的情感和价值。因而在其电影、电视和电子游戏中，间接宣传私有化、民主制、多党制等资本主义制度优越性和合理性的文化制品有之；间接宣传资产阶级个人自由、人权、人道，攻击和丑化社会主义国家的政治经济制度的文化制品有之；至于宣扬消费主义、享乐主义、拜金主义，展现资本主义社会奢侈消费和色情暴力、犯罪、吸毒等丑恶的社会生活状态，满足人的感官刺激需要的文化产品更是比比皆是。这些不良的思想文化制品通过新、奇、特的视听审美形式，在青年审美欣赏和文化娱乐的过程中，不知不觉地进入青年的知觉结构，必然会对青年的世界观、人生观、价值观产生潜移默化的影响，进而对青年接受与认同社会主义主导文化倡导的基本价值观和人生观造成一定的障碍。尤其是在录像出租店租用和上网下载的西方文化制品，大多是包含大量色情和暴力成分的制品，它们对思想还未成熟的青少年常常产生错误的蛊惑和诱导，是引发青少年性欲和暴力型犯罪的主要文化诱因之一。可以预想，加入 WTO 以后，我国对美国文化制品的限制将进一步缩小，美国大众文化制品会更方便地进入我国文化市场，成为青少年文化学习与文化娱乐的重要选择品种。西方文化对青少年思想的影响，由意识形态的直接进攻转变为利用审美化、娱乐化的潜移默化，将成为今后正常文化交往中的主要特征。

（二）国际互联网的直接传播与网络化影响

利用新兴的互联网信息平台进行多媒体多方面的文化传播和

渗透影响，是西方文化在经济转型期传播与影响的又一重大变化。互联网是由计算机构成的信息传播系统。最先运用于美国的军事领域，20世纪70年代开始进入西方国家的民用信息传播领域，20世纪90年代开始向非西方国家扩展，其发展速度之快，大大超过其他电子媒介，令人叹为观止。据美联社1998年7月22日报道，当时全球只有1亿互联网用户，但正在以每年100%的速度增加。到了2001年，IDC发表的研究报告显示，全球上网人数已达5亿人。2005年1月21日新华网报道，截至2004年12月31日，全球互联网用户已达8.1亿，平均普及率为12.7%。其中，普及率最高的国家是瑞典，约为75%，美国其次，普及率达68%，韩国第三，已达62%。

互联网在我国的发展势头更是惊人。20世纪80年代我国的科学家才开始接触互联网，90年代中期才在北京、上海等大城市建立互联网，但是发展的速度十分迅猛，上网计算机台数及网民人数逐年倍增。统计数据显示，1997年我国上网计算机仅29.9万台，上网用户数①仅为62万人。1998年，共有上网计算机74.7万台，上网用户数210万人；1999年，上网计算机350万台，上网用户数890万；2000年，上网计算机892万台，上网人数增至2250万；2001年，上网计算机1254万台，上网用户数约为3370万；2002年，上网计算机2083万台，网民总数达到5910万；2003年，我国上网计算机达到3089万台，网民数达到了7950万；截至2004年12月31日，我国的上网计算机总数达到了4160万台，网民总数达到9400万。几年间基本实现了互联网的全国覆盖和网民的普

① 即网民。中国互联网络信息中心将中国网民定义为平均每周使用互联网1小时以上的中国公民。

及。在近1亿的网民中，18岁—30岁者占75%，还不包括未在统计之列的13岁至17岁的未成年人网民。[①] 西方国家利用我国迅速兴起的互联网信息平台，对我国进行跨地域、多媒体、全方位的文化信息的直接传播，并对我国当代青年产生信息化的强势影响，是西方文化在我国当代社会传播与影响的又一突出趋势。互联网跨地域传播、交互传递、多媒体传播，信息富饶、交流宽松等特点，深得追求新奇和自由的青少年喜欢，因而越来越成为青少年学习、交往、娱乐的重要组成部分，他们对互联网的依赖也日益加深。

但是与以美国为首的西方国家相比，我国的网络技术还处于明显的弱势地位，网上信息的制作、刷新速度和占有数量还不能与其抗衡。当前美国等西方国家还控制着计算机大部分软硬件生产的核心技术和联网技术，占据着国际互联网上文化信息生产制作和传播的权威地位。据有关组织估计，仅美国目前拥有的数据库就占到全球70%以上，网上用英语表达的信息达90%以上。信息资源占有上的绝对优势，使美国等西方国家占据了互联网上文化传播的制高点，强化着西方文化在互联网上的覆盖面和吸引力，极大地方便了西方国家尤其是美国对我国进行意识形态进攻和文化的渗透。当前通过互联网传播的西方文化信息无奇不有、无所不包：既有严肃的西方科技文化、理论文化，也有多媒体五花八门的大众娱乐文化制品；既有涉及国际政治、经济、环境问题的新闻，也有关于我国多方面问题的新闻评述，既有商业和教育的信息，也有休闲娱乐的信息。其中不乏大量虚假的乃至反动的网上信息。目前，西方国家用汉语在国际互联网上发布的危害我国文化安全的信息主要有：一是通过特设的网站、电子公告板，宣传西方社会政

① 参见新华网的报道：http://www.xinhuanet.com。

治制度和意识形态的优越性，诋毁社会主义政治制度和思想意识形态的政治新闻信息；二是通过网上电影和广告张贴大肆宣扬西方社会的性道德、性心理、性观念和性行为等低级庸俗的黄色信息；三是通过电子邮件、网站转发谣言，散布对政府的不满情绪，如西方反华势力经常在网上散布各种反华言论，捏造事实，歪曲我国历史、党或国家领导人的形象。有的还通过电子邮件、网站等发布所谓的"经文"，传播谣言，策动境内外的"法轮功"人员不断滋事等等。

我国转型期青少年既是上网的主要力量，更是能够使用英语进行阅读交流的主要群体，在国内和国际互联网上活跃的绝大多数是青年人，因此，互联网上的西方文化信息对青少年思想行为的影响最大。西方国家网站和网页上的积极的无害的信息对我国青少年获取新知、开阔视野、娱乐身心无疑具有积极的影响；而前面提到的充斥在国际互联网上的西方反动信息、垃圾信息，国际上的反华敌对势力散布的政治颠覆信息，特别是西方国家的人习以为常的大量色情信息等，对于好奇心强、鉴别能力比较弱、自控能力较差的青少年，负面影响和危害性日益显现。一些沉溺于西方网络游戏、西方色情网站、反动电子邮件和 BBS 的青少年，思想和行为发生了明显的不良变化：有的出口是英语脏话；有的动辄主张以武力解决矛盾纠纷，行为的暴力倾向大大加强；少数青少年还出现了不同程度的色情犯罪倾向和活动；至于受到网络文化独有的娱乐性毒害而成为网痴的青少年，其遭受的心理和人格的伤害，更是在短时期内难以矫正过来的。青少年经常接受互联网上西方文化信息的多向影响，是经济转型环境下西方文化对青少年思想影响最突出的变化特征，是我国在今后发展信息化社会过程中面临的长期问题。对其负面影响的防范，特别需要常抓不懈。对此问题，我们将在后面的相关章节展开具体的研究。

（三）同经济活动相结合的隐性传播与生活化影响

进入经济转型期以后，我国与西方国家经济交往和联系的加强是最突出的变化，与之相应，西方文化通过经济活动和经济生活对转型期青少年进行生活方式和价值观影响的特点，也日益凸显出来，并出现强劲发展的趋势。

当今西方国家的经济与文化的结合越来越密切，西方文化的精神和性格已被深深镶嵌在经济实体（公司）的价值理念、规章制度以及从业人员的思维方式、行为方式和生活方式中，镶嵌在商业服务方式、品牌名称、商品广告、商业时尚的营造中。思想和精神的文化已转换成了商品和消费的文化。这种经济与文化的紧密结合趋势，使以美国为首的西方国家能够利用其在经济上的优势地位，通过经济全球化的生产和贸易活动特别是跨国公司的经济活动进行文化传播和渗透。一方面，跨国公司本身的经济活动可以产生直接的文化传播和影响，如西方国家的经营思想和生活观念，伴随跨国公司的经营管理和生产流通在世界广泛传播；另一方面，通过同经济生活相联系的商品信息传播可以进行文化的生产、销售与传播，如通过西方国家的企业进行的品牌宣传、消费时尚造势等影响消费者消费观念和购买行为的大众传播活动，可以制造并传播消费主义的思想和生活方式等等。一个跨国公司的产品在不同国家、不同领域畅行无阻，在不同的社会群体、不同层次的接受范围中成为共同的对象，并在全球成为时髦的先锋，如可口可乐、麦当劳等，不仅表明一个企业的产品畅销世界，更表明一种时尚文化被世界接受。这种状况正如法国后现代理论家让·鲍德里亚指出的那样，西方资本主义社会已将“消费和信息”合成了一种符码系统，这种符码系统是一个无意识的浮动网络，操纵和制约着大众的思想行为，并形成全面的文化霸权。①

自确立社会主义市场经济以来，我国不断开放的市场就吸引了大量的外资和跨国公司来华落户，特别是加入 WTO 以后，我国与西方国家在资金、原料、技术、劳动力等生产要素的交流和商品的贸易上发展快速，与西方国家的进出口贸易更是大幅攀升。西方各知名跨国公司为争夺我国市场，在媒体上展开了广告大战。西方品牌凭借良好的质量，尤其是广告战略实施中被赋予的高品位、高身份和时尚与新潮的文化意义，使具有美国特色的苹果和维利牌牛仔服，耐克运动服，可口可乐、麦当劳，正在越来越普遍地成为城市青年消费的首选。特别是随着西方跨国公司来华投资建厂的数量和规模急剧增长，近年来我国在西方跨国公司打工、做代理人甚至当部门经理的青年人已相当普遍。这些在中国城市写字楼里忙碌的“白领青年”，对西方生活观念和生活方式情有独钟，他们不仅喜欢珍藏西方的经典著作，喜欢看英文原声版的美国片，喜欢去国外的风景名胜地度假，就是在吃、穿、用、行（汽车）等方面的消费上也喜欢购买高档的西方品牌，如购买汽车要选择西方的知名品牌，买房则要求是有身份的知名楼盘或高档的别墅。他们作为青年中的佼佼者，对青少年群体的生活和消费观念具有极大的示范作用。在他们的消费方式引领下，去高档的商场和餐馆消费、开高档轿车、打高尔夫球、跑马、射击、去海外休闲度假、住高档别墅等生活方式，正在成为越来越多青年人心中的梦想，也成为一些青年人现实的生活享受追求。据最近《中国青年报》报道，当前我国奢侈族的最低年龄比欧美发达国家小了 5 岁，已集中在了 25

---

① 赵一凡：《欧美新学赏析》，中央编译局出版社 1996 年版，第 175 页。

岁到30岁的青年。目前在这一青年群体中已出现了相当数量的“月光族”和“百万负翁”①，附着在经济活动和消费生活之中的西方消费主义文化，正在通过青年追新求奇的时尚消费和炫耀性消费，不知不觉地进入青年的思想意识，成为其生活价值观的重要取向。

经济活动和消费生活层面的西方文化正在逐渐超过和替代西方政治意识形态对青少年的影响，是经济转型环境下西方文化传播和影响方式的突出变化。表面看，这种变化似乎正在导致西方文化对我国社会和青少年政治思想影响的减弱，因为经济层面的文化有着更多的共性，对我国社会主义的政治意识形态不会造成直接冲击，对社会稳定不会构成直接的威胁，其中一些文化因素和观念，如效益观念、经营理念、营销手段等对我国企业的现代化发展还有积极的促进作用。但是，经济运行模式和日常生活方式往往是一个社会价值观和思维方式的具体外化形式，西方国家尤其是美国又利用大众文化媒介强化着自己国家的文化价值表达。因此，在西方国家经济运行和生活方式对我国产生积极影响的表象下，隐藏着深层次的负面影响。这就是西方经济和商业文化中裹挟的消费至上的价值系统和生活方式，对我国青少年顺利接受和继承中华民族勤劳节俭、艰苦奋斗优良传统的形成的冲击；对西方衣、食、住、行等生活方式和休闲娱乐方式的一致性推崇并引发的盲目模仿，会潜移默化地销蚀青少年的民族自主意识和国家归属意识。正如我国一些学者深刻认识到的那样：“当人们穿着美国的牛仔服，听着美国的摇滚乐，哼着美国歌曲，吃着麦当劳和肯德

① 月工资上万元，却因总是购买高档的消费品和选择最新潮的消费方式而负债累累。

基，看着 CNN，浏览着网上主要由美国提供的信息，逛着迪斯尼乐园，就不能保证不用美国的方式去思考。人们模仿美国人的时尚、穿着、饮食习惯，接受美国的教育，仿效美国经济模式，就不能避免不去仿效美国的民主制度。这一切都是在人们认为无害的行为中发生的，是主动接受的。这就是美国文化扩张的力量。"①它会使青少年从认同和模仿美国等西方国家的物质生活方式，发展到认同其制度和观念，进而认为美国等西方国家的一切都是先进和现代的，而我国的一切都是落后的，进而产生新的民族虚无主义。这种影响状况正如美国著名学者布热津斯基在《大棋局》中所指出的："当对美国的模仿遍及全世界时，它为美国行使间接的和似乎是经双方同意的霸权创造了一个更加适宜的环境。"②尤为担忧的是，附着在西方生产和生活方式上的过度物化和享乐主义的文化价值取向，非常容易加重一些青年的物质享乐和攀比炫耀消费欲望，诱发他们采用非法的手段达到享乐和攀比欲望的满足，以致出现西方国家常见的那种在整个社会物质生活水平大大提高的同时青年犯罪却持续走高的社会病现象。

从以上分析中可以清楚地发现，经济转型环境下西方文化的传播方式与影响特点同刚刚改革开放的 20 世纪 80 年代相比，已发生了根本性的变化。从传播的内容上看，已由当时的西方精英文化为主，发展到了现在的以大众娱乐文化为主、与经济活动和日常消费生活相关联的文化因素为主，尤其是西方生活方式的影响大大加强；从传播的方式上看，手段变得更为多样和隐蔽，大张旗

① 刘海军：《浅论美国的文化霸权》，《国际关系学院学报》2001 年第 2 期。

② 兹比格纽夫·布热津斯基：《大棋局——美国的首要地位及其地缘战略》，中国国际问题研究所译，上海人民出版社 1998 年版，第 34 页。

鼓地宣传西方意识形态，攻击我国社会主义政治制度和意识形态的对抗式传播方式逐渐消减，娱乐化、网络化、生活化的渗透传播方式成为主导，它们以无抵抗的形式，从多个不同的生活层面向青少年传递着多方面的西方文化信息；从影响的特征看，直接与我国主导意识形态对抗的冲击式影响明显减弱，通过文化学习、文化娱乐和日常消费生活对青少年潜移默化的影响突出。这种变化趋势将持续于经济转型的全过程，成为今后西方文化传播并对青少年思想影响的主要方式。由于这种传播方式和影响特征是在自主开放、积极融入世界经济一体化大潮下发生的，又同西方文化影响的积极方面或无害的方面交织在一起，因而抵御其中的负面影响十分困难。

为此，本书的以下各章将围绕西方文化在经济转型社会新出现的这种传播与影响特征，从西方政治文化、伦理文化、经济文化、工业制品文化、网络文化等核心文化观念和新型文化类型入手，深入研究其对我国转型期社会和青少年的影响，特别是负面影响状况，并尝试提出一些具体的抵御策略建议。

第 三 章

西方政治文化与转型期青少年的政治观问题

西方政治文化是西方文化的重要组成部分。西方资本主义国家为了实现对社会主义国家和平演变的图谋,大肆对社会主义国家进行政治文化扩张和渗透。20 世纪 90 年代初,苏联解体、东欧剧变后,资本主义国家把政治文化扩张和渗透的重点从苏联和东欧国家转向中国,乘中国经济转型和世界经济全球化之机,竭力通过各种途径和方式向我国进行政治文化的扩张和渗透。为了抵御和消除西方政治文化对我国青少年思想的负面影响,必须首先了解西方政治文化的性质、结构、内容和传播方式,弄清青少年接触和了解西方政治文化的形式、特点、程度,尤其是负面影响,帮助青少年正确认识和对待西方政治文化,端正青少年政治取向,增强青少年抵御西方政治文化负面影响的能力。

一、西方政治文化的结构与核心内容

西方政治文化是西方文化的重要组成部分。它是指西方主要国家在长期的社会政治生活中积淀和形成的持久影响人们政治行为的政治心理倾向、政治价值观念和政治意识形态的总和。西方政治文化从古希腊的奴隶社会开始,迄今已经历了奴隶社会、封建社会和资本主义社会的发展演变。马克思主义认为,任何一个社会,占统治地位的政治文化都是统治阶级的政治文化。在当代西方资本主义社会,占统治地位的政治文化是资产阶级的政治文化。

(一)西方政治文化的结构

从西方资产阶级政治文化的内在结构来看,西方资产阶级的政治文化由资产阶级的政治心理倾向、政治价值观念和政治意识形态三个部分所构成。其中,政治心理倾向是资产阶级对政治体系、政治现象、政治行为、政治生活等方面的一种自发的心理反映,是资产阶级政治文化的感性部分和低级形式,是政治价值观念、政治意识形态形成和发展的基础。政治价值观念是资产阶级对政治体系、政治现象、政治行为、政治生活进行价值判断和决定价值取向的基本观点和基本标准,它是联结政治心理和政治意识的中介和桥梁,也是对政治心理和政治意识进行评价、验证的标准。政治意识形态最直接最集中地反映资产阶级的根本利益、政治主张和政治要求,是政治文化的理性部分和高级形式,它指导、制约着政治心理、政治价值观的产生和发展,是整个政治文化的灵魂和统帅。

(二)西方政治文化的核心内容

西方资产阶级的政治价值观念和政治意识形态的内容很多,其中主要以自由、民主、平等、人道、人权、三权分立和多元主义等为核心内容。这些政治价值观念和政治意识形态贯穿于西方国家政治制度和政治生活的全过程,对西方国家的政治生活产生重大和持久的影响。

自由　自由的原意是从被束缚、被奴役中解脱出来。在资产阶级革命时期，资产阶级为了打破封建专制制度的束缚，使人们获得个性解放，获得政治上和经济上的自由，提出了自由的口号。资产阶级革命成功后，自由成了他们判断政治制度、政治生活、政治行为的价值标准。在当代，民主社会主义者提出，"没有自由就没有社会主义"，认为自由是最基本的价值标准。当代美国新自由主义的著名代表罗尔斯强调，自由是一切价值观念中的最高价值，自由具有最高性和优先性。

民主　"民主"一词产生于古希腊的奴隶制民主国家，原意是人民的政权或多数人的统治。在资产阶级革命时期，资产阶级提出了民主的口号和民主的理论，其目的是为了反对封建专制制度，建立资产阶级民主制度。在当代，西方资产阶级不仅大肆宣扬政治民主及其议会制、普选制、两党制和多党制的优越性，而且根据时代的变化和统治阶级的需要，又提出了精英民主、多元民主、经济民主、社会民主等思想，以便更好地为资产阶级统治服务。民主一直是资产阶级政治文化中的核心内容。

平等　平等是指人与人之间在政治、经济、文化等方面享有相同的权利，处于同等的社会地位。在资产阶级革命时期，资产阶级为了反对封建专制和等级特权，提出了平等的口号，主张每个人在法律面前人人平等，在政治上，在社会地位上平等。资产阶级革命后，平等成为衡量政治制度、政治生活的尺度。在当代，不论是新自由主义者还是新保守主义者都把平等作为判断政治制度、政治生活、政治行为的一个最基本的价值标准。政治平等、机会平等、社会的公正平等等概念广为流行。

人道　人道是指爱护人的生命，关怀人的幸福，尊重人的人格，保护人的权利的道德。文艺复兴时期，先进的思想家们提出了人道的口号，提倡人道，反对封建专制制度奴役人、压迫人，把人不当成人。强调人的价值，维护人的尊严和权利。17 世纪荷兰的资产阶级思想家格老秀斯提出，把“人道”作为国际法的一个基本原则，得到了国际社会的广泛赞同。资产阶级革命成功后，资产阶级不仅把人道作为判断人们言行的基本道德标准，也把人道作为判断和评价政治制度、政治生活、政治行为的一个基本价值标准。在当代，西方资产阶级常常把人道和民主并提，民主社会主义甚至声称他们主张的民主社会主义，就是一种人道的社会主义。

人权　人权泛指人所具有的人身权利及其政治、经济、社会、文化等权利。在资产阶级革命时期，资产阶级提出，人的生命、自由、平等以及追求财产和幸福的权利是天赋的，与生俱来的，是不可转让、不可剥夺的。这种理论对于反对封建君权、宗教神权具有重要作用。资产阶级革命成功后，人权理论对于维护人的人格和尊严，实现人的价值和权利具有积极作用。但是，由于资产阶级的人权是建立在生产资料私有制基础上的，是受资产阶级国家保护的，因此，资本主义人权实际上常常成了资产阶级的特权，广大无产阶级和劳动人民由于处于被剥削、被压迫的地位，不可能享有真正的人权，不可能享有与资产阶级平等的人权。在当代，西方资产阶级提出了“人权无国界”、“人权高于主权”等主张，并以此为据，大肆干涉别国特别是社会主义国家、第三世界国家的内政，推行其价值观念、强权政治和霸权主义。因此，人权又成了西方资本主义国家干涉社会主义国家、第三世界国家的大棒和思想武器。

三权分立　三权分立是指把国家的权力分为立法权、行政权、司法权三种，并让这三种权力分别由议会、君主和法院行使，使三种权力相互制约，达到平衡。这一理论是由法国启蒙运动的思想家孟德斯鸠提出的。资产阶级革命成功后，资产阶级将三权分立载入宪法,作为建立和巩固资产阶级民主政治制度的一项重要原则。在当代,西方资产阶级把三权分立当做“法宝”,不仅继续坚持、奉行三权分立原则,而且极力将这一原则推销给世界上其他国家。

多元主义　多元主义是20世纪初以来,在西方资本主义社会形成和流行的一种政治思潮,其主要代表是英国的拉斯基、美国的达尔等,他们反对传统的国家主权论,认为国家的权力不应该是集中的,而应该是分散的,社会的政治结构不应该是一元的,而应该是多元的,主张工会、商会、教会以及各种政治组织和利益集团都具有与国家同样的性质和权力,强调现有的国家权力应尽可能地被分解,并分给各社会团体,从而实现政治权力的多元化。在当代,西方的一些资产阶级思想家在多元团体、多元权力的基础上提出了多元民主、多元政治、多元经济、多元文化等等。多元主义和多元化等概念在西方世界颇为流行。实际上,不论是多元团体、多元权力,还是多元政治、多元经济、多元文化,其中的多元都不是真正的平等的多元。资产阶级国家、资产阶级的政府不可能与工会、商会、教会平起平坐,更不可能平等地分享权力。资产阶级更不可能让无产阶级与自己享有平等的权力、平等的民主。这就是说,资产阶级的政治、资产阶级的民主看起来似乎是多元的,实际上是一元的。

以上这些政治价值观念和政治意识形态,虽然大多形成于资产阶级革命时期,但它却深深地、持久地影响着当代西方人的政治倾向和政治行为。需要强调的是,资产阶级为了对社会主义国家进行和平演变,总是竭力向社会主义国家传播和渗透自由、民主、人权、人道、三权分立、多元主义等价值观念和意识形态,对社会主义国家产生严重的影响和极大的危害。

二、西方政治文化向社会主义国家扩张渗透的主要方式

20世纪80年代末90年代初，以美国为首的西方国家加大了对社会主义国家进行政治文化扩张、渗透的力度。1988年，美国前总统尼克松在《1999——不战而胜》一书中提出，应抓住东西方关系缓和和社会主义国家遇到严重困难的"历史性机会"，对社会主义发起政治和意识形态攻势，加速社会主义制度的和平演变。1989年美国总统布什访问东欧时，针对东欧一些社会主义国家发生的剧变激动地说："这是我们第二次世界大战以来，在无形战场上最成功的胜利。"现在，"我们西方各国要打一场没有硝烟的'新的世界大战'，融化掉社会主义"，从而建立起以西方文明为指导的新世界，最终解决战后社会主义与资本主义两种社会制度之间的历史性较量的问题，①即谁战胜谁的问题。20世纪90年代中后期以来，以美国为首的西方国家为了融化掉亚洲的几个社会主义国家，为了用西方政治文化排挤和融化掉社会主义的政治文化，千方百计地通过各种方式、各种渠道向社会主义国家特别是向中国扩张、渗透西方政治文化。

（一）通过文化制品和信息媒介传播并渗透西方政治文化

1. 通过赠送图书期刊传播和渗透。

20世纪80年代末90年代初，美国新闻署通过亚洲基金会向

① 中共北京市委研究室编：《西方世界透视》，人民出版社1990年版，第226—227页。

中国高校赠送大批书籍和期刊。据统计，从1987年到1995年底，我国高校图书基金会共接受了美国亚洲基金会的图书66批，其中包括60 000多种约867 000册书籍和2 100种的196 000册期刊。全国有670多所高校接受过赠书。① 1996年南开大学和北京外国语大学分别得到美国新闻署赠送的一批图书。此后，美国新闻署又向北京大学赠送了一批图书。以上图书包括心理学、政治学、社会学、教育学、文学等多个门类。同时，美国驻华大使馆新闻文化处向中国赠送他们编辑出版的《交流》季刊。赠送美国新闻出版署美国研究部编辑出版的一些英文书籍，例如两卷本《美国读本》以及《美国之音专题讨论系列》等等。② 此外，美国的一些科研机构、出版界、学术界、大学以及不少的教授、专家、学者也向我国的科研机构、大学及教授、学者赠送不少的图书、期刊、资料。诚然，这些图书、期刊、资料对促进国际学术交流，加强国家间的相互了解具有重要作用。但这些图书、期刊、资料，特别是美国政府、美国新闻署赠送的某些图书、期刊，自然要宣传美国的自由、民主、人权、人道、多党制、多元主义等价值观念和意识形态，并希望我国能够接受他们的价值观念，建立美国式的政治制度。

2. 通过因特网扩张和渗透。

因特网是继报刊、广播、电视之后的"第四媒体"，在今天的信息社会，备受重视。西方国家尤其是美国利用其在网络世界中的绝对优势地位，通过因特网向世界各国特别是向社会主义国家扩张和渗透西方政治文化。例如，通过网上的流行文化对社会主义传播和渗

① 韩召颖：《输出美国：美国新闻署与美国公众外交》，天津人民出版社2000年版，第282—283页。

② 同上书，第280—281页。

透西方文化,而在这些流行文化中自然包含着不少西方资产阶级的价值观念和政治意识形态。这些价值观念和政治意识形态随着流行文化在网上的不断传播,不断地向社会主义国家渗透。

3. 通过国际广播扩张和渗透。

以美国为首的西方资产阶级国家不仅充分利用因特网,而且充分利用国际广播向社会主义国家宣扬资产阶级的自由、民主、人权、多党制、多元主义的合理性和优越性。美化资本主义制度,兜售西方的政治文化,对社会主义国家进行和平演变。美国总统里根曾声称,“美国之音”、“自由欧洲电台”和“自由电台”是“真理的灯塔,自由的象征,是告诉铁幕后面的人民不要放弃希望的工具”①。要让“美国之音”发挥“破城锤”的作用。美国前总统尼克松也强调:“我们必须利用现代通信工具打破东欧政权对其人民的控制。自由欧洲电台是我们在东西方斗争中最有效的计划之一。我们90年代的目标应当是通过卫星向那些国家直接进行电视转播。”②美国前国务卿舒尔茨也在一次国务会议上宣称:“我国的电台广播成了共产党国家的替代性自由新闻。”③正是在美国政府的指导、鼓励下,20世纪80年代以来,“美国之音”等国际广播电台加大了对社会主义国家宣传自由、民主、人道、人权的力度,促使东欧国家和平演变,也为中国的资产阶级自由化、为中国的大学生集群行为和政治风波的发生推波助澜。苏联解体、东欧剧变后,

① 韩召颖:《输出美国:美国新闻署与美国公众外交》,天津人民出版社2000年版,第168页。

② 中共北京市委研究室编:《西方世界透视》,人民出版社1990年版,第252页。

③ 韩召颖:《输出美国:美国新闻署与美国公众外交》,天津人民出版社2000年版,第169页。

"美国之音"则把对社会主义国家进行和平演变的重点转向中国，加大了向中国听众传播和渗透西方资产阶级政治文化的力度，竭力向中国听众兜售西方资产阶级的自由、民主、人权、人道等价值观念。1994 年，克林顿在其《国家安全战略报告》中宣称："我们对自由、平等和人类尊严所承担的义务，仍然是全世界人民希望的灯塔。"①除"美国之音"外，英国广播公司(BBC)、法国国际广播电台和德国之声也竭力向社会主义国家宣传和渗透西方政治文化。

(二)通过人员往来渗透西方政治文化

1. 通过接受参观访问者传播和渗透西方政治文化。

在当代，由于西方国家特别是美国的经济发达，科技和教育文化先进，人们的生活水平高，因此，吸引着许多第三世界国家包括社会主义国家的人们去参观、访问或考察。美国及其他西方国家总是利用各种机会向参观、访问或考察者宣传西方的自由、民主、人权、三权分立、两党制、多元主义等价值观念和意识形态。例如，美国的政府官员及工作人员总是有计划、有意识地安排访问、考察者参观美国选举时投票站的情况，以宣传美国的自由民主。1996 年 9 月，克林顿在给国际访问者理事会的信中说："多年来，许多外国政府、商界、学术界的专家通过美国新闻署的国际访问者项目了解了美国。这些目前或未来的领导人，把民主、人权、自由市场制度的宝贵经验带回了自己的祖国，他们正在帮助全世界人民创造一个更美好的未来。"②这段话是美国试图借此向世界其他国家

---

① 赵鲁杰：《美国全球霸权与中国命运》，人民出版社 1999 年版，第 95 页。

② 韩召颖：《输出美国：美国新闻署与美国公众外交》，天津人民出版社 2000 年版，第 205 页。

输出、渗透其政治价值观的最好说明。

2. 通过接受和培养留学生传播和渗透西方政治文化。

据有关方面统计，1978 年—1996 年间，我国大陆有 13.5 万留学生前往美国。1997 年美国大使馆共签发了 5600 个中国大陆学生签证。从 1998 年到现在，我国大陆去美国留学的人数不断增加。大批留学生去美国，对增长知识、培养能力、启迪思维和提高科研水平具有重要作用。但我们必须看到，美国在培养留学生的过程中也在极力把西方的政治文化和价值观念灌输给留学生。美国前总统里根曾明确提出："要把接受中国留学生作为一项战略投资，让他们受美国生活方式和价值观念的熏陶，等他们逐渐成为中国社会的栋梁后，就可以通过他们的头脑逐步使中国向资本主义演变，其威力将远远胜过派几十万军队。"①为了达到这一目的，美国等西方国家总是千方百计地通过各种途径、各种方式竭力向中国留学生传播和渗透西方政治文化。

（三）通过经济援助和经济贸易扩张并渗透西方政治文化

1989 年尼克松提出，美国应该给东欧那些愿意实行推动其国家走向政治多元化改革的政权以及愿意使其政权自由化的领导人提供经济信贷、比较先进的技术和延长偿还债务的期限。布什总统提出："以西方的援助来促进和奖励共产党国家的政治多元化和自由市场经济的发展。"②强调把人权问题、自由、民主问题与中国的最惠国待遇、加入 WTO、经济援助和技术合作等挂钩。竭力

① 中共北京市委研究室编：《西方世界透视》，人民出版社 1990 年版，第 232—233 页。

② 同上书，第 227 页。

在对中国进行经济援助和技术合作过程中扩张、渗透西方资产阶级的政治理念和意识形态。

三、转型期青少年接触了解西方政治文化的途径与评价倾向

面对经济转型期西方政治文化多渠道多方面的传播和渗透，青少年接触西方政治文化信息的途径更为便利，对全球化过程中西方国家的政治主张、政治活动的了解也更为全面。为了客观全面地了解经济转型期西方政治文化在我国传播、渗透并对青少年政治思想产生影响的状况，本课题组在 2002 年 10 月对北京市六一中学、上海市延吉中学、深圳沙头角中学、成都七中、重庆二十九中等 5 所中学 12 个班的 604 名中学生以及中山大学、四川大学、重庆大学、西南师范大学等 4 所大学的理、工、文类系科 17 个班的 861 名大学生进行了问卷调查，同时召开了几次小型的座谈会。下面根据这次调查的统计数据，着重分析青少年接触了解西方政治文化的途径、特点和评价倾向等方面的客观实际状况。

（一）青少年接触了解西方政治文化的途径和方式

经济转型期青少年接触了解西方政治文化的途径和方式很多，并且不同年龄、不同学历层次、不同专业的青少年了解西方政治文化的途径和方式有所不同。课题组调查的结果表明，中学生主要通过报纸、杂志、书籍、电视、网络以及同老师、长辈和朋友的谈话了解西方政治文化；大学生除了通过上述的途径外，还通过老师授课、专家的报告、西方经典政治学著作的阅读了解西方政治文化；少数学生还通过旅游、与去西方国家留学或工作的亲朋好友的

交流、与西方国家来华留学和工作的外国人的接触交流等直观的途径了解西方政治文化。下面就几种主要的途径和方式作一概述。

1. 通过西方的电视和电影接触了解西方政治文化。

20 世纪 90 年代以来,随着电视频道和闭路台的增多,我国播放西方电视片的数量和时间不断增加,选择余地不断扩大,这就客观上为广大青少年接触了解西方政治文化提供了条件和契机。1997 年—1998 年,中国青少年研究中心对城市青少年的调查显示,62.4% 的青少年最喜欢看美国影视片。1999 年—2000 年,上海市委宣传部等机构对上海 2160 名大中学生的调查显示,偏好美国及日本影视录像者达半数以上。① 2000 年,上海团市委对上海青少年的调查表明,美国和中国香港的影视片最受青少年喜好。在不同学历群中,高学历青年对美国影视片情有独钟,喜欢西欧影视片的比例也明显高出其他群体。2002 年 10 月,本课题组对广州、成都、重庆的 861 名三年级大学生的问卷调查显示,大学生了解国际国内时事新闻信息时,首选率最高的是电视和广播,高达 52%。西方影视片或多或少都包含和反映着西方资产阶级的意识形态(包括政治意识形态),青少年在观看西方的影视片时也就自觉或不自觉、有意识或无意识地接触和了解到了西方政治文化的内容。

2. 通过报刊接触了解西方政治文化。

随着经济全球化和世界一体化的推进,我国经济转型期更加需要关注和了解西方国家的政治文化发展状况。为此我国理论界

---

① 董小平:《外来文化对中国青少年的影响及应付策略》,《青年研究》2001 年第 11 期。

特别是政治学界特别注重介绍和研究西方国家政治文化及政治现状，不仅政治类的学术刊物如《政治学研究》、《国外政治学》以及各大学的学报要对重要的西方政治理论、政治思潮进行评介，全国各地的报纸几乎每天都要对全球化环境下由以美国为首的西方国家主导的国际时事、国际关系、国际政治的新闻进行报道。2002年10月，本课题对广州、成都、重庆的861名三年级大学生进行的调查显示，大学生了解国际国内时事新闻信息时，报刊的首先率为37.3%。广大青少年特别是大学生通过报纸刊物，不仅可以了解西方政治文化的内容及其影响，而且可以及时了解西方国家的政治变化和动向。

3. 通过互联网接触了解西方政治文化。

经济转型期正值新兴的计算机互联网在我国蓬勃发展时期，以因特网为核心的互联网成为传播思想文化的新阵地和新舞台。我国目前的网民究竟有多少，不同的调查系统所得的数据不完全一致，但有一点却是一致的，那就是18岁—25岁的青年是上网的主力军。据上海一项调查显示，在校大学生和研究生的上网比例高达82.6%。[①] 2002年10月，课题组对广州、成都、重庆的861名三年级的大学生的调查显示，通过国际互联网访问“今日美国”、“华盛顿邮报”、“有线新闻网”等西方有影响的国外网站的大学生高达56.7%。由于互联网上的英语是统治语言，互联网上80%以上的信息由美国提供。因此，英、美国家凭借其语言统治和信息的绝对优势，向发展中国家进行文化覆盖和文化渗透，向社会主义国家传播西方的价值观念和意识形态。特别是美国总是竭力将其创

① 董小平：《外来文化对中国青少年的影响及应付策略》，《青年研究》2001年第11期。

制的网络标准推广为全球标准，通过因特网向全世界全方位、全时空、全天候地推销自己的价值标准、意识形态、商业理念、政治文化等等。因此，我国广大青少年在上网过程中必然有意或无意地、自觉或不自觉地接触了解到西方政治文化。

4. 通过书籍接触了解西方政治文化。

20 世纪 90 年代以来，我国陆续出版了一批中西政治文化比较的专著和论丛。1997 年天津教育出版社出版的《中西传统政治文化比较研究》，1999 年山西教育出版社出版的《社会转型的文化约束》，1999 年中国青年出版社出版的《信仰时代的文明——中西文化的趋同和差异》，2000 年世界知识出版社出版的《美国文化与外交》，2000 年中国人民大学出版社出版的《政治文化导论》，2001 年和 2002 年天津人民出版社出版的《中西政治文化论丛》第一辑、第二辑等等。此外，我国高校还接受了西方国家的一些政府、大学、出版界、学术界赠送和交流的一些政治思想、政治文化方面的著作。广大青少年特别是大学生、研究生通过借阅这些书籍较为全面地接触了解西方的政治文化。

5. 通过老师的授课和专家的报告了解西方政治文化。

从 20 世纪 80 年代到现在，许多大学给文科大学生（少数大学还给理科大学生）开设了《政治学原理》、《西方政治思想史》、《西方文化概论》、《中西文化比较》以及《中西政治文化专题讲座》等，青年学生通过这些课程的教材和大纲，通过老师的讲授接触了解西方政治文化。

与此同时，西方不少专家、学者来我国作西方政治文化、政治思想等方面的学术报告。我国也有不少专家、学者出国留学或考察回国后，给大学生、研究生作西方政治文化和政治制度等方面的报告。广大青年学生通过这些报告接触了解西方政治文化。

6. 通过国外的广播接触了解西方政治文化。

国外广播主要是指以美国为首的西方国家的对华广播，包括“美国之音”和英国的“BBC”等。进入经济转型期以来，我国对青少年尤其是大学生英语学习的要求不断提高，大学生为了更好地练习英语听写能力，大多采用直接收听国外的英语广播。“美国之音”是美国主要的国际广播电台，目前用50多种语言向世界广播。中国听众目前可以收到“美国之音”面向全球的英语节目和专门针对中国的汉语、广东话、藏语节目。其中《谈谈美国》、《今日美国》等节目大量介绍美国社会、经济、政治、文化情况，此外还有不少是报道中美关系的节目，我国青年可以通过收音机比较容易地收听到美国之音的众多的节目，青年学生在收听“美国之音”过程中不仅了解了美国的情况和中美的关系，而且可以直接、间接地了解美国和西方的政治文化。除听“美国之音”外，也有一些青年学生通过收听英国广播公司(BBC)和法国国际广播电台的节目了解西方的政治文化。

7. 通过到西方国家留学或与外国人交谈接触了解西方政治文化。

从1979年到1998年的近20年间，我国向103个国家和地区派遣了近30万名留学人员。① 特别是20世纪90年代以来，我国每年自费出国人员一般在2万—3万之间，公派出国包括学术访问的有3000人左右。1999年以后的数量有较大增长。② 其中，有不少是青年学生、青年学者、青年教师，他们在留学、访问时，在与

---

① 中共中央宣传部宣传教育局编：《改革开放20年》，学习出版社1998年版，第168页。

② 安敏：《观点与数据》，中国青年研究1999年第5期。

外国朋友交流时自然要接触和了解到不少西方政治文化的信息。

（二）青少年了解西方政治文化的程度和特点

概括地说，在经济转型开放的社会环境下，大多数青少年对西方政治文化都有所接触和了解。但由于不同年龄段、不同专业的青少年学生接触了解西方政治文化的途径和方式不一样，接受的能力不一样，因此，他们对西方政治文化了解的程度也不一样。具体表现在以下六个方面。

1. 只有少数青少年有目的地主动了解，多数青少年只是被动了解。

在当代青少年学生中，只有政治专业、政教专业的本科生、研究生以及其他专业对政治感兴趣的少数学生有学习、研究西方政治文化的强烈愿望和要求，能积极主动地阅读这方面的书籍，听这方面的课程、讲座和报告，思考和探讨这方面的问题。大多数青少年虽然对西方政治文化抱有了解的兴趣，但都没有自觉学习西方政治文化尤其是西方政治理论书籍等的积极性。他们主要从电视、电影、报刊、互联网和广播中，从长辈和朋友的交谈中接触了解一些西方政治状况。有的青少年学生偶尔也去听一听有关西方政治文化的讲座、报告，但在很大程度上是出于好奇，或出于一种从众心理，没有明确的目的和意识。

2. 只有少数青少年比较系统地了解，多数青少年只是零散地了解。

当代青少年学生中，只有一小部分大学生、研究生根据学科或专业的需要，有目的有计划地接受了西方政治文化的课程或开设这方面的讲座的教育。这些学生对西方政治文化有比较全面、比较系统的了解，其中有少数青年学生对西方政治文化有一定的研究。但对大多数青少年来说,他们只是通过一些电视、电影、报纸、期刊、书籍、互联网等零散地、间断地了解一些西方政治文化。虽然,他们了解西方政治文化的方式和途径较多,但实际了解到的西方政治文化都是零散的、局部的,是不全面、不系统的。

3. 只有少数青少年具有理性上的认识,多数青少年停留于感性认识。

在当代青少年学生中,只有一部分大学生、研究生能用马克思主义的观点和方法分析鉴别西方政治文化,能理性地看待西方政治文化,而大多数青少年是在看电影、电视、报纸、杂志或上网时接触到一些西方政治文化的信息,且常常是具体的感性的,没有认真思考、分析和鉴别,对西方政治文化的了解通常比较肤浅,绝大多数停留在感性认识上。

4. 大学生受西方政治文化影响的程度明显高于中学生。

中学生由于受年龄、升学考试和关注兴趣的制约,不仅接触了解西方政治文化的时间少、机会少,而且接触了解西方政治文化的途径和方式也远远不如大学生。例如:他们很少听到西方政治文化的讲座和专题报告,很少看到这方面的专著、专刊。大学生不仅接触了解西方政治文化途径和方式较中学生多得多,而且阅读了解这方面的书籍、刊物和资料也较中学生多得多,学习和探讨西方政治文化有关问题的氛围较中学生好得多,因而受西方政治文化的影响就大大高于中学生。

5. 文科学生受西方政治文化影响的程度明显高于理科学生。

不论是高中的文科生还是大学的文科生,由于专业的特点和需要,他们有学习了解西方政治文化的愿望和兴趣,他们接触了解西方政治文化的途径和时间较多,因此,他们受西方政治文化影响的程度比理科生高。而理科生由于专业的特点和需要,他们不大关注西方政治文化方面的问题，不大看这方面的报纸、杂志和书籍，也很少听这方面的讲座和报告，所以，他们对西方政治文化的了解较少，受其影响的程度大大低于文科学生。例如：在我们课题组的调查中，当问到什么是西方的自由时，文科大学生能对自由的含义作比较全面的回答，有的同学还能强调西方的自由也不是想说什么就说什么，并论证道："美国之音"的播音员因报道了塔利班的讲话就被炒了鱿鱼。而理科的大学生则对自由的含义都不够清楚。

6. 大学生中的男生受西方政治文化影响的程度深于女生。

课题组的调查发现，不仅理科的女生对西方政治文化的了解低于理科的男生，而且文科的女生对西方政治文化的了解也低于文科的男生。当问到什么是资产阶级民主、自由、人权和三权分立时，大多数文科的男生能作出比较多的回答，而大多数女生却不甚了解。个别理科的女生甚至不知三权分立为何物。男女生受西方政治文化影响的差异，原因很多，其中一个重要原因是男女生的思维和兴趣爱好不同。一般说来，男生比女生更关注政治，更乐于看政治方面的电视、报纸、刊物和书籍，听这方面的讲座、报告，并积极参与这方面的讨论。看得多，听得多，参与的讨论多，影响也就深一些。

（三）青少年对西方政治文化的评价倾向

青少年虽然是一个有机的整体，但由于不同年龄、不同学校层次、不同专业的青少年接触了解西方政治文化的途径和方式不同，接触的范围和程度不同，接受、分析和鉴别的能力不同。因此，对西方政治文化的认知和评价也不同。这里根据这次调查的数据，把我国当代青少年对西方政治文化和政治制度的看法和评价分为四种类型。

1. 明确反对类。

这类青少年学生对西方资本主义政治文化和政治制度的阶级属性认识清楚。认为西方政治文化和政治制度是西方资本主义制度的具体体现,存在着阶级局限性和虚伪性。这主要表现在资产阶级总是否定资本主义政治文化和政治制度的阶级性,把资产阶级政治文化和政治制度说成是包括无产阶级和劳动人民在内的全民的政治文化,并竭力向社会主义国家传播和渗透,以达到排斥、同化社会主义政治文化,建立以西方资产阶级政治文化为中心的世界政治文化。因此,反对不加分析地盲目照搬西方的政治文化和政治制度。持这种观点的青少年学生大多数是学校里的学生干部。他们不仅对西方政治文化接触了解较多,而且对中国的传统政治文化和当代中国社会主义政治文化也有较多的了解,特别是具备一定的理论素养和鉴别是非真谬的能力的人,能够较冷静地分析、理性地对待西方政治文化。在这次共有 1465 名中学生与大学生参与的关于"你对西方多党制和民主制的看法与态度"问题的调查中,认为"西方的民主制是资本主义国家中少数资产者的民主,虚伪的民主,我国不能搞这样的民主"的青少年学生达 20.7%,认为"西方国家的多党制是资本主义制度的产物,不适合我国国情"的青少年学生占 12.2%,这一比例较之 20 世纪 80 年代末,有一定的增加。

2. 批判扬弃类。

这类青少年认为,西方资本主义社会的政治文化比西方奴隶社会、封建社会的政治文化进步得多,资产阶级政治文化中倡导的自由、民主、人权、人道、分权等等具有进步性,它对反对专制、特权,实行资产阶级民主、人权和法制起了积极作用。西方的政治文化和政治制度虽然存在阶级性和局限性，但作为人类的思想文化和在当代发展强劲的制度文化，对我国的改革开放和现代化发展是有积极意义的，对我国的社会主义的政治文明建设和政治制度的改革与完善是有借鉴意义的。因此，认为我国现在不能直接照搬照抄其做法，但可以大胆地吸取资本主义政治文化和政治制度中的合理成分。在这次被调查的1465名青少年学生中，认为“西方民主制度形式上是广泛的民主，实质上是少数有钱人的民主，但可以学习和借鉴其中的合理性，完善社会主义民主”的学生达62.3%。认为“西方多党制有一定的合理性，可从中吸取积极因素，但中国不能搞多党制”的学生达61.8%。这一数据表明，经济转型期以来，随着以美国为首的西方国家在经济全球化中不断升级的霸权表现，特别是对中国人权状况的指责，对中国台湾问题、西藏问题的干涉以及在1993年的“银河号事件”、1999年美国轰炸我国驻南斯拉夫大使馆事件、2001年的“4·11撞机事件”中表现出来的霸权主义和强权政治，广大青少年学生更清楚地看到了以美国为代表的西方资本主义国家宣扬的自由、民主、人权的虚伪性和欺骗性，20世纪80年代末出现的那种对西方政治文化不加分析的全盘肯定状况有了较大的改变，大多数青年学生能够更冷静、更理性地看待西方资产阶级的政治文化并对其作出一分为二的分析判断。

3. 赞扬接受类。

这类青少年学生虽然对西方政治文化有所了解，但不甚了了，对西方政治文化的认识，更多的是根据表面现象判断。由于缺乏正确的分析和判断能力，他们更多的受西方传媒的迷惑，把西方的传媒报道当成“客观”、“真实”予以接受。也有一部分青少年习惯于表面看问题，在听朋友、他人谈到西方政治文化和政治制度的好的方面时,就不加分析地盲目予以肯定。或者凭着对西方国家经济和商品的良好印象,不加分析地对西方政治文化和政治制度也大加肯定和赞扬;或者以为西方经济发达、科学先进,民主法制搞得比我们好,因此政治文化和政治制度也是先进的。在这次问卷调查中,有13.5%的青少年认为"西方民主制度是真实而广泛的民主,我国应建立这样的民主;21.4%的青少年认为"西方多党制是完善而科学的政治制度,有利于权力制衡和民主,我国应搞这样的政党制"。在对西方政治文化核心概念持赞扬接受态度的青少年学生中,中学生比大学生多8.1个百分点,文科大学生比理工科大学生多1.3个百分点。

4. 不了解类。

这类青少年大多是中学生和大学的理科低年级学生。由于各方面的原因,他们平常很少接触西方政治文化和政治制度的信息,很少关注和思考这方面的问题。因而对西方政治文化根本不了解。他们中的一些人或者自觉这方面的知识匮乏,不敢明确表达,或者是他们出于政治的敏感而不敢明确表态。在这次调查中对西方民主制和多党制"不知道,不清楚"的分别有3.8%和4.6%。由于这次调查选择的样本主要是集中在中心城市,所以不了解类型的比例非常低。如果在小城市或农村中学,这一比例肯定会高得多。

四、西方政治文化对青少年政治观影响的分析

从以上调查中可以看到,进入经济转型期以来,西方政治文化和政治制度对我国青少年政治观形成了多方面多种类的影响。这种影响既有积极的也有消极的,既有正面的也有负面的。一方面,

我国青少年接触和了解西方政治文化信息的途径更为多样,大多数对西方政治文化和政治制度的态度更为理性。这对于开阔青少年的政治文化视野有积极的意义,它有利于青少年进行中西政治文化的比较,有利于学习借鉴西方政治文化,完善、丰富和发展我国的社会主义政治文化。特别是在经济全球化、世界一体化的进程中,有利于中西政治文化的对话、交流、合作和融合。另一方面,由于不少青少年缺乏科学的分析和鉴别能力,对西方资产阶级政治文化良莠不分,全盘接受,甚至把西方政治文化视为世界上最好的政治文化,把西方资产阶级宣扬的自由、民主、人权、人道、三权分立和多元主义等等作为衡量中国政治改革和民主法制建设的标准,希望中国实行西方式的民主和自由的青少年也不在少数。

(一)西方政治文化的渗透导致一些青少年出现认识上的误区

从这次座谈讨论的调查中,我们发现由于西方政治文化多渠道的传播与渗透的误导,使不少青少年在政治观上出现误区,这主要表现在以下五个方面。

1. 致使一些青少年误认为西方资本主义国家最重视自由,社会主义国家不重视自由。

由于资本主义国家对资产阶级自由的渲染和粉饰,致使一些青少年误认为西方资本主义国家最强调自由,最重视自由,似乎马克思主义、社会主义不强调自由,不重视自由。实际上马克思主义、社会主义是非常重视自由、强调自由的,只不过马克思主义、社会主义强调的自由不是资产阶级自由,而是无产阶级和广大劳动人民的自由。马克思主义、社会主义强调的自由是比资本主义更广泛、更真实的自由。

由于资本主义国家对自由的片面宣传，致使有的青少年误认为，西方人可以想说什么就说什么，想干什么就干什么，甚至可以批评政府，谩骂总统，因此，称赞西方是自由世界，自由天地，认为西方资本主义国家的自由没有限制。实际上，西方资本主义国家的自由也是有条件、有限制的，特别是对广大劳动人民有很多苛刻的条件和限制，资本主义国家的自由主要是少数资产阶级的自由。

2. 致使一些青少年误认为西方资本主义国家注重民主，社会主义国家不注重民主。

由于西方传媒对资本主义国家民主的渲染和粉饰，对社会主义民主的歪曲、攻击，致使一些青少年认为西方资本主义国家注重民主，社会主义国家不注重民主。例如：由于西方资本主义国家宣传、鼓吹资本主义国家的选举如何如何的民主，美国的总统选举又是如何地民主、公正，而不谈其弊端和资产阶级性质，致使一些青少年误认为，西方国家的选举很民主，似乎每个人都可以竞选议员、竞选总统。殊不知，竞选议员、竞选总统只是少数有钱人的游戏，广大无产阶级和劳动人民是无法问津的。有的青年误认为美国总统是选民直接选举出来的，实际上，美国的大选只是入主白宫的一个重要程序和基础。大选不能最后决定谁当总统，谁当总统最后是由选举人决定的。

由于西方资本主义国家精心包装、粉饰资本主义国家的新闻自由、出版自由，声称公民可以批评、揭露政府的不良或越轨言行，声称允许自由办报，“无政府”的报纸即地下报刊可以公开出售，致使一些青少年误认为，西方国家的新闻和出版很自由，实际上，资本主义国家的新闻舆论是由资本主义国家的政府和垄断集团操纵和控制的，不是完全自由的。出版也是要受限制的。许多进步的书刊，常常被禁止出版，出版了的也要查封。

3. 致使一些青少年误认为西方资本主义国家重视人权,社会主义国家不重视人权。

由于西方资本主义国家在世界上特别是在联合国以及其他一些国际舞台上,一方面竭力宣扬资本主义国家最重视人权、最维护人权,另一方面又大肆攻击、指责社会主义不尊重人权、不重视人权,致使一些青少年误认为西方资本主义国家真的最讲人权,社会主义国家不重视人权。实际上,社会主义国家不是不讲人权,只是不讲资本主义国家的人权,而是讲社会主义国家的人权。社会主义国家反对把人权作为少数人的特权,主张尊重和维护广大无产阶级和劳动人民的人权。

由于美国等西方资本主义国家在人权问题上搞“双重标准”,只攻击别国的人权问题,却闭口不谈自己国家存在的人权问题,致使一些青少年认为美国的人权实现和维护得最好,似乎广大无产阶级和劳动人民的人权也得到了完全的保障。实际上,美国的人权在很大程度上只是少数资产阶级的特权,广大无产阶级和劳动人民无法享有与资产阶级平等的人权。在美国,印第安人、黑人常常受到白人的歧视。白人警察常常殴打、枪杀无辜的黑人。黑人的人权常常受到侵害。

4. 致使一些青少年误认为西方国家的三权分立原则具有普遍意义,希望中国也搞三权分立。

由于西方资本主义国家竭力宣扬和粉饰三权分立原则的合理性、优越性,强调三权分立能够使立法、行政、司法三权相互制约、保持平衡,能有效地防止专制、独裁,保证国家机器的正常运转,保证公民的民主和自由。世界上大多数国家都实行三权分立,都取得了显著成效,而对三权分立的弊端和局限性只字不提,致使一些青少年误认为,三权分立原则具有普遍意义,西方资本主义国家能实行，我们国家也可以实行。实际上，三权分立并非资本主义国家所宣扬的那样十全十美。三权分立虽然对防止专断、独裁，对实现法制，保障公民的自由具有积极作用，但三权互相牵制、互相扯皮，严重地影响三权的效率，内耗很大。特别是三权分立只适应经济文化比较发达、民主基础较好的国家。它并不适应经济文化落后、民主制度发展不充分的国家。在当今世界上，虽然大多数国家都实行三权分立，但很多国家特别是经济文化落后的民族主义国家，实行三权分立并没有促进民主、保证公民的自由，并没有使国家正常运转，而是专制盛行，政局动荡。20 世纪 90 年代以来，不少非洲的国家推行三权分立就是这样。

5. 致使一些青少年误认为西方国家强调多元化是正确的，希望中国也学习西方的多元化。

由于西方资本主义国家竭力渲染、粉饰多元化的优点，强调实行政治多元化有利于两党制和多党制的发展，有利于调动各种政治力量的积极性，促进民主政治建设；强调实行经济多元化，有利于发挥国有经济、集体经济、私有经济的积极性，促进经济的发展；强调实行文化多元化，有利于各种思想文化、各种学术派别、各种学术观点的交流与合作，促进文化的发展，而不谈多元化的弊端，致使一些青少年认为西方资本主义国家倡导的多元化是正确的，希望中国也学习西方的多元化。实际上，实行多元化也有很多弊端，这就犹如资本主义国家实行的三权分立一样，有利有弊，并非全是好处，没有坏处。实行多元化，往往导致多中心，使力量分散，很多事情无法统一。从实质上讲，资本主义国家实行的多元化也不是各元平等的多元化。政治上的多元化最多只是资产阶级内部的多元，无产阶级和劳动人民不可能成为与资产阶级平等的一元。经济上的多元化最多只是垄断集团之间的多元化，无产阶级和劳动人民不可能成为与资产阶级垄断集团平等的一元。

特别是我们应该看到，并非每个国家都能实行多元化。在我国，如果实行多元化，必然在政治上反对和削弱共产党的领导，在思想上否定和削弱马克思列宁主义、毛泽东思想、邓小平理论和“三个代表”重要思想的指导地位。这样就不仅对我国的改革开放和社会现代化建设无益，反而有害。

（二）青少年政治观出现误区的主要原因

青少年在政治观上出现误区，原因是多方面的，有国内原因，有国外原因，也有青少年自身的一些原因。

1. 国内原因。

第一，我国介绍西方政治文化方面的某些书籍、报刊，电视、广播，报告、讲座等缺乏正面的引导。20 世纪 80 年代以来，我国编辑出版了许多有关西方政治思想、政治文化的书籍，许多报刊、杂志也发表了不少有关西方政治思想、政治文化的文章。不少电视台、广播电台也介绍了一些西方政治思想、政治文化的基本常识，不少学校和单位还请了有关专家、学者作报告和搞讲座。毫无疑问，这些书籍、文章、报告、讲座对广大青少年了解西方政治文化、开阔视野具有重要的积极作用。但由于其中有不少书籍、文章、报告、讲座，主要是在介绍或宣传西方政治文化，忽视对西方政治文化进行全面的分析和正确的评价。有的著作、文章、报告、讲座虽然也作了分析评价，但很简略，有的只有几句结论性的话，没有着力进行正面的引导。这就使缺乏分析和鉴别能力的青少年很难正确地看待西方政治文化，容易陷入误区。

第二，面对西方资本主义国家对我国大肆进行的西方政治文化的扩张和渗透，我国缺乏对青少年进行针对性、导向性和有效性的教育。20世纪80年代以来西方资本主义国家通过赠送书籍、刊物、资料，通过来华的专家、留学生、工作人员，通过电影、电视、网络和国际广播电台向中国大肆宣扬、渗透西方资产阶级的价值观念、政治文化，对我国进行没有硝烟的战争，竭力对我国进行和平演变，对此，我国曾在一段时间缺乏进行针对性和导向性的教育。20世纪90年代以来，我国加强了这方面的教育，但导向性还不够，效果也不够理想，还不足以消除西方政治文化的负面影响。

第三，我国社会主义政治文化建立的时间不长，优越性还未充分发挥出来。我国的社会主义政治文化建设，从新中国建立开始至今才五十多年，时间还不长，加之受现阶段历史条件的限制，发展还不够充分。我国处于社会主义初级阶段，生产力比较落后，文化教育水平不高，资本主义、封建主义腐朽思想还有相当影响，这些因素都不同程度制约着我国政治文化建设。我国社会主义政治文化虽然已经形成，但它还是一种发展中的社会主义政治文化，它的优越性还未充分发挥出来。这种情况，容易使那些只看到现象，没有看到本质，只注意现在忽视未来的青少年在判断西方政治文化时陷入误区。

2. 国外原因。

第一，西方资本主义国家对西方政治文化的美化、粉饰和渲染。西方资产阶级为了达到对社会主义国家进行和平演变的目的，一方面竭力宣扬西方政治文化的合理性和先进性。另一方面又竭力贬低、攻击社会主义政治文化。宣扬资本主义国家强调自由、民主，反对专制、独裁，指责社会主义强调集中、专政，不重视自由、民主。宣扬资本主义国家讲人权、分权，指责社会主义不讲人权、不讲分权等等。资产阶级美化西方政治文化，贬低、攻击社会主义政治文化，这对于缺乏分析鉴别能力的青少年，具有很大的欺骗性和迷惑性。这是导致青少年政治观出现误区的一个不可忽视的原因。

第二,社会主义运动处于低潮,资本主义在国际竞争中处于优势的国际大环境。20 世纪 80 年代末 90 年代初,苏联解体、东欧剧变,世界社会主义运动处于低潮。苏联解体、东欧剧变的原因很多,其中一个重要原因,与西方资本主义国家的和平演变有关,与西方资本主义国家向苏联、东欧国家扩张、渗透西方自由、民主、人权、人道、多元主义的政治价值观和政治意识形态有关。正因为如此,当苏联解体、东欧剧变时,西方资本主义国家弹冠相庆,欢呼资本主义的"胜利"和社会主义的"失败"。美国的福山宣称,20 世纪社会主义与资本主义的斗争以资本主义的胜利告终。① 这种国际大环境也是引起青少年政治观出现误区的一个重要因素。

从 20 世纪 90 年代开始,知识经济在世界上迅猛地发展,经济全球化趋势不断加强,社会主义由于经济文化比较落后,在知识经济和经济全球化的发展竞争中处于不利地位,而西方资本主义国家由于经济发达、科学文化水平高,在知识经济和经济全球化的发展竞争中处于有利地位,这种状况,也容易使青少年政治观出现误区。

第三,西方政治文化本身存在的复杂性和两面性。西方资产阶级政治文化是一个内容丰富、体系复杂的综合体,它包括资产阶级各种思想和各种价值观念。而资产阶级的政治思想、价值观念又存在着两面性,一方面它具有先进性、合理性。另一方面又存在落后性和荒谬性。换句话说,西方政治文化既有精华又有糟粕,既

① 王秀云:《社会主义三次历史性飞跃新论》,华文出版社 2001 年版,第 1 页。

有先进因素又有落后因素,既有积极的一面,又有消极的一面,而这些因素常常混合在一起,并互相渗透,难以分割。这就使青少年很难明辨其优劣和真谬,这是导致青少年政治观出现误区的又一原因。

3. 青少年自身原因。

不论是国内原因还是国外原因,这都只是导致青少年政治观出现误区的外因。青少年政治观出现误区在很大程度上与青少年自身的不足和特点有关。

第一,大多数青少年不仅对西方政治文化的了解是零散的、不全面的、不系统的,而且对于中国传统政治文化和当代中国的政治文化的了解也不全面、不系统,这种情况使青少年很难对西方政治文化作出全面、正确的判断。

第二,大多数青少年都缺乏正确的分析问题和判断问题的能力。加之,大多数青少年还缺乏社会经验,因此,他们在分析、判断问题时,主观随意性比较大,容易出现判断的失误。

第三,青少年的逆反心理也是导致其政治观出现误区的一个重要原因。大量事实表明,青少年的心理与中年、老年的心理相比有两个特点:一是心理不够成熟,二是逆反心理比较突出。当代青少年热衷于新思想、新观念,对各种新思想、新观念反应快、接受快,并有较强的逆反心理。当他们初步了解到西方政治文化与我国社会主义政治文化存在一定差异时,其逆反心理就很自然地表现出来,即对我国现存的政治文化表现出一种非理智的排斥情绪,而对西方政治文化表现出一种非理智的盲目崇拜。青少年渴望新知识、新思想,一些青少年缺乏正确的态度和成熟的心态,因而容易受思潮左右,容易在对西方政治文化接受和评价时出现偏差、出现误区。

五、引导青少年正确认识西方政治文化，端正政治观取向

西方政治文化涌入中国是不可避免的，也是无法避免的。这是因为：第一，我国“经济上实行对外开放的方针，是正确的，要长期坚持。对外文化交流也要长期发展”①。对外开放，特别是对外文化交流，必然使西方政治文化长期不断地涌入中国。第二，我国坚决反对西方资本主义国家搞和平演变，反对西方资本主义国家向我国扩张、渗透西方资本主义的政治文化，但这只是我们的态度和愿望，西方资本主义国家对不对我国进行西方政治文化的扩张、渗透，不是以我们的意志为转移的，主要取决于西方资本主义国家的态度和立场。事实非常清楚，西方资本主义国家为达到其搞垮社会主义的目的，是绝不会停止对我国进行西方政治文化的扩张和渗透的。在苏联解体、东欧剧变后，西方资本主义国家已经把向社会主义扩张和渗透西方政治文化的重点转向了中国。第三，随着经济全球化的推进，随着我国加入世贸组织的新形势、新发展，我国的政治文化与西方政治文化的碰撞、冲突、对话、交流和合作不仅不可避免，而且还会加强。既然西方政治文化涌入中国是不可避免的，也是不能避免的，那么，我国就不必花大量的时间和精力去阻止和防范西方政治文化的涌入，我国面临的重要任务是用马克思主义的观点和方法去分析、鉴别、批判西方的政治文化，花更多的时间、下更大的功夫引导我国人民特别是青少年正确对待和评价西方政治文化，努力帮助广大人民特别是青少年走出对西

① 《邓小平文选》第三卷，人民出版社1993年版，第43页。

方政治文化认识的误区，端正我国人民特别是青少年政治观的取向。

（一）引导青少年正确认识和对待西方政治文化

正确认识西方政治文化，是抵御其对我国社会和青少年思想负面影响的前提和基础，而要正确认识西方政治文化就必须正确认识西方政治文化的历史地位、历史作用以及对中国的正面影响和负面影响。

从历史的角度来看，资产阶级政治文化与奴隶主阶级的政治文化、封建地主阶级的政治文化相比，是一个伟大的进步。在资产阶级革命时期，资产阶级政治文化反对奴役，倡导自由；反对专制，倡导民主；反对特权，倡导平等；反对神道，倡导人道；反对神权，倡导人权；反对人治，倡导法治；反对集权，倡导分权等等。所有这些，对于反对封建专制制度，砸碎宗教神权的枷锁，对于建立资产阶级民主共和国，实现资产阶级和广大人民的自由、民主、平等、人权具有极其重要的意义。在资产阶级夺取政权后，资产阶级政治文化对于建立、完善和发展资产阶级民主政治制度，对于实现和维护法制，反对专制独裁，对于实现和维护资产阶级和广大人民的自由、民主、人权，对于规范和制约资产阶级和广大人民的政治思想和政治行为具有重要作用。但是，我们必须看到，作为资产阶级的政治文化，它主要是为资产阶级及其政治统治服务的，它所倡导的自由、民主、人权主要是资产阶级的自由、民主和人权。由于资本主义国家的政治文化是建立在资本主义生产资料私有制基础上的，因此，在经济上处于不利地位的无产阶级和广大劳动人民是不可能与经济上处于统治和优势地位的资产阶级享有平等的自由、民主和人权的。任何政治文化的产生、发展及其作用都是与一定的历史条件和具体的洲情、国情相联系的,西方政治文化适合于西方资本主义国家洲情、国情和历史传统,但它并不适合中国的国情和历史传统。

西方政治文化涌入中国后,对中国既有正面影响,又有负面影响。首先,我们应看到,西方政治文化涌入中国,使我国人民包括广大青少年接触、了解到了西方政治文化,开阔了政治文化的视野,有利于学习借鉴西方政治文化的合理因素和有益部分,完善、丰富和发展我国的社会主义政治文化。特别是在经济全球化,文化多元化的今天,有利于中国政治文化的对话、合作与交流。其次,西方政治文化中强调的民主、法制,有利于促进我国人民特别是青少年增强民主和法制意识,树立民主和法制观念;西方政治文化强调的人权,有利于我国更加重视人权,研究人权,有利于我国与西方国家进行人权方面的对话和交流,共同促进世界人权事业的发展。最后,通过对西方政治文化的接触了解,使我国人民包括青少年认识到了西方政治文化的资产阶级性质及其局限性,使广大人民和青少年进一步体会到社会主义政治文化的优越性,从而坚定建设和完善社会主义政治文化的决心和信心。

同时,我们也必须看到,西方政治文化对中国的负面影响也是很大的。如前所述,西方政治文化涌入中国,与我国社会主义政治文化发展碰撞、冲突,造成了一些人思想上的混乱和行为上的偏差,给我国社会主义政治文化带来了一些冲击和震荡,在一定程度上也影响了我国社会主义政治文化建设的顺利进行。特别是有的青少年由于缺乏分析鉴别能力,把西方政治文化视为世界上最好的政治文化,把西方资产阶级宣扬的自由、民主、人权作为标准来衡量和剪裁我国的自由、民主、人权的实践,认为我国"没有自由"、"没有人权"等等。有的青少年对我国社会主义政治文化建设失去热情和信心,希望中国通过改革实行西方式的自由、民主、人权。由此可见,西方政治文化对我国青少年的负面影响是很大的。虽然有这种看法的青少年现在比 20 世纪八九十年代少得多,但我们却不能忽视。

总的来说,西方政治文化对中国既有积极影响又有消极影响,既有利又有弊。因此,我们既不能全盘否定,把其精华和糟粕通通拒之门外,也不能全盘肯定,良莠不分地全盘接受下来。正确的原则和态度是:第一,敢于和善于吸收借鉴西方政治文化中有益的因素和精华部分。政治文化是一个开放的体系,在封闭状态下是不能生存和发展的。任何一个国家的政治文化要想生存和发展,都必须吸收借鉴他国政治文化中的合理因素和精华部分,充实和丰富自己的文化宝库,都必须积极学习借鉴他国的政治文化的积极成果来健全和完善自己的肌体,增强自己的适应力和生命力。社会主义政治文化要发展繁荣,就必须大胆吸收借鉴人类文化的一切积极成果,包括西方资产阶级政治文化成果。只有这样才能使社会主义政治文化不断地丰富和发展,不断地走向繁荣。第二,坚决剔除和抵制西方政治文化中的糟粕和腐朽的东西。西方资产阶级政治文化中存在不少糟粕和腐朽落后的东西,对此,我们必须坚决地予以剔除和抵制,以免它影响和侵蚀社会主义的政治文化,影响和毒害我们的青少年。第三,吸收和借鉴西方政治文化,必须立足中国国情。任何一种政治文化都是与它赖以产生的国家的具体条件相联系的。西方政治文化适应西方特定的环境、历史和现实,即使是它最精华最先进的部分如其中的自由、民主也不适应中国的国情。因此,我们对西方政治文化的吸收借鉴不能脱离中国国情,我们只能吸收那些适合中国国情的东西,抛弃那些虽然很好但不适合中国国情的东西。切忌全盘照搬和整体移植。毛泽东早就告诉我们,盲目搬用外国的东西是错误的,“形式主义地吸收外国的东西,在中国过去是吃过大亏的。”①我们必须引以为戒。第四,在吸收借鉴西方政治文化的基础上要有所创新。我们吸收借鉴西方政治文化,丰富和发展社会主义政治文化,不能通过机械结合或嵌入式的办法来实现,我们必须在吸收、借鉴西方政治文化的基础上,根据中国国情和实际,对其进行消化、改革和创新。只有这样,才能达到外为中用的目的,才能使西方政治文化中的精华和有益成分真正在中国开花结果,也才能真正地促进我国社会主义政治文化的发展和繁荣。

(二)端正青少年政治观取向

任何一种政治文化的真正价值和生命力主要在于它能否适应和满足现实的需要。西方政治文化产生于西方社会,也适应于西方社会的需要,但它并不适合中国的实际,也不能满足中国的现实需要。既然如此,广大青少年就不应该把西方政治文化中倡导的自由、民主、人权等等作为自己的价值取向,作为衡量中国政治改革和民主政治建设的标准,而应该立足中国国情,坚持马克思主义的政治观、坚持社会主义自由、民主、人权,坚持共产党领导的多党合作和马克思主义理论的指导地位。

1. 中国不需要西方资产阶级的自由,中国需要符合中国国情的社会主义自由。

第一,中国不需要资本主义国家的那种虚假自由。应该看到,在资本主义国家,自由对少数资产阶级来说是真实的,但对广大劳动人民来说却是虚假的。表面上,资本主义国家宪法赋予每个公

① 《毛泽东选集》第二卷,人民出版社1991年版,第707页。

民言论、出版、结社、集会的自由，但实际上，在资本主义社会，“出版自由就仅仅是资产阶级的特权”①。对广大劳动人民来说，“‘集会自由’也只是一句空话”②。法兰克福学派的著名代表马尔库塞认为，当代资本主义国家的自由是虚假的。他指出：“从表面上看，资本主义国家允许思想、言论自由，法院还维护新闻自由，‘地下的’报纸还一直能公开发售，群众性宣传工具还提供机会可以对政府及其政策继续提出尖锐的批评。”③但由于政府竭力利用广播、电视、报刊控制宣传舆论，人们的思想和心理已经被政府全面控制和操纵了。一个人无论在什么地方、什么时候都无法摆脱广播、电视、报刊、杂志以及其他现代宣传工具对人们内心的影响和控制。“通讯员和评论员们喋喋不休地散布着同一种陈词滥调；政治家们翻来覆去地宣布自由政党的立场和纲领。”④这种不断重复的宣传充斥着人们的耳朵，控制着人们的思想和心灵。特别需要强调的是，在资本主义社会“如果自由派表现得过分自由主义的话，那么他们的生命也可能会保不住”⑤。总之，马尔库塞认为，当代资本主义国家的自由是表面上的自由实际上的奴役。既然西方资本主义国家的自由在很大程度上是表面的、虚假的，我们就不应去追求，我们应追求社会主义国家的实在的真实的自由。

第二，我国不需要不适合中国国情的资本主义国家的自由。我们应该看到，虽然许多自由适合于资本主义国家，但不适合中国国情。例如：美国允许公民有配带枪支的自由，就不符合中国国

① 《马克思恩格斯全集》第2卷，人民出版社1960年版，第648页。
② 《列宁选集》第3卷，人民出版社1995年版，第695页。
③ 《马尔库塞》：《工业社会和新左派》，商务印书馆1982年版，第98页。
④ 马尔库塞：《工业社会和新左派》，商务印书馆1982年版，第16页。
⑤ 同上书，第80页。

情。美国是个移民国家，建国初期为了防止印第安人的袭击、为了保卫公民自身的安全，宪法规定公民有配带枪支的自由，并保留到现在。但事实上，由于每个公民都有携带枪支的自由，结果几乎所有的美国人包括总统随时都有被枪杀的危险。20 世纪 70 年代，美国有 80 多万人遭枪杀。现在每年约有 3 万—4 万人死于枪口下。近几年来，美国校园不断发生枪杀事件，师生的安全受到严重威胁。我国的人口远远多于美国，如果允许每个公民都自由携带枪支，造成的枪杀事件和社会问题可能比美国更多、更严重。因此，我们国家绝不能像美国那样允许公民有携带枪支的自由，必须严禁公民非法携带枪支，以保证社会的治安和公民的人身安全。

总之，中国不需要西方资本主义国家那种表面上的、虚假的自由，而需要实在的真正的自由。中国不需要西方携带枪支的自由，而需要严禁公民自己携带枪支和其他凶器。中国不需要萨特等自由主义者宣扬的那种无任何限制的绝对自由，而需要有条件、有限制、有切实保障的自由，需要适合中国国情的、在法律允许和保障范围内的自由。中国也不需要以个人为中心的自由，而需要不损害他人和集体的自由。因为，只有这样的自由才是真实的、健康的、长久的自由，才是值得我们追求从而为之争取的自由。

2. 中国不需要西方资产阶级的民主，中国需要符合中国实际的社会主义民主。

在当今世界上，主要存在两种性质不同的民主：一种是资本主义民主，一种是社会主义民主。西方资产阶级民主虽然有其进步性、合理性，但它只适应西方资本主义国家的实际，不适合中国的实际。

第一，资本主义国家的民主是建立在以生产资料私有制为主体基础上的民主，是少数资产阶级的民主。我们是社会主义国家，我们的民主是建立在以生产资料公有制为主体基础上的,是广大劳动人民的民主,是绝大多数人的民主。列宁指出:我们谈民主,首先要看是“哪个阶级的民主”①。邓小平也强调指出:“中国人民今天所需要的民主,只能是社会主义民主或人民民主,而不是资产阶级的个人主义的民主。”②

第二,资本主义国家的议会实行两院制,常常互相扯皮,效率不高,我们不能仿效。西方资本主义国家常常把议会看成是民主的核心,把议会实行的两院制看成民主的重要体现。西方主要资本产义国家的议会一般都实行两院制,如美国的议会分为参、众两院,英国的议会分为上、下两院。实行两院制,固然有一些好处,如在立法时,通过两院的互相牵制,使立法更慎重、更科学,有利于维护法律的权威,防止立法中的草率和被少数人操纵。但由于两院互相牵制,严重影响了立法的效率,使许多法案、议案不能及时地通过和实施。我国不能像西方那样实行议会制和两院制。我国实行人民代表大会制和一院制。我国的权力机关、立法机关不是议会,而是人民代表大会,人民代表大会实行一院制,即不论是全国的还是地方的人民代表大会都只有一个,其优点是能及时地反映和集中人民的意志,在制定法律和作出重大决策时不受牵制。邓小平指出,我国实行人民代表大会一院制,最符合中国实际。“这种体制益处很大,很有助于国家的兴旺发达,避免很多牵扯。”③此外,西方国家的议会开会的时间很长,一年少则 100 多天,多则 200 多天,开会时,议员们常常为一个条文、一个措词争论不休,花

---

① 《列宁选集》第 3 卷,人民出版社 1995 年版,第 593 页。

② 《邓小平文选》第二卷,人民出版社 1993 年版,第 175 页。

③ 《邓小平文选》第三卷,人民出版社 1993 年版,第 220 页。

费很多时间。例如,1977 年,美国参议院在辩论能源法案时,有个议员作了 37 个钟头的冗长发言。这种“老太婆式”的会议严重影响了立法效率,致使许多重要的法律得不到及时通过和实施。我国的全国人民代表大会开会的时间不长,一次大会一般是 15 天左右,开会时,代表们的发言都比较简短、精练,每次大会都要通过一些法律或重大决策,所以,我国的立法和决策的效率高。

第三,西方国家的民主选举常常成了少数人的选举和有钱人的游戏,我们不能效仿。资本主义社会的普选制是资本主义社会民主制的重要内容和重要标志。所谓普选,是指公民普遍地参加国家代议机关的代表和某些国家机关领导人的选举制度。在资本主义国家,实行普选,有利于广大公民行使民主权利,通过普选挑选资产阶级最合适的代理人,有利于调和资产阶级内部的矛盾,维护资产阶级的统治。但我们必须看到,资产阶级的普选常常只是少数人的选举,普选在很大程度上失去了本来的含义。因为,资本主义国家一方面宣称给每个公民的选举权,但另一方面又通过种种规定和方式或公开或隐蔽地剥夺广大劳动人民的选举权。例如,法国第一部宪法把法国的公民分为“积极公民”和“消极公民”,把选举权只赋予仅占人口 15% 的“积极公民”,大部分公民被剥夺了选举权。美国在 20 世纪 60 年代以前,各州对选民资格的限制多达几十种,其中包括文化条件、居住条件、纳税情况等等,从而剥夺了许多劳动人民特别是许多黑人的选举权。同时资本主义还常常通过保证金制度把劳动人民排斥在候选人之外。许多资本主义国家规定,凡是参加竞选的候选人都必须交一定数量的保证金。如法国竞选议员需交 1000 法郎保证金;日本众议员候选人要交 1000 美元,参议员候选人要交 2000 美元保证金;美国竞选议员的保证金各州规定不同,少则 100 多美元,多则 1000 多美元。在选举时,如未达到一定比例的选票,其保证金就被没收。特别是在竞选中需要一大笔钱进行宣传,在一般情况下,美国众议员需要15万美元,参议员需要50万到100万美元。美国的总统竞选费则更高。这样一来,广大劳动人民根本无法参与竞选,竞选最终成为少数有钱人的游戏。此外,资本主义国家还通过改变选区划分、变换计票制度,分散无产阶级和劳动人民力量等方式,排斥无产阶级和劳动人民的代表入选,加之选举中的各种营私舞弊,使许多选民对选举失去信心,投票率大大下降。1987年美国的投票率下降到36%,①1996年的大选只有49.8%的选民参与,2000年的大选只有51%左右的选民参与。② 虽然最近几次大选的投票率有所上升,但也只达到50%左右,与"普选"名不副实。我们是社会主义国家,我们必须保证广大无产阶级和劳动人民行使选举权和被选举权,实现真正的普选,不能搞少数人的游戏。我国不仅在宪法和有关法律中赋予了广大无产阶级和劳动人民的选举权和被选举权,而且从物质上从选举的各个环节各个步骤上保证选民参加投票,因此,公民投票率一般都在90%以上。我国的选举坚持了普遍原则、平等原则,是真正的广大无产阶级和劳动人民的选举。我们必须坚持我国的选举制度,反对和抵制资本主义国家由少数人操纵和控制的选举制度。邓小平指出,各种民主形式怎么搞法,要看实际情况,"一定要切合实际,要根据自己的特点来决定自己的制度和管理形式"③。不顾中国国情和民情,期望在中国推行西方式的民主,必然影响和延缓中国的民主进程。

---

① 王绍仁:《资产阶段民主制的真实性和虚伪性》,牡丹江师范学院学报1994年第1期。

② 袁征:《透视美国大选》,《半月谈》2000年第22期,第65页。

③ 《邓小平文选》第三卷,人民出版社1993年版,第242页。

3. 我国不需要西方资本主义国家的人权，我国需要符合中国国情的社会主义人权。

在当今世界上，有两种主要的人权：一种是资本主义的人权，一种是社会主义的人权。资本主义国家的人权对于反对神权、君权、特权具有进步性和积极性，对于实现资产阶级和其他劳动者的自由、价值和尊严具有重要意义，但是，我们必须看到，人权与民主、自由一样，也是有阶级性的，资本主义国家的人权主要是资产阶级的人权，因为，在资本主义条件下，无产阶级和广大劳动人民在经济上处于被剥削、政治上处于被压迫的地位，他们是享受不到与资产阶级平等的人权的。在资本主义国家，人权常常只是少数资产阶级的特权。邓小平指出我们与资本主义的分歧不是不要人权，而是要什么样的人权。“什么是人权？首先一条，是多少人的人权？是少数人的人权，还是多数人的人权，全国人民的人权？西方世界的所谓‘人权’和我们讲的人权，本质上是两回事，观点不同。”①我们不要西方国家那种少数人的人权，我们要多数人的人权，要全国人民的人权。除此之外，西方资本主义国家主张的某些人权是错误的，是不符合中国国情的，我们也不能接受。

第一，西方资本主义国家提出的“人权高于主权”、“人权无国界”的观点是我们不能接受的，我们认为主权高于人权，国格重于人格。用抽象的方法看，人权是一切人都具有的权利，主权只是一个国家的权利，既然一切人高于一国，人权似乎就高于主权，人格似乎就重于国格。但实则不然，因为现实中的人不是一个抽象的概念，他是一个活生生的人，他是一个社会的人，一个国家的人，他要靠社会提供现实条件，靠国家权力提供保护，一个国家如果没有

① 《邓小平文选》第三卷，人民出版社 1993 年版，第 125 页。

主权,就会任人宰割,成为别国的附庸或殖民地,它的人民就根本谈不上享有人权。资本主义国家提出"人权高于主权"、"人权无国界",声称在当代"人权问题不再属于国内管辖的问题",国际社会有权到任何一个国家去维护人权,其目的不是真正地维护人权、促进人权的发展,而是以此为据,粗暴干涉别国内政,侵犯别国主权。20 世纪 90 年代美国轰炸南联盟就是最好的证明。邓小平认为,主权是实现人权的基础和条件,没有主权就谈不上人权。人权问题虽然有国际性的一面,但最主要最根本的还是属于一个国家的内部问题。人权的实现、人权的管辖主要在国内而不在国际。因此,主权应高于人权。"人们支持人权,但不要忘记,还有一个国权,谈到人格,但不要忘记还有一个国格。"①"真正说起来,国权比人权重要得多。"②江泽民指出:"事实上,人权要靠主权来保卫,不是人权高于主权,而是没有主权就没有人权。"③

第二,西方国家反对把国家的独立权和人民的生存权作为人权是我们不能接受的,我们认为国家的独立权和人民的生存权是首要人权。由于西方资本主义国家经济比较富裕,生存和温饱早已解决,所以,他们在人权问题上唱高调,强调人权主要是人身自由权、民主权、平等权等等。不顾第三世界的客观实际,反对把人民的生存权和国家的独立权作为人权的基本内容。1991 年,我国政府在《中国的人权状况》(白皮书)中指出:对于一个国家和民族来说,人权首先是人民的生存权,没有生存权,其他一切人权均无从谈起。而要争得生存权,首先就要争得和维护国家的独立权。一个国

---

① 《邓小平文选》第三卷,人民出版社 1993 年版,第 331 页。

② 同上书,第 345 页。

③ 《江泽民论有中国特色社会主义(专题摘编)》,中央文献出版社 2002 年版,第 325 页。

家如果不能独立，人民的生命就没有保障。历史和现实告诉我们，当一个国家的主权遭到践踏，整个民族处于被奴役的殖民地、附属国的地位时，这个国家的人民的基本人权包括生存权就根本无法保障。因此，对中国人民来说，人权首先是人民的生存权和国家的独立权。只有人民的生存权和国家的独立权解决了，才有可能进一步实现人民的民主权、平等权等等。这就是说，根据中国国情，我们所主张和实现的人权，必须是包括人民的生存权和国家的独立权在内的基本人权。不能像西方资本主义国家那样，离开人民的生存权和国家的独立权去高唱人的自由权、民主权和平等权。

4. 我国不能推行西方资本主义国家的三权分立制，我国必须坚持实行以民主集中制为组织原则的人民代表大会制。

西方资本主义国家的三权分立制，是按照法国启蒙思想家孟德斯鸠的三权分立理论建立的。几百年来，三权分立制对于调和资产阶级内部的矛盾、防止专制和权力的滥用、对于实行法制和保障公民自由发挥了重要作用。这是应该充分肯定的。但三权分立也存在严重的弊端，其中最主要的是三种权力常常互相掣肘拆台，严重影响政府的效率和国家机器的正常运转。特别是三权分立只适应西方发达的资本主义国家，不适应经济文化落后的国家，不适应中国的国情。具体地说，中国不能推行三权分立制主要由以下三大因素决定的。

第一，我国以社会主义公有制经济为主体的经济制度，决定了我国不能搞三权分立制。三权分立制是以资本主义私有制经济为基础的。资本主义生产资料的私人占有制、资本主义商品经济的自由买卖、自由竞争，要求打破封建专制和封建特权，要求实行分权与制衡。同时，资本主义有各种垄断集团，特别是存在着多种政党和派别以及资本主义国家推行的竞选制度等等都要求实行分权与制衡。而我们国家是以生产资料公有制为主体的,全国各族人民的根本利益是一致的,这就要求我国建立一种适应以生产资料公有制为主体的、代表全国人民根本利益的、统一行使国家权力的社会主义政治制度,而不能推行西方资本主义国家的三权分立制度。

第二,我国实行的人民代表大会制度决定了我国不能实行三权分立制度。人民代表大会制度是我国的根本政治制度,人民代表大会制度的核心是保证国家的一切权力属于人民,保证人民当家作主。它的根本组织原则和决策原则是民主集中制。它的主要特点是国家权力的行使是集中统一的,而不是分散的。全国人民代表大会统一拥有国家的最高权力机关,它与政府、法院、检察院之间,不是权力的分立关系,也不是平列关系,而是权力的委托和被委托关系。它不仅行使国家的立法权而且产生和监督政府、法院、检察院。政府、法院、检察院对人大负责、受人大监督,它们在人民代表大会统一行使国家权力的前提下,既有分工,又有合作。这与资本主义的立法、行政、司法三大权力互相牵制是根本不同的。如果我们国家搞三权分立,就会降低人民代表大会的权力,使人民代表大会同行政权、司法权平起平坐,互相牵制,就会造成国家权力机构和组织体系的多元化和多中心,就会否定人民代表大会是国家的最高权力机关。

第三,三权分立影响民主集中制的实行和我国政治制度优越性的发挥。邓小平指出,我们"不能搞三权鼎立那一套。我经常批评美国当权者,说他们实际上有三个政府。当然,美国资产阶级对外用这一手来对付其他国家,但对内自己也打架,造成了麻烦。这种办法我们不能采用"①。根据我国国情我们必须坚持和贯彻

① 《邓小平文选》第三卷,人民出版社1993年版,第195页。

执行民主集中制原则。民主集中制既是我们党的组织原则,是我国的人民代表大会制度的组织原则,也是我国重大决策和政治生活的组织原则。实践证明这一原则是完全正确的。正如邓小平指出的,我们"社会主义国家有个最大的优越性,就是干一件事情,一下决心,一作出决议,就立即执行,不受牵扯。我们说搞经济体制改革全国就能立即执行,我们决定建立经济特区就可以立即执行,没有那么多互相牵扯,议而不决,决而不行①"。这种优越性在很大程度上就在于我们坚持和贯彻了民主集中制原则,不搞三权分立。假如我们像美国那样搞三权分立,三个政府成天争来争去,像实行对外开放、加入世贸组织、实施西部大开发、建设三峡工程等重大问题不知要争到何年何月才有结果。我国现在要抓紧时间搞建设,一心一意谋发展,我们要继续坚持和贯彻民主集中制原则,绝不搞三权分立,绝不把宝贵的时间花费在争论上,花费在互相扯皮上。

5. 我国不能推行西方资本主义国家的多党制,我国必须坚持实行共产党领导的多党合作制。

西方资本主义国家实行两党制或多党制是由西方资本主义国家的历史条件和具体国情决定的,是由这些国家存在着互相竞争、互相攻击的各种政党决定的。美国、英国实行两党制,根源在于这两个国家在建国初期议会中的两大政治派别势均力敌,在于两大政党采取各种办法有力地遏制住了小党和新党的发展,从而形成了两大政党平分天下、轮流坐庄的局面。法国、德国、意大利等国实行多党制,其主要原因在于这些国家从资产阶级革命到现在,各种政治力量比较分散,没有形成一个或两个足以控制国家政权的

---

① 《邓小平文选》第三卷,人民出版社 1993 年版,第 240 页。

政党,只能实行多党执政,联合组阁。资本主义国家实行两党制或多党制有利于调和资产阶级内部的矛盾,维护资产阶级的统治。但这种政党制度常常导致政党之间的互相攻击、倾轧和拆台,内耗很大。特别是在多党制国家,由于没有一个党或两个党足以控制议会、主持政府,所以只能由几个党派联合组阁,这种松散的联盟常常分化改组,致使内阁频繁更迭,政局动荡。例如:意大利从1946年到1983年的37年间,内阁更迭达44次,平均每届政府执政约10个月,最长的2年零3个月,最短的仅为9天。在日本,从1993年结束自民党的"一党独大制"实行多党联合执政后,不到10年政府更迭七届,最短的不到2个月。

我们国家与西方资本主义国家的历史不同,国情不同。我们不能实行西方资本主义国家的两党制或多党制,只能实行共产党领导的多党合作制。我国实行共产党领导的多党合作制是在长期的革命和建设中形成的,并为各民主党派所共同接受的。我国社会主义制度建立以后,剥削阶级逐渐消灭,在生产资料公有制为主体的基础上,人们之间虽然还存在着行业和地区的差别,存在着一些矛盾,但是根本利益和奋斗目标是一致的。我们党与各民主党派是长期共存、互相监督、肝胆相照、荣辱与共的关系,是友好合作的关系。这就决定了在我们国家没有任何必要分成两个或多个互相抗衡和对立的集团和政党,进行夺权争利斗争。实践证明,在我国实行共产党领导的多党合作制是完全正确的。它是我国政治制度的一个重要特点和优点。它符合我国以公有制为主体多种所有制经济共同发展的经济制度,符合我国人民民主专政的国体和人民代表大会制的政体。因此,我国必须继续坚持实行共产党领导的多党合作制,而不能搞西方资本主义国家的多党制。邓小平指出:"资本主义国家的多党制有什么好处?那种多党制是资产阶级互相倾轧的竞争状态所决定的，它们谁也不代表广大劳动人民的利益。"①资本主义国家的反对党不仅不会组织动员自己的政治力量去支持和贯彻执行执政党的政策主张，反而要竭力去攻击、牵制执政党政策的贯彻执行，从而使国家的力量不能集中起来，使"很大一部分力量互相牵制和抵消"②。如果我国实行多党制，就意味着否定共产党的领导地位和执政地位。必然会造成党派纷争，政局动荡，也就不可能把全国各族人民组织起来、统一起来，中国就将成为一盘散沙，不仅不能应对国际上的各种严峻挑战，也没有任何其他政党能领导全国人民实现全面建设小康社会的宏伟目标。苏联解体、东欧剧变，其中一个重要原因就是否定共产党的领导，实行多党制。我们必须认真吸取这一严重的教训。

6. 我国不能搞意识形态多元化，我国必须坚持马克思主义理论在意识形态中的指导地位。

当代西方民主党、社会党竭力宣扬意识形态多元化，反对统一的意识形态。1983 年，社会党国际在《阿尔布费拉宣言》中强调："我们实行我们所主张的多元主义。"社会党国际是"一个民主的、多元的、建立在各种共存的价值观念团结一致基础上而不是建立在权力基础上的机构"。1989 年德国社会民主党在柏林纲领中强调："欧洲的民主社会主义思想渊源来自于基督教、人道主义哲学、启蒙运动思想、马克思主义的历史和社会学说。"在英国工党的指导思想中，实际上包括着工联主义、费边主义、自由主义、欧文主义和马克思主义。由此可见，民主社会主义不仅口头上宣扬意识形态多元化而且在实践中也推行意识形态多元化，民主社会主

① 《邓小平文选》第二卷，人民出版社 1994 年版，第 267 页。
② 同上。

义是多种思想体系的综合体。民主社会主义竭力宣扬意识形态多元化,目的是以“容纳人类一切思想精华”为幌子,对各种意识形态和价值观念兼收并蓄,把不同派别、不同立场、不同观点、不同信仰的人都吸引到民主社会主义的旗帜下,扩大势力,争取选票,巩固和维护社会党、民主党的统治。在西方特别是在德国、法国、英国、奥地利和瑞典等推行民主社会主义的国家,由于社会上存在不同政党、不同派别、不同的利益集团、不同的思想体系和宗教信仰,所以,政治多元、经济多元、文化多元、舆论多元、意识形态多元得以滋生和发展。但由于这种思想体系强调折中融合,缺乏独立和创新,因而不能及时有效地解决现实中的新问题。特别是意识形态多元化常常引起人们在思想上的混乱和困惑。近几年来,欧洲主要国家的社会民主党为克服其弊端,开始向“第三条道路”发展。

中国的国情与西方不同,中国的历史和现实告诉我们,中国不能搞意识形态多元化,中国只有坚持马克思列宁主义、毛泽东思想、邓小平理论和“三个代表”重要思想为指导,才能取得革命和建设的胜利。在中国近现代史上,许许多多先进的人们为了救国救民,提出过多种改革社会的思想,如康有为的“维新变法”思想、孙中山的“三民主义”等等,所有这些思想都未能从根本上改变中国的面貌。十月革命一声炮响给中国送来了马克思列宁主义,使中国革命的面貌焕然一新。80多年来,以毛泽东、邓小平、江泽民为代表的三代中央领导集体把马克思列宁主义与中国革命实践相结合,创立了毛泽东思想、邓小平理论和“三个代表”重要思想,指导我国革命和建设取得了一个又一个的胜利。值得注意的是,在20世纪80年代,我国一些资产阶级自由化的鼓吹者,深受民主社会主义多元化思想的影响,大肆散布意识形态多元化,主张放弃马克思列宁主义、毛泽东思想的指导地位，给人们的思想造成了很大混乱。在20世纪90年代，又有一些人以研究“国学”、“新儒学”的名义，宣称“21世纪是儒学的世纪，主张以儒学为主体、为本位来融合中西文化”①。构建一种继往开来的思想体系，以“谋求中国文化和中国社会的现实出路”②。还有人欣赏丹尼尔·贝尔所设计的“文化上的保守主义、政治上的自由主义、经济上的社会主义”三者的结合。③ 有的人甚至断言：“在中国的现当代思想史上，现代新儒学可以说是与马克思主义、自由主义的西化派鼎立的三大思潮之一。”④所有这些现点都从不同侧面宣扬文化多元、思想多元、意识形态多元，否定马克思列宁主义、毛泽东思想、邓小平理论和“三个代表”重要思想的指导地位，引起了人们思想上的混乱，影响着马克思列宁主义的指导作用。我国的历史已反复证明，什么时候动摇和放弃马克思列宁主义、毛泽东思想的指导地位，什么时候就会出现人们的思想混乱和社会动荡，改革开放和社会主义现代化建设就会受到破坏，出现曲折，什么时候坚持马克思列宁主义、毛泽东思想、邓小平理论和“三个代表”重要思想的指导地位，什么时候就会出现人们的思想振奋和社会稳定，社会主义建设和改革开放就顺利进行。江泽民同志指出，在“当代中国，只有把马克思主义同当代中国实践和时代特征结合起来的邓小平理论，而没有别的理论能够解决社会主义的前途和命运问题”⑤。这就是说，如果我们搞意识形态多元化，接受“民主社会主义”、“新自

① 京任:《言论中国:观点交锋　20年》，中国检察出版社1999年版，第4页。
② 同上书，第1页。
③ 同上书，第5页。
④ 同上书，第2页。
⑤ 《十五大以来重要文献选编》，人民出版社2000年版，第10页。

由主义”、“新保守主义”，或接受有的人宣扬的“新儒学思想”，就必然会把中国的改革开放和现代化建设引入歧途。因此，中国不能搞意识形态的多元化，中国必须坚持马克思列宁主义、毛泽东思想、邓小平理论和“三个代表”重要思想的指导地位。

（三）加强西方政治文化评介，提高青少年的政治鉴别能力

为了正确借鉴吸收西方政治文化的合理因素，消除西方政治文化的负面影响，除了加强马克思主义政治观教育，提高青少年抵御西方政治文化侵蚀的能力外，还必须加强对西方政治文化的评介，提高青少年鉴别西方政治文化的能力。

改革开放以来，西方政治文化不断涌入中国，我国加入世界贸易组织后，西方政治文化更是以更多的渠道、更多的形式涌入中国。特别是以美国为首的西方资本主义国家，为了实现“西化”我国的图谋，大肆向我国扩张和渗透西方政治文化。面对西方政治文化的扩张和渗透，采取简单的“关闸式”的拒斥是无效的也是不可能的，最好的办法是用马克思主义的立场、观点和方法，审视、分析、鉴别西方政治文化，科学、理性地对待西方政治文化。对广大青少年来说，最重要的是我们的各级各类学校和各种大众传播媒介要通过各种途径和方式全面地介绍、科学地评论西方政治文化，帮助和引导青少年正确地鉴别和对待西方政治文化。这是因为：

第一，大多数青少年对西方政治文化的了解是零散的、不全面的、不系统的。如果学校和大众传播媒介不能针对这种情况，对西方政治文化进行有目的、有计划地全面介绍和科学地评价，而是对西方政治文化的涌入和渗透采取自由放任的态度，任其发展，青少年就很难对西方政治文化有一个全面正确的认识和判断。

第二，大多数青少年都缺乏正确的分析和鉴别能力。如果学校和大众传播媒介,不加强对西方政治文化的分析评价,青少年就容易在认识和对待西方政治文化方面出现片面性甚至陷入误区。

第三,青少年的政治观处于不成熟不稳定的时期,如果我们的学校不加强教育,大众传播媒介不加强引导,不少青少年就容易受西方政治文化的诱惑,就会疏远甚至抛弃我们中国的政治文化,接受甚至崇拜西方的政治文化。这种结局是很危险的。应该肯定,改革开放20多年来,特别是党的十三届四中全会以来,各级各类学校以及各种大众传播媒介积极介绍、分析、评价西方政治文化,对帮助和引导广大青少年正确认识和对待西方政治文化发挥了重大作用,这是值得充分肯定的。在新世纪新阶段,随着西方政治文化扩张和渗透的加强,对我国青少年负面影响的增加,各级各类学校和各种大众传播媒介应该进一步加强对西方政治文化的分析、鉴别,特别是要在针对性、导向性、实效性方面下功夫,更好地帮助和引导青少年正确鉴别和对待西方政治文化。

由于我国青少年是一个非常庞大的队伍,不同年龄段的青少年、不同行业的青年职工、不同专业的青年学生接受了解西方政治文化的途径、方式、程度不一样,所受的正负面影响不一样,对西方政治文化的看法和评价不一样。因此,各级各类学校对他们的教育、帮助和引导也不一样,各种大众传播媒介对西方政治文化的介绍、评价、引导也不一样。在这里不能一一论述,仅就大学如何通过有关西方政治文化的课程、讲座、报告、对话等形式,加强对西方政治文化的分析、评价,帮助和引导青年大学生正确鉴别和对待西方政治文化作一论述。

大学生是未来的中国特色社会主义事业的建设者和接班人,是祖国的希望和振兴中华民族的栋梁之才。他们对西方政治文化的态度、看法、评价的正确与否,不仅关系着他们个人的政治倾向、政治观念、政治理想和政治追求，也关系着社会主义事业的成败。因此，必须给予正确的引导，以避免在这方面产生不应有的失误和偏差。根据大学的现实条件和过去在这方面积累的经验，应主要通过以下几种形式加强对西方政治文化的分析、评价，帮助和引导大学生正确鉴别和对待西方政治文化。

第一，通过有关西方政治文化的课程，加强对西方政治文化的分析、评价，帮助和引导大学生正确鉴别和对待西方政治文化。西方政治文化的课程，如中西政治文化比较、政治文化概论、西方政治思想史、当代西方政治思潮等等，能够全面系统地给学生介绍和评价西方政治文化，丰富大学生西方政治文化的知识，提高大学生对西方政治文化的认识水平和鉴别能力，有利于克服大学生对西方政治文化的片面认识。因此，有条件的学校应该坚持或新开设这类课程。在这方面，不少大学做得很好，积累了许多宝贵的经验，应该保持并予以推广。

第二，通过有关西方政治文化的专题讲座或报告，加强对西方政治文化的分析和评价，帮助和引导大学生正确鉴别和对待西方政治文化。这类讲座或报告应根据不同时期、不同阶段，根据社会上和大学生关注的重点、热点和难点问题进行，它的针对性强，适应面广，特别是这种讲座或报告通常是由知名的专家、教授讲演，说服力和感召力强，效果好，且适合各级各类大学。因此，各级各类大学应充分利用这种有效易行的形式，加强对西方政治文化的分析评价，提高大学生对西方政治文化的鉴别能力，消除大学生对西方政治文化的一些误解。

第三，通过大学校园网开展西方政治文化热点、焦点问题的讨论与对话，帮助和引导学生消除对西方政治文化的疑惑、盲崇和误解。当前，大学校园网备受大学生重视、喜爱，它具有自由、宽松的氛围,参与者多,受众面广,收效及时等特点,是师生之间、学生之间进行交流对话的最好平台。各级各类学校应充分利用这个平台,加强对西方政治文化的分析和评价,及时帮助和引导广大学生正确鉴别和对待西方政治文化。

此外,还可通过学校的校报、专刊、专栏、广播等形式介绍和评价西方政治文化帮助和引导广大学生正确鉴别和对待西方政治文化。

在这里需要强调的是:不论是有关西方政治文化的课程、讲座、报告,还是有关西方政治文化的讨论、对话,或是专刊、专栏、广播,首先要正确处理好评与介的关系,一定要避免只介绍不评价或重介轻评的偏向。对青少年来说,介绍是基础,评价是关键,只有抓好评价这个重要环节,强化对西方政治文化的科学评价,才能更好地帮助和引导青少年正确鉴别和对待西方政治文化,达到预期的目的。否则,就会产生误导,使青少年学生更加迷惘、彷徨,陷入更深的误区。其次要对西方政治文化进行全面系统的分析评价。西方政治文化内容丰富,真谬混杂。既有正确的东西,又有错误的东西,既有积极先进的因素,又有消极落后的因素。因此,只有对其进行全面系统的分析和鉴别,才能使广大青少年明确哪些是正确的,哪些是错误的;哪些是精华,应该借鉴和吸收,哪些是糟粕应该抵制和抛弃,才能避免那种未经全面系统分析鉴别,就一概否定、一概排斥或全盘肯定、全盘接受的简单化做法。

第四章

西方个人主义与转型期青少年的道德观问题

个人主义(individualism)是现代西方资本主义社会的核心价值观,它既是现代西方社会道德评价的基本标准和出发点,也是现代西方社会政治、经济、文化制度确立的伦理基石。随着改革开放和与西方国家的深入交往,作为西方文化主导价值观的个人主义,对我国青少年思想意识的发展产生了重大的影响。进入经济转型期以后,在建立和发展社会主义市场经济体制的环境下,在经济全球化带来的西方文化的扩张的影响下,西方个人主义价值观对青少年思想影响更为广泛与深入。客观地考察个人主义的内涵,把握其对经济转型期青少年思想的影响状况,据此确立有效的教育引导对策,是这一章的主要研究任务。

一、西方个人主义的思想内涵及其实质

对于西方个人主义含义的理解,应该明确这样一个事实:西方个人主义的思想内涵与中国文化中个人主义的含义是不尽相同的。中国在历史上曾是封建主义的大一统国家,以儒家

思想为内核的封建整体主义一直是社会的主流思想体系。虽然以自利自保为内容的小农意识具有广泛而深刻的影响，但是小农意识始终不可能成为社会的主流意识。因此我国所谓的个人主义，主要是指小生产者普遍具有的一切从个人出发、只顾自己、不顾别人的错误思想意识。在我国建立了公有制，确立了社会主义集体主义的主导思想体系后，它就成了自私自利、损人利己、损公肥私等概念的代名词。由此可见，我国日常生活中所谓的这种个人主义，与西方个人主义是不能完全等同的，两者既有共同点也有差别性。共同点在于两者都包含着利己主义的根本取向；不同点则在于，前者是在小生产的汪洋大海中自发形成的、指向单一和明确的利己主义的社会心理，它是日常的、琐碎的；后者作为西方资本主义社会的核心价值观，则是随资本主义社会确立和发展而形成的完备的伦理价值体系。不仅具有理论上的完备性，而且包含的思想内涵也更为多样和复杂。为准确地把握西方个人主义的思想实质，我们有必要先对其含义作一全面的了解。

（一）西方个人主义的思想内涵

英语 individualism（个人主义），源于拉丁文 individuum（个体）（不可分割的东西），该词由法国政治评论家亚里克西·德·托克维尔最早使用。它在英语中的意思是“主张个人正直与经济上的独立，强调个人主动性、行为与兴趣的理论以及由这种理论指导的实践活动”①。《简明不列颠百科全书》中对个人主义的界定是：

① Webster's , *Ninth New collegiate dictionary*. M. A: Merriam-Webster. lnc. 1984, p615.

“个人主义是一种政治和社会哲学,高度重视个人自由,广泛强调自我支配、自我控制、不受外来约束的个人或自我。”①从西方国家对个人主义的这一权威解释看,西方个人主义是一种强调个人价值、个人独立、个人自由、个人利益极端重要性的理论,包含着西方资产阶级对个人与社会关系的认识、评价与价值主张。它在欧洲文艺复兴时期提出来,是新兴资产阶级用来反对封建等级制度和宗教禁欲主义的锐利武器。后来资产阶级思想家将其作为永恒不变的真理,看做社会道德的主要内容和判断善恶的主要标准,通过资产阶级知识分子不断的体系化、理论化,个人主义成为了资本主义社会的核心价值观,成为资本主义思想文化体系的灵魂。因此,西方个人主义既是一种人性理论,一种伦理原则和一种社会政治哲学,又是一种处世态度。同时,作为社会意识形态,它本身也在不断变化,以适应资本主义发展的需要。下面就从个人主义的理论表达、价值取向以及在资本主义发展不同时期的变化等几个方面,理解其思想内涵。

从不同学科对个人主义的表达看,个人主义在不同学科领域有着特定的含义。(1)作为一种哲学思想,个人主义从洛克的“生物的个体是自然的基本单位”和物质元素理论出发,将个人看做是组成社会的基本元素,是先于社会的存在。认为社会是个人的集合体,个人是本原,除了个人的目的外,社会和国家没有任何其他的目的,国家和社会是为了保障个人的权利和利益组成的人为机构。并由此认为,个人是社会中惟一真实且有价值的存在,社会只是一种虚幻的存在。因而强调个人目的、个人价值的至上性。

① 《简明不列颠百科全书》第 3 卷,中国大百科全书出版社 1985 年版,第 406 页。

(2)作为一种社会思想,个人主义渗透到了资本主义社会的政治、经济、文化等各个方面的制度上。强调通过建立经济上的私有财产制度和政治上的"三权分立"制度,实施民主和权力制衡,以实现和维护个人权利、个人自由和个人利益;强调个人自由、个人平等和幸福等"天赋人权",反对权威,反对社会和他人对个人的任何支配。认为个人有权不同于他人,有权自己选择,有权同他人竞争。(3)作为一种伦理思想,个人主义从人的本性自私的观点出发。认为每个人的人生目的都是为了自己,主张一切价值均以个人为中心,个人是生活的最高目的。但每个人的人生目的不可能单独依靠自己来实现,必须依靠社会并通过利他来达到利己,因而,个人与社会组织之间是一种目的与手段的关系,个人是目的,社会是达到个人目的的手段。分析上述学科层面的个人主义的含义不难看出,它们之间既有联系,也有区别。从联系上看,三者的核心都是强调个人价值、个人自由和个人权利的极端重要性(或者说至上性);从区别看,作为哲学思想的个人主义强调的是个人存在、个人目的等个人价值的优先性。作为社会思想的个人主义,则已经实现从抽象思维到具体思维的转变,将以上哲学思想渗透到了社会的政治、经济之中,强调通过一定的经济和政治制度,来倡导、保障和实现个人自由和利益;作为伦理道德上的个人主义,则强调通过目的和手段的统一来实现个人利益,从而维护资本主义的社会秩序。这些不同学科表达出的个人主义思想内容,共同地建构起了西方个人主义完善的理论体系。

西方个人主义不但是资本主义社会完备的主流思想理论,而且还是一种处世态度,一套指导西方社会的人们进行行为选择和道德评判的价值观念体系。《简明不列颠百科全书》对西方个人主义价值体系作了具体的表述:"个人主义的价值体系可以表述为如下三种主张:一切价值均以人为中心,即一切价值都是由人体验的(但不一定是由人创造的);个人本身就是目的,具有最高价值,社会只是达到个人目的的手段;一切个人在某种意义上说是平等的,下述主张最好地表达了这种平等:任何人都不应当被当做另一个人获得幸福的工具;个人主义的人性理论认为,对于一个正常的成年人来说,最符合他的利益的,就是让他有最大限度的自由和责任去选择他的目标和达到这个目标的手段,并且付诸行动。"[①] 这里所说的三种主张(取向),主要指的是个人价值、个人平等、个人自由的至上性。我国学者据此将西方个人主义的主要价值取向概括为以下几种[②]:(1)个人本位取向。这是一切以个人为中心,个人至上的价值取向,是西方个人主义核心的价值观。个人本位取向反映到思想和行为上,就是一切从个人需要出发,一切以个人利益为标准,漠视他人的自由和价值,贬低甚至否认社会价值,反对社会对个人利益的漠视和侵害。(2)个人平等取向。认为人人生而平等,平等是天赋权利之一,包括在法律面前人人平等,在机会面前人人平等。(3)个人自由取向。这是西方个人主义最为重要的价值取向,认为人是理性的动物,自由是天赋的神圣权利之一,人人应当享有不受外界约束的自由权利,社会的一切活动,包括法律规范等应以不损害人的自由权利为底线。(4)个人自立取向。这种取向视个人自立为荣、依赖他人为耻。把自主独立看做是人的智慧和能力成熟的基本标志,看做是实现自我价值的必然之路,热衷于走自己的路,做自己想做的事。相信自助者天助,自

---

① 《简明不列颠百科全书》第3卷,中国大百科全书出版社1985年版,第406页。

② 张安德:《西方个人主义及其价值取向》,江汉论坛1999年第9期。

立、自主、自我奋斗的意识和取向十分强烈。(5)个人竞争取向。是西方个人主义的重要取向之一。认为个人竞争既是适者生存的自然淘汰过程,也是促进社会进步的机制,更是个人安身立命之本,个人只有在竞争中才能实现个人的利益。(6)个人成就取向。是与个人竞争取向相联系的重要的取向。认为个人成就是体现个人能力的标准,衡量个人价值高低的准绳,个人在社会中的一切状况都由个人的成就决定。由于西方社会是一个资本主义的金钱社会,对成就的追求主要表现为对金钱的追求,由此形成"谁发财谁英雄"的价值观。人人为此殚精竭虑,各显神通,有的甚至不择手段。(7)个人享乐取向。是西方个人主义倡导的普遍生活原则,在个人主义看来,人是自然的一部分,应按自然本性快乐的生活,因而主张在精神上追求个人自由、个性解放等方面的享受,在物质上追求舒适和高标准的生活享受,甚至追求各种感官刺激和享乐。以上个人主义的价值取向渗透到了西方社会的方方面面,成为构造西方社会现实生活状态的基本文化因素。一方面,西方资本主义社会强劲发展得益于以上个人主义价值取向激发出来的世俗动力;另一方面,西方社会层出不穷的社会矛盾和社会问题,如离婚率居高不下,暴力不断升级、恐怖活动日益猖獗等等,又与这些价值取向密切相关。

同时,西方个人主义作为西方社会的主导意识形态,其思想内涵本身也在随着资本主义社会的不断发展而变化。从西方个人主义产生、发展、演变的历史角度看,西方个人主义在不同历史阶段有相对差异的含义。一是资本主义萌芽阶段,从人是目的的哲学层面上理解的个人主义。它源于古希腊智者学派关于"人是万物的尺度"的命题。文艺复兴时期呼唤人性解放,倡导人本主义,形成了早期的个人主义思潮。二是资本主义社会形成初期的极端个人主义。它完全否认社会和他人的价值，对个人的自由、平等、价值、利益和权利等作绝对至上的理解，甚至默许以损人的方式来追求个人利益、个人自由的观念和行为。这是极端利己主义的个人主义。最具代表性的就是霍布斯提出的“人对人是狼”的观点。这种观点在资本主义的原始积累时期表现最为突出。三是在资本主义自由竞争时期提出的合理利己的个人主义。资产阶级为了维护业已稳定的统治地位和社会秩序，提出了自我克制的合理的利己主义，主张在竞争中奉行“相互有益”，使满意的总和超过痛苦总和的功利主义的个人主义。四是在资本主义进入垄断阶段后，资产阶级提出了把个人利益同资本的联合化一致起来的互助合作的“新个人主义”。这种个人主义虽然仍然主张个人本位、个人中心、个人至上，立场是利己的，但它在强调个人利益和突出个人价值的同时，不否认社会的作用，认为在谋取个人利益时应该遵守法律法规和基本的社会准则，不能靠损人来利己。这种个人主义是伴随资本主义统治制度的成熟而逐渐发展起来的，是资本主义自身进行自我调整、缓解社会矛盾的结果，它在当今资本主义社会具有广泛的社会心理认同。以上变化表明，西方个人主义的含义是伴随资本主义社会的不同发展阶段而不断变迁的，从初期抽象的人是目的、具有最高价值，到中期的极端自利，再到后来倡导的温和与理性的个人主义与今天的新个人主义，西方个人主义思想体系的演变与发展是十分明显的。

从西方个人主义上述三个维度的分析中可以看出，西方个人主义思想的内涵确实比较复杂，不能对其作过分简单的理解和否定。其中西方个人主义主张个人价值、个人独立、个人权利的一些思想，对封建思想意识还比较深厚的我国大众心理，确实有一定的积极影响作用。但是，西方个人主义含义的复杂状况在一般人眼中形成了含混不清的印象，也为国内一些人随意解释西方个人主义包括为其“正名”等活动造成了很大的理论空间。为此，特别需要深入其思想实质，准确把握西方个人主义的本质特性。

（二）西方个人主义的思想实质

马克思主义认为任何事物都是现象和本质的对立统一。现象是表面的，多姿多态而多变不稳的，本质才是事物深刻而稳定的根本性质。现象不能代替本质，只有透过现象，进行辩证的分析，才能把握事物的根本特性，达到对问题的本质与实质的认识。对西方个人主义的认识也是一样，需要借助马克思主义的理论指导，对其作深入的分析，才能从根本上认识西方个人主义的思想实质。历史唯物主义认为，经济基础决定上层建筑，上层建筑反映和反作用于经济基础。思想理论作为观念上层建筑的重要内容，总是一定社会经济和政治的反映。只有将西方个人主义放到西方资本主义社会产生、发展的社会现实中考察，才能把握其思想实质。

首先，西方个人主义是建立在西方资本主义社会的经济基础之上的思想意识形态，是为资产阶级的利益和统治服务的。早在中世纪末期，新兴资产阶级就以发端于古希腊的个人激进思想（或称人本主义）为武器，用来反对封建等级制度和宗教思想，在资产阶级取得社会的统治地位以后，资产阶级思想家又将其提炼和发展，形成了以个人价值、个人自由和个人利益至上性为核心的个人主义理论体系，并将其作为资本主义社会的主导意识形态。西方个人主义从思想内容上看，相对封建等级思想是一次巨大的进步，它确立了个人在资本主义社会中享有的独立地位和自由、平等等权利，为资本主义社会的自由市场竞争提供了思想文化的支持，给生活在资本主义社会的人们以世俗化的极大激励。但是，

"统治阶级的思想在每一个时代都是占统治地位的思想"①。在表面看来人人都拥有平等、权利和自由的资本主义社会中,真正能够实现个人自由和利益最大化的,只能是占有资本和技术竞争优势的资产阶级,处于劣势地位的阶级和阶层是很难在自由竞争的市场中实现西方个人主义所谓的个人利益与个人自由的。可见,西方个人主义从本质上讲,是为资产阶级的自由和利益至上提供理论支持和权力辩护的意识形态,是为实现和维护资产阶级的利益和权力服务的价值观念。正如新加坡资政李光耀所言:"在美国文化里,个人利益至上,这使美国社会更具有强烈的竞争性,优势显著,表现也更好,不过,美国社会有个相当大的下层阶级。"②在信奉个人主义的美国社会,真正实现个人主义理论所宣扬的那种个人自由和利益至上目标的,最终只能是占统治地位的资产阶级,"相当大的下层阶级"里的个人,是难以从这一意识形态理论中获得真正的个人自由与利益的实现的。

其次,西方个人主义的终极价值目标是利己主义的。西方个人主义从思想内涵看,似乎只是强调了个人在社会中的优先地位,强调了个人价值、个人自由、个人利益的重要性,没有倡导利己主义的直接表述。同时,作为资本主义社会的主导价值观念,西方个人主义在当代甚至还限定了"不损人"的道德底线,似乎很难将它同极端利己主义画等号。但是,只要稍加分析就能看到这一思想的终极价值目标是指向利己主义的。其一,个人主义的理论的出发点是人性的自私性、自保性、自利性,是在肯定人的自利与自私的基础上提出的。其二,个人主义整个理论体系和价值取向都是

① 《马克思恩格斯选集》第1卷,人民出版社1995年版,第98页。

② 李光耀:《全球化过程中的东方文化》,《文汇报》2004年5月7日。

肯定与强调个人价值、个人自由和个人利益至上性的。这种“至上性”包含的潜台词就是个人利益与自由“应该”凌驾于他人和社会之上；个人在认识和处理个人与社会的关系时，只从个人利益出发，不管社会利益是“应当”的；只顾个人不顾他人也是道德的。这种道德判断完全是典型的利己主义的说法。正如托克维尔所言：“个人主义是一种只顾自己而又心安理得的情感，它使每个公民同其同胞大众隔离，同亲属和朋友疏远。因此，当每个公民各自建立了自己的小社会后，他们就不管大社会而任其自行发展了。”①其三，当代西方社会为了减轻个人主义极端发展带来的社会问题，提出了所谓“单纯利己”而“不损人”的合理利己主义，似乎西方个人主义现在也已变成了一种“温和”的合情而理性的个人主义。然而在社会现实中，当人们面临个人利益与他人利益、个人利益与组织、社会和国家利益发生冲突的时候，一个信奉个人自由和个人利益至上的人，其“单纯利己”的合理取向肯定会在个人至上的选择中滑向“损人利己”的利己主义。从今天西方资本主义社会的实际状况看，正是西方个人主义深含的这种理论化系统化的利己主义取向，使西方社会在张扬个人的个性、崇尚个人的自由、赞赏个人的竞争同时，出现层出不穷的利己主义行为，诸如亲情关系的冷漠、离婚现象的普遍、违规竞争和倾轧、暴力伤害等等。正如我国学者所言：“在历史上，只有在资产阶级道德中，利己主义才真正直接作为道德的基本原则，并具有了完整的形态，从而成为公开的、露骨的和系统的利己主义表达。”②由此可见，我国理论

① 托克维尔：《论美国的民主》（下卷），商务印书馆1996年版，第625页。

② 罗国杰、马博宣等著：《伦理学教程》，中国人民大学出版社1985年版，第167页。

界将西方个人主义与自私自利、只顾自己不顾他人的错误思想相提并论是从西方个人主义的本质方面讲的。

第三,西方个人主义归根结底是建立在西方资本主义社会基础上的世界观和道德原则,是与我国社会主义集体主义相对立的价值观。从西方个人主义与社会主义集体主义的对比中,能更加清晰地看到个人主义的这一思想实质。个人主义坚持个人是万物的尺度,以个人利益标准检验人们行为,力图最大限度地实现个人一己之利;集体主义则坚持社会本位,立足于社会整体利益衡量人们行为,着眼于在社会整体利益的发展中实现个人利益。具体来说,从经济上看,个人主义追求经济活动自由化,私有财产制度被认为是惟一合理的经济制度,并将公有制看做是违反人的自私天性的洪水猛兽;而集体主义则要求选择和建立人民共同占有生产资料的公有制为主体的经济制度,把追求社会的共同富裕和社会的和谐发展作为其价值目标。从政治上看,个人主义强调个人自由、平等、人权,实行三权分立和多党制;而集体主义重视集体人权和社会解放,要求选择和建立人民群众当家作主的民主政治。从伦理道德上看,个人主义从人的自私本性的道德假设出发,把个人利益置于集体利益之上,实际上就是利己主义;而集体主义原则和道德规范则肯定集体和社会利益的至上性,强调个人利益要服从集体利益,局部利益要服从整体利益,暂时利益要服从长期利益。因此,西方个人主义是西方资产阶级世界观的核心和资产阶级道德的基本原则,与社会主义集体主义是根本对立的理论,是否认无私利他与无私奉献的社会主义道德、而将"理性利己"奉为道德准则的理论。在当代社会,个人主义不仅作为资本主义社会主导价值观,在资本主义社会起支配作用,同时它还是私有制条件下小生产者世界观的重要特征,表现为自私狭隘。在我国,这种自私狭隘的个人主义有广泛的大众心理基础，两者的结合会极大地腐蚀人们思想，在我国公有制为主体的社会里造成极大的社会危害。

二、个人主义在经济转型社会的滋生传播及表现

自改革开放、中西方文化实现对话和交流以来，西方个人主义思想与社会主义集体主义就形成了尖锐对立，价值观上的冲突始终相伴相随。坚持社会主义集体主义的价值导向，总是不断遭遇个人主义思想的干扰。进入经济转型期以后，人们不仅经历着经济体制改革的巨大变化，而且面临着利益关系的调整。在计划经济时期形成的个人对组织的依赖和依附关系，被市场的运行机制彻底打破。市场经济带来的社会经济成分、组织形式、分配方式、就业方式的多样化和日益加剧的市场竞争等变化，特别需要生活于其中的个人转变观念，树立个人独立意识、自主意识、选择意识和竞争意识等适应市场经济的新观念，这为包含着以上市场经济观念的西方个人主义进一步传播提供了社会心理的基础。加上这一时期正是经济全球化、信息全球化不断发展的时期，与西方国家不断加深的经济合作与文化交流，也为西方个人主义在我国的传播提供了便利的条件。在以上社会环境变化因素的多方面作用下，西方个人主义思想在经济转型社会的各个领域形成了更为广泛的扩散，对社会主义集体主义的思想带来极大的冲击，对人们的道德价值观带来深刻的影响。

（一）西方个人主义通过市场经济活动广泛传播

从经济上看，市场经济并不必然产生个人主义，但是却容易滋生个人主义。社会主义市场经济作为一种正在探索的经济模式，

它既不同于资本主义的市场经济,更不同于原有的计划经济体制。但是,就经济体制的运行机制和动力机制的特性而言,社会主义市场经济同资本主义市场经济具有相同的特征,即市场主体都具有个体性、自主性、独立性,市场机制都具有自由竞争性,市场取向都具有功利性。市场经济的这些基本特征同个人主义倡导的个人平等、个人自由以及个人利益至上的思想,有着直接的相关性,因而市场经济为个人主义的滋生与传播提供了适宜的条件。具体表现为以下几方面:

第一,就市场主体的个体性来说,在市场经济条件下,无论是国有企业、集体企业、三资企业还是个体企业等不同的经济实体,虽然他们的所有制不同,但是,他们作为权利主体和利益主体,是债、权、利三者的结合体,都是自主经营、自负盈亏的市场主体。市场主体在独立自主活动中形成的独特"人格",使人们更多地从自身实际情况和自己的利益角度来思考与决策,往往更多地考虑自己的生产和发展,而很少考虑其他非经济的社会责任,这就容易造成个人本位、个人利益至上的个人主义取向。

第二,从市场机制的自由竞争性来看,市场竞争遵循的是价值规律而不是社会道德标准。在市场主体利益最大化的强力驱动下,以个人的形式存在着的一些市场主体,往往不惜使用各种手段甚至是违法的手段来获取利益。如偷税漏税、高额回扣、弄虚作假、仿冒名牌产品等损害国家利益和他人利益的行为来获取高额回报。市场竞争导致的这些不规范的手段无疑会催生损公肥私、损人利己、不择手段、惟利是图的个人主义思想。

第三,从市场的功利性价值取向来看,市场主体的生产经营是以追求利润为目的的。市场主体利益的最大化是市场经济发展的内在动力和根本机制。因此,市场经济在客观上容易使人私欲膨胀。特别是在我国市场经济刚刚起步、制度规范还不健全的转型期,部分利欲熏心的人往往采取种种不道德的手段、甚至违法的手段牟取暴利,如短斤少两、欺行霸市、哄抬物价、以假乱真、以次充好、制造假冒伪劣产品等。由于这种损人利己的行为能够牟取暴利,因而使得利己主义的思想和行为沉渣泛起,在社会产生不良的影响。

第四,我国的经济转型是在经济全球化的背景下展开的,因而与西方国家的经济交往和联系比以往任何时候都更为密切。融入西方市场经济中的个人主义,必然会通过经济规则和跨国公司的经营活动广泛地传播,深入到我国经济活动领域,对人们原有的集体主义价值观形成冲击或腐蚀。西方个人主义这种通过市场经济活动的传播与影响,集中体现为经济个人主义,也即市场主体在经济活动中把自己的利益放在第一位,把他人利益和集体利益放在第二位,个别企业和个人为了追逐自己的利益,甚至不惜损害其他企业组织和他人利益。在我国市场经济体制还不健全的经济转型期,这种经济个人主义的观念和行为不可避免地在社会中存在,并对社会的风气造成不良的影响。

(二)西方个人主义伴随西方文化渗透而广泛传播

从文化上看,随着我国市场经济的不断发展,要求在坚持社会主义集体主义基本道德原则的基础上,合理吸收调动和尊重个体积极性的思想文化因素,如充分肯定个人的正当利益、尊重个体的独立性和创造性、主张个体积极进取、竞争等思想文化因素,以适应社会主义市场经济对人们思想和道德观念转变的新要求,成为了社会主义文化发展的迫切任务。与此同时,转型期面对的经济全球化、信息全球化的国际潮流,又极大地方便了西方文化在我国的传播和渗透。西方个人主义内含的那些凸显人的自主性和独立性的价值观念，因与社会主义市场经济发展所需的文化因素有一定的关联性，因而影响力大大增强。这是其一。其二，由于西方国家在经济和科技上的优势，形成了中西文化之间交流的不平等性，加之社会上一些人对西方社会和文化盲目崇拜，他们往往以简单的“拿来主义”态度对待西方的思想文化。个人主义作为西方文化的核心价值观，也理所当然的被这些人不加批判地“拿”过来，加以全盘的吸收，导致西方个人主义思想在转型期社会进一步的泛滥。其三，经济转型期以来，进入我国文化市场的西方大众文化制品大大增加，而这些西方大众文化制品大多对西方个人主义倡导的个人利益、个人自由和个人享受推崇备至。许多的影视与文学作品，将个人利益至上、个人价值最高、个人自由和享乐最好等个人主义的价值取向，将个人对金钱、名利和奢侈享乐的生活方式无止境追求的欲望，演绎和展现得淋漓尽致，成为了传播个人主义的重要工具，使西方个人主义中世俗化、庸俗化的那部分思想内容得以形象化传播，对社会产生诸多不良的影响。近年来，随着网络化的“第四媒体”走入寻常百姓的生活，西方文化传播更为迅捷和方便，渗透更为深入。西方个人主义思想伴随西方文化渗透进行的传播更具隐蔽性和普遍性，对社会主义集体主义道德价值体系的冲击十分明显。

（三）西方个人主义伴随学术界的研究与论争传播

进行经济体制由计划经济向市场经济的转变，是社会的深刻变化，需要学术界对西方国家的相关文化思潮以及文化交流的许多问题进行研究和探讨，以便主动吸收西方国家社会经济和文明发展中的有益经验，促进经济体制转型的平稳过渡。而这种西方文化研究与争论的本身就是一种文化传播的过程。

首先,由于西方个人主义思想全面地渗透在西方文化之中,理论界和出版界在翻译出版西方著作、向群众介绍西方作品,帮助群众了解西方国家的经济政治状况和思想文化时,西方个人主义的思想观点也就随之表现出来,影响人们的思想。20 世纪 80 年代以来,我国出现了几次大的西方文化思潮,如在青少年特别是大学生中先后出现的萨特热、弗洛伊德热、叔本华热、尼采热、马斯洛心理学热以及实用主义热,这些西方文化思潮集中地体现和贯穿着西方个人主义和利己主义思想,其中萨特的"他人即地狱"、尼采的"超人哲学"、"我即太阳"以及实用主义真理观,都集中宣传了个人主义的价值取向。这些名言精语在文化界的流行,对人们尤其是青少年思想的影响尤为深刻。经济转型期着重介绍的西方经济学理论和观念,也使其中蕴涵的经济个人主义价值观得到更为深入的传播。

其次,学术界不仅要传播西方科学文化知识,而且要甄别西方文化对我国可能产生的积极与消极影响的思想成分,并结合社会主义文化建设的需要进行深入阐释。西方个人主义作为资产阶级的核心价值观,必定成为学术届研究和争论的焦点。自确立社会主义市场经济体制以来,学术界对西方个人主义的争论和探讨就一直十分激烈。一些专家学者认为伴随经济体制的转换,社会道德体系必须重建,而重建的文化元素只能从市场经济更为发达的现代西方个人主义中吸取;有的学者认为经济转型期社会道德出现严重滑坡的一个重要原因,就是原有的集体主义道德体系不适应市场经济的发展,应积极吸取西方个人主义思想内涵中的有益成分,重新整合社会的价值体系;个别学者则更明确地提出要给个人主义"正名"等等。在激烈的论争之中,论争的内容必然会引起人们的广泛关注,西方个人主义的思想理论也因此得到传播。

(四)西方个人主义与小生产意识相呼应形成人际传播

西方个人主义在我国经济转型社会广泛传播和滋生、蔓延,与我国传统农业生产方式形成的小农意识有密切关系。我国是有着上千年封建历史的农业大国,在封建政治制度和小农经济生产方式的影响下,形成了主流的封建整体主义与民间小农意识长期并存的局面。正如社会学家费孝通所指出的那样:在中国社会,人们往往是以自我为中心向外形成各种层次的关系。在长期的历史发展中,小农意识不断蔓延和发展,对整个社会产生深刻而持久的影响。直到今天,这种影响仍然广泛地存在着。具体而言,一方面,在我国封建所有制条件下,生产的社会化水平极低,自然经济始终占据主导地位。这种自给自足的小农经济和生活方式,使个人除了必须依赖家庭(包括家族)满足自己的生理和社会的多方面需要外,个人与其他人之间几乎没有生产和经济上的交往关系。近代西方殖民主义的入侵,又打断了封建社会自然进入资本主义的历史进程,将中国社会推入半殖民地半封建的社会。整个社会生产方式仍以小生产和小农经济为主,人与人之间经济上的依存度仍然很低。绝大多数的人仍然围绕自己的家庭生活,充其量将人际交往关系延伸到亲朋好友。另一方面,虽然封建统治阶级大力提倡封建整体主义,实行政治上的大一统,强调个人对国家、下级对上级的绝对服从。但是,这种整体主义只不过是维护地主阶级的利益的思想观念,对占社会绝大部分的农民而言,他们连最基本的人身自由权利都被剥夺,更无从谈起经济和政治的社会权利。因此,这种虚假的整体主义只能得到农民虚假的遵从。而实际上农民更加关注自己的基本生存问题,他们实际上奉行的是自发的个人主义。解放以后,传统的农业经济仍然是社会的主要生产方式,社会主义思想意识没有也不可能完全取代小农意识。市场经济建立以来,残存的小农意识和自私意识找到了新的生长温床,并与西方个人主义思想观念相呼应,更加助长了西方个人主义的传播和不良影响。伴随市场经济体制确立带来的社会经济关系的变化,现实社会中,关心他人、关心集体的现象不断减少,自私自利的行为却在增多;人们的自私意识受到西方个人主义理论的刺激,更加容易接受和践行诸如只顾自己利益、不顾他人和社会的小农经济的个人主义思想和行为。"各自打扫门前雪,哪管他人瓦上霜"的自发个人主义,交往中不讲诚信、不讲道义的自私行为,在现实的人际交往中随处可见,对个人主义思想起到了无形的人际传播。

(五)转型期的急功近利心理助长了个人主义的滋生

社会学的研究表明,一定时期社会结构的变迁必然引起一定的社会失范。在经济转型过程中,经济体制和经营机制的改变带来利益的重新调整和分配,社会竞争日渐激烈。下岗失业已经由最初的不可思议成为平常的事情,人们之间的收入差距逐渐拉大,社会逐渐出现分层。社会的急剧变革对人们心理的冲击力是巨大的。许多群众由最初的大家贫穷但心理平衡,转为面对贫富差距不断扩大的心理失衡。攀比心理、急于求富的心理普遍存在。过去批判的"人不为己,天诛地灭"的自私自利思想也被一部分人重新拣起,成了发财致富的信条。为了迅速致富,一些人昧着良心坑蒙拐骗,制假贩假;一些单位为了自己私利,不惜损害社会和公众的利益;特别是作为社会公共权力执掌者的一些公职人员和干部,淡忘了全心全意为人民服务的宗旨,将人民赋予的权力作为自己谋私的筹码，受贿索贿、贪污腐化、权钱交易等不法行为不仅时有发生，而且使这些人迅速实现了财富的积累。这些社会现象，大大激发了社会上比较普遍的只顾个人利益、不惜损害集体和他人利益的心理，从而为西方个人主义思想的不良影响提供了社会心理的温床。西方个人主义正是在经济转型过程中，社会主义市场经济体制确立但制度规范还不十分完善的情况下，在思想意识领域、道德建设相对滞后的文化背景下，与社会现实中大量存在的小生产利己主义心理相互依赖而滋生蔓延的。西方个人主义与本土个人主义思想的这种结合，又使本土利己主义思想获得一种来自西方的强势理论的支持，在社会中得到更大范围的传播和认同，进而对集体主义为主导的社会主义道德意识形成明显的冲击。

三、西方个人主义对经济转型期青少年道德观影响的实证调查

西方个人主义思想与本土小生产自私意识相结合形成的社会心理，对转型期青少年道德意识的影响是明显而深刻的。这是因为：青少年正处在社会学习和社会发展的重要时期，学习和模仿力很强，喜欢新鲜事物，社会阅历较浅，具有很大的可塑性。一方面，他们从闲暇的文化学习和娱乐活动中、从西方影视文化和理论文化中比较多地接触和了解到西方个人主义思想和理论，并将其看做“现代”的新思想，因而很容易认同西方个人主义的思想观念。另一方面，希望摆脱成人社会束缚的青少年，又比较容易对成人社会的集体主义教育产生逆反心理。特别是看到生活中奉行极端个人主义的人，为了迅速致富获利不惜损害他人和集体利益，不仅未

受到相应的批评和惩罚,反而频频获利的现实,则更加刺激和强化了他们信奉个人主义的观念。随着社会转型的加速,西方个人主义对青少年造成的影响较之20世纪80年代也更为突出和明显。为此我们在2002年10月所做的问卷调查的基础上,于2004年10月又对重庆市区的4所中学531个初中生进行了相关问卷调查。两次调查的数据和座谈了解的信息,大致反映出西方个人主义对经济转型期青少年思想和行为影响的以下情况。

(一)对西方个人主义理论的认同呈上升趋势

西方个人主义理论对社会和青少年的影响自改革开放至今,一直突出地存在着。20世纪80年代初,在关于青少年人生观、价值观的大讨论中,就有一些青少年表现出了对西方个人主义理论的推崇。20世纪80年代后期,受西方社会思潮的影响,青少年对西方个人主义的推崇有所上升。进入经济转型期以来,市场经济确立引发的个人主义同全球化发展中西方个人主义多方位多渠道的便利传播,对青少年思想形成了更为广泛和强烈的影响。其中,最直接的反映就是青少年个性倾向与自我独立意识得到强化,对西方个人主义思想体系的认同度呈现上升趋势。近年来,"个性"与"自我"等词汇在青少年中使用频率相当高,许多青少年认为凡是"外来"的、西方的就是有"个性"的,就是正确的。在西方个人主义思想意识的影响下,不少青少年认同只有"自我才是至高的,其他一切价值都是为我服务"的自我中心主义,一些大学生问得最多的是:"我的价值得到了社会多少承认?我的自由和利益得到了社会多少满足?"而很少问:"我应该为家庭、学校、社会做点什么?"一些被扫进历史垃圾堆的个人主义、利己主义的陈词滥调被选择出来,成了少数青少年推崇的时髦语。随着经济社会转型带来的急剧变化,青少年对个人主义理论的相关观点的认同度越来越高。

在理解和解释个人与社会关系时,是主张个人优先、个人至上的个人本位,还是社会优先的社会本位,是西方个人主义与社会主义集体主义最根本的区别。西方个人主义认为:“个人是社会最基本的元素,是社会构成的基础和前提,人们为了维护自己的利益才组成了社会。因此,个人是目的,社会是手段,个人发展应优先于社会发展,个人利益应优先于社会利益。”而社会主义集体主义则认为:“人是社会的人,个人的发展要以社会发展为前提和基础,个人需要的满足和利益的实现离不开社会提供的条件和保障,因此社会发展应优先于个人发展,社会利益应优先于个人利益。”为了了解青少年对这两种价值观理论的了解和认同的情况,课题组根据以上理论内容,模拟设计了“集体主义理论取向”与“个人主义理论取向”两个量表,分别测量青少年对“社会主义集体主义取向理论”和“西方个人主义取向理论”的态度。表一、表二是 2002 年 10 月对北京、上海、广州、深圳、成都、重庆等地的 5 所中学和 4 所大学的 1465 名青少年进行问卷调查的统计结果。

表一:青少年对社会主义集体主义取向理论的态度倾向(%)

人数/比例 \ 态度项目	中学生		大学生		总和	
	人数	百分比	人数	百分比	人数	百分比
完全赞成	129	21.3	192	22.3	321	21.9
比较赞成	379	62.6	550	64.0	929	63.4
不赞成	92	15.2	103	12.0	195	13.3
未填	5	0.8	15	1.7	20	1.4
合计	605	100	860	100	1465	100

表二:青少年对西方个人主义取向理论的态度倾向(%)

态度项目＼人数/比例	中学生		大学生		总和	
	人数	百分比	人数	百分比	人数	百分比
不赞成	271	44.8	436	50.7	707	48.3
比较赞成	244	40.3	342	39.8	586	40.0
完全赞成	81	13.4	51	5.9	132	9.0
未填	9	1.5	31	3.6	40	2.7
合计	605	100	860	100	1465	100

从表一中可以看出,在1465份抽样调查的有效问卷中,对集体主义取向理论表示完全赞成的占21.9%,比较赞成的占63.4%,明确表示不赞成的只有13.3%,这表明社会主义集体主义理论的科学性,得到了85%以上的青少年学生的接受和认同。表二中的数据则反映出了问题的另一方面。西方个人主义理论是基于个人世俗化、功利化需要提出的,它从人的自私自利的自然本性出发的,其谬误是显而易见。虽然明确表示完全赞成的只有9.0%,但表示比较赞同的却高达40.0%,两者相加持赞同倾向的已达到49%,接近一半,超过了明确表示不赞成的人数。这说明在社会主义集体主义理论仍然对青少年思想意识发挥着主导影响的同时,青少年已有近一半的人对西方个人主义理论持宽容与肯定的态度,西方个人主义思想理论对青少年思想影响已不是少数个别现象,而是相当广泛的影响。尤其值得注意的是,表一和表二合并统计的数据显示,既在表一的“社会主义集体主义取向理论”中选择比较赞成的态度,又在表二“西方个人主义取向理论”中选择比较赞成的混合型人数的比例高达38.6%。也就是说有三分之一强的青少年价值观的理论体系是混合型的。座谈了解到,持这种混合型态度倾向的青少年,对西方个人主义和社会主义集体

主义的认同都具有一定的选择性。比如这些学生认为，西方个人主义承认和肯定个人价值、自由、利益以及独立性，强调个人发展优先也有一定的道理，但他们并不赞成西方个人主义只顾自己、不顾他人甚至损人利己的价值取向。同时他们认为，社会主义集体主义强调社会发展优先也有一定的合理性，但要求个人为集体和社会的发展作出无偿的贡献和牺牲又是不合理的。只有选择完全赞成"西方个人主义取向理论"和不赞成"集体主义取向的理论"的学生，才是对西方个人主义理论和价值取向都持坚定赞成的人，这种类型的青少年对西方个人主义的认同已达到相当深的程度，他们大致占这次调查总数的10%左右（见表一、表二的第三栏百分比）。

（二）个人主义的价值取向出现加强趋势

一种思想理论一旦进入社会领域并在实践层面上得到具体的体现以后，就将对社会各阶层群体产生普遍的影响。个人主义思潮在转型期社会的传播，必然要进入社会实践领域，使社会出现相对普遍的损人利己、惟利是图现象。青少年正处于可塑性极强的人生阶段，在面对上述社会现实的冲击的时候，容易动摇原本就不太稳固的集体主义观念，在个人主义与集体主义的冲突中，偏向个人主义，在诸多方面表现出个人主义的价值取向。调查了解到，对"西方个人主义取向理论"持完全赞成和比较赞成的青少年，大部分具有比较明显的个人至上倾向。由于青少年没有进入职业领域，他们的这些错误思想倾向更多地表现在对家庭、班集体以及与同学的关系上。在家庭关系上，一些学生要求父母不遗余力地满足他们的欲望和要求。比如，自己没有能力考上重点中学，却要求父母为其交上数万元择校费而进重点中学；自己家庭经济困难却要求父母省吃俭用为其买好衣服，好食品，一味地与同学进行攀比；有的在父母无法满足其要求时，甚至埋怨父母无能。在同学关系上，他们也往往以自我为中心，把在家庭中养成的自我中心意识迁移到学校。有的不尊重同学，拿同学的弱点、特点玩笑取乐；有的攫他人财物为己有；有的在选举学生干部、求职甚至竞争男女朋友时不惜编造谎言诋毁同学，以便达到自己的目的。在对待班集体上，不少学生事不关己，高高挂起，缺乏集体荣誉感，不参加集体活动，视学校纪律和班级规范为个人自由的束缚。由于许多青少年在家庭关系、同学关系乃至师生关系上长期奉行个人主义的价值取向，因此，他们在处理个人与国家和集体的关系上，在面对个人利益与集体利益和国家利益发生冲突时，也往往首先考虑自己，奉行实用主义和个人主义的价值取向。为了客观地了解青少年学生中个人主义价值观取向的具体情况，课题组在2002年10月全国高中生和大学生调查的基础上，于2004年10月又对重庆市区4所中学的11个班级的初中生进行了相关调查。两次参加调查的青少年人数类型分别为：初中生531人，高中生604人，大学生861人，总计1996人。根据这两次调查统计的数据制出了关于“青少年在个人需要与国家需要发生矛盾时的行为选择倾向表”（见表三）。

表三：青少年在个人需要与国家需要发生矛盾时的行为选择倾向（%）

选择项目 / 百分比	初中生	高中生	大学生	平均
不辜负人民的教育和希望，无条件服从国家需要	31.8	24.5	16.0	24.1
按市场规则，有条件有补偿地服从国家的需要	36.3	36.0	47.0	39.8
视个人情况，权衡利弊而定	30.6	38.8	35.7	35.0
未填	1.3	0.7	1.3	1.1
总计	100	100	100	100

表三显示：青少年对“在现实生活中遇到个人需要与国家需要发生矛盾和冲突时，你选择怎么做？”这一问题时，在1996份有效问卷中，表示“不辜负人民的教育和希望，无条件服从国家需要”，占总人数的24.1%；表示“按照市场经济规则，有条件有补偿地服从国家的需要”，占总人数的39.8%；表示“视个人情况，权衡利弊而定”，占总人数的35.0%。这一数据表明，经济转型期青少年的价值取向已呈现多元化发展取向。选择社会本位取向的青少年占24.1%，不到三分之一。选择市场有偿补偿取向最多，达到39.8%。特别引人注目的是选择个人本位取向的已上升至35%。这说明经过二十余年的改革开放，特别是社会主义市场经济体制在我国运行十多年后，大多数青少年已经对市场经济的有偿兼顾原则有了较高的认同，表示赞成按照市场经济规则办事。同时，对我国社会占主导地位的集体主义社会本位取向，持完全赞同的人数已不占优势。个人本位取向尤其是优先考虑个人利益，甚至把个人利益放在国家和集体利益之上来考虑的取向，出现了较大数量的增长，西方个人主义价值取向对青少年思想的影响确有持续上升的趋势。

（三）影响情况呈现多样性和差异性

个人主义在我国经济转型期的滋生和传播，已经对青少年的思想观念产生了较大的影响。但是，共性中有个性，在总体影响较大的情况下，不同群体或个体遭受的影响还是有差异的，影响的情况也多种多样。我们的调查显示，在个别方面，这种差异性还十分明显，比较突出地反映在以下方面：

1. 不同年龄段和不同学历的青少年对个人主义理论的认同程度有较大差异。

在青少年学生中，年龄越小、学历越低的，对个人主义价值观越推崇。教育和社会阅历是影响一个人价值观形成演变的两大重要原因。就个人与集体的关系以及个人利益与集体利益的关系的认识来说，它是检验青少年价值观的重要标尺，坚持个人优先还是坚持集体优先，是个人主义与集体主义的分水岭。从调查情况看，高中学生对个人主义价值观的认同度大大高于大学生，也就是说“个人优先论”在高中学生身上有更多的体现。

从表二可以看出：对“无个人何来社会，没有个人的自我奋斗就不会有个人利益和社会利益的实现，因此，个人的发展应优先于社会的发展，个人利益应优先于社会利益”对这一问题的看法即对西方个人优先论的看法上，高中学生和大学生的差异较为明显。参加调查的605名高中学生中，完全赞同的有81人，占高中学生总人数的13.4%，而在860名大学生中，除了31人未填外，完全赞同的仅有51人，只占总数的5.9%，二者相差一倍多。这种情况表明：青少年对西方个人主义取向理论所持的态度与个人的认知水平和社会阅历有密切关系。这次参加调查的高中学生大多数是居住在大城市的独生子女，他们在吃、穿、住、行等方面享受与生俱来的优越条件，大多数情况下，家庭和社会都能满足他们的各种条件和要求，且通过电视和网络接触西方文化的机会比较多，加之他们接受的教育多是停留在对知识的认知阶段，既缺乏社会阅历，同时感性认识大大高于理性分析，因此，容易认同个人本位的西方个人主义观点。而大学生随年龄的增长和社会阅历的增加，加上分析问题理解问题的能力有较大增强，因而能够更理智地认识社会与个人的关系，从而能够正确分辨上述观点。与此同时，不赞成“西方个人主义取向理论”的高中学生占中学生总体的44.8%，而大学生不赞成“西方个人主义取向理论的”占50.7%，大学生高出中学生近6个百分点,这也从反面证实了上述分析。

2. 不同年龄和学历青少年在价值观取向上呈现出不同的差异性。

表三的数据显示出了青少年在价值取向方面的诸多现实和变化状况。首先,显示出初中生价值取向呈现出明显的多元化。初中生在对"当你在现实生活中遇到个人需要和国家需要发生矛盾和冲突时,你选择怎么做?"的问题时,表示"不辜负人民的教育和希望,无条件服从国家需要"的占31.8%;表示"按照市场经济规则,有条件有补偿地服从国家的需要"的占36.3%;表示"视个人情况,权衡利弊而定"的占30.6%。三种行为倾向几乎各占三分之一,价值取向的多样化十分明显,且选择赞同社会本位取向还略高于个人本位取向。其次,显示出高中生对以上三种价值取向的选择,与初中生相比,表现出较大的变化。表示"无条件服从国家需要"的,由初中生的31.8%;减少到24.5%。表示有条件"有补偿的服从国家的需要"占36%,与初中生36.3%相比,几乎没有变化。高中生选择赞同"视个人情况,权衡利弊而定"则上升到38.8%,居于三类青少年群体之首,出现了相当数量的人由社会本位取向向个人本位倾斜的变化。最后,显示出大学生在以上三种行为取向选择上出现进一步分化。选择"不辜负人民的教育和希望,无条件服从国家需要"的下降到16%,比初中生低了近一半,达到三类青少年群体的最低值。选择"视个人情况,权衡利弊而定"的占35.7%,比高中生略有下降。而选择"按照市场经济规则,有条件有补偿地服从国家的需要"的上升到47%,居于三种青少年群体之首。赞成社会本位为主的大学生人数比例的大幅度下降,与赞同按照市场规律、兼顾个人利益与社会利益的大学生人数大幅增加,显示出大学生价值取向在进一步偏离社会本位取向的

同时,向市场规则取向集中的变化趋势。初中生、高中生、大学生三种青少年群体价值观取向的差异性表明,初中学生由于年龄小,社会阅历浅,自我意识还比较弱,其价值观倾向较多地受到学校教育的影响,因而一方面是多元化分布,另一方面,社会本位取向选择比例最大,有近三分之一的中学生,与主流社会倡导的价值观接近。高中生自我意识和自我行为能力增强,自主地接触西方文化的机会更多(如上网),加上高考在即,许多事情都要自己决定,因而更多地倾向于个人本位倾向。大学生接触西方个人主义理论机会最多,加上即将走向社会,与社会接触更紧密,从社会现实中获得经验,自主地进行价值判断和选择能力更强,因而一方面社会本位选择比例大大下降,选择个人本位的人数比例处于高位;另一方面向市场规则取向集中的趋势突出,表现出更加理性和务实的态度倾向。

四、西方个人主义对青少年思想与行为的危害

进入经济转型期以后,市场机制对社会的调控作用日渐显现,市场经济固有的市场主体利益最大化的规律,在增强经济活力的同时,一些负面效应也逐渐反映出来。这既为个人主义的滋生提供了条件,也从实践层面上刺激了青少年的个人主义行为。另一方面,由于计划经济时代将集体主义片面宣传和解读为只讲社会利益,不讲个人利益,这种极“左”的解读在经济转型以后还不同程度的残留在部分学校的理论教育中,因而破坏了社会主义集体主义的感召力,导致集体主义价值观的教育苍白无力,不能真正指导青少年进行价值判断与选择。这种主阵地的主导影响力较弱的状况,使得西方个人主义理论能够同经济转型期社会自发形成的

个人主义行为一起,冲击青少年在学校教育中获得的集体主义意识,并对青少年道德观形成严重的负面影响,给青少年健康成长造成明显的负面影响。

(一)造成青少年接受集体主义思想的障碍

集体主义是一种强调个人利益与集体利益紧密结合、当二者发生矛盾时个人利益服从集体利益的道德原则,是与个人主义不同的社会主义崇高道德体系。个人主义与集体主义的根本区别在于,个人主义是根植于资本主义制度并服务于资本主义制度的道德体系,反映的是资产阶级惟利是图的自私本性和人生追求;而集体主义是无产阶级的道德原则,是为公有制经济基础服务的,是超越个人主义世俗化特征的、高尚的社会主义价值观念和道德原则。从集体主义道德原则本身的含义看,它并不是极“左”思潮宣传的那种只强调社会利益,完全否定个人利益的道德体系,相反,它是一种在强调集体利益优先的同时,承认个人利益的合理性,主张个人利益与集体利益紧密结合的道德体系。我国是以马克思主义为指导的社会主义国家,在社会伦理道德上,集体主义始终是社会的主导价值观念。21 世纪初,国家公布的《公民道德建设实施纲要》进一步重申:“集体主义作为公民道德建设的原则,是社会主义经济、政治和文化建设的必然要求,是调节国家利益、集体利益和个人利益的重要原则。”作为基本道德原则,集体主义是我国社会处理个人与社会关系的根本价值理念,也是我国社会主义文化的根本价值观体现,是全面建设小康社会的重要精神支柱。只有坚持集体主义的价值观,才能保证意识形态与社会基本制度的一致性,才能发挥意识形态对经济和政治活动的积极推动作用,才能提高人们的思想道德素养,创造我为人人、人人为我的社会主义互助关系。任何科学理论和高尚的思想品质,对个人来说都不是与生俱来的,也不是自然而然获得的,需要通过教育和培养才能形成。集体主义道德意识更是如此。在这一教育活动中,青少年作为学习并继承社会文化、发展身心素质的新一辈社会成员,理所当然成为接受这种高尚的文化价值观教育的主要对象。但是,当代青少年,出生在改革开放以后,生活在多元文化碰撞、冲击、并存的经济转型环境中,对集体主义的感受和认识不深。他们不仅没有亲历大批共产党人和人民群众为民族独立、国家富强抛头颅、洒热血的革命运动,也没有目睹雷锋等英雄无私奉献的感人事迹。相反,他们更多地看到了社会主义市场经济确立之初、制度不健全情况下,利益纷争、人情冷漠的严酷现实;目睹了许多争名夺利、惟利是图的现实场面;看到许多在经济生活中奉行个人主义的企业和个人获得了更大好处的现象。加之他们缺乏辩证分析问题的能力,因而很容易接受个人主义理论,片面偏激地看问题,不相信世界上有无私奉献之人、之事,甚至认为集体主义是虚假的,只有个人利益才是真实的存在,认为雷锋是傻子,关心集体是傻帽。由此可见,西方个人主义在我国的传播,已经造成了青少年接受集体主义教育的思想障碍,正在一定程度上抵消集体主义在全社会特别是青少年身上的影响力量。

(二)为部分青少年奉行利己主义思想提供理论辩护

青少年作为还未加入社会生产行列获得社会主体地位的社会边缘人,他们没有社会化大生产和社会合作的经历,对社会与个人关系的认识,多数时候只能从个体自身需要的角度出发去看待和分析。加上社会上不断增强的个人主义思想意识的影响,因而更容易产生利己主义的思想认识和行为方式。同时,青少年又是社会中学习和接触各种思想文化信息最多的群体，对处于强势的西方文化关注程度最高，崇拜心理最强。而西方个人主义作为西方文化的核心价值观，经过长期积淀，贯穿于哲学、政治学、经济学、法学、社会伦理道德和各种文学作品之中，既有理论的深刻性、丰富性，又有生活化的形象性。当西方个人主义这种世俗化的道德体系与我国社会主义社会倡导的集体主义崇高道德理念共存时，个人主义理论更容易成为一些青少年拒绝崇高、信奉世俗的系统化理由。特别是西方个人主义通过西方一些著名的思想家、理论家翔实的阐述，带有很大的迷惑性。如尼采的《瞧！这个人》、海德格尔的《存在与时间》、萨特的《存在与虚无》等著作，对个人主义进行了博大精深的系统论证和阐述，他们三人不约而同地得出"自我选择"之共同结论。一些青少年尤其是自主学习时间较多，喜欢阅读欧美理论作品的大学生，容易将其中个人主义的理论和观点作为新观念、新思想加以接受，形成价值取向上的偏差。一些大学生从西方一些作家的著作中提取只言片语，将其作为支持利己主义思想的辩护词。在与大学生的座谈中了解到，一些经常接触西方文献的大学生，将尼采的"利己主义"是"繁殖道德现象的最美丽的花朵"等言论和观点作为自己喜欢和信奉的名言，而信奉这些典型的个人主义言论的大学生在认识个人与社会的关系上，又更多地倾向于赞成西方个人主义的思想理论和价值取向。

（三）强化了少数青少年极端利己主义的行为倾向

一种思想要为人们所认同并成为人们行动的向导，需要经历一定的过程，其中，社会变化带来的影响以及社会舆论评价对其产生非常重要的作用。一方面，由于转型期社会的急剧变化，个人主义滋生泛滥，成人社会中出现了各种侵害国家和集体利益，贪图个人私利,甚至为了谋取个人利益而不管他人死活的现象,这些现象对青少年的思想意识形成产生了不良的示范作用。另一方面,由于集体主义价值观和道德原则被以上部分成人所践踏,社会逐渐对个人主义的观念和行为采取了宽容的态度,导致有的家长甚至纵容和支持孩子的各种不道德的思想和行为,这又刺激了青少年的错误思想与行为泛滥,使青少年在偏离社会主义集体主义道德观念时面对的舆论压力减小,失去矫正不正确价值观的机会。此外,在市场经济的大潮中,一些教师不甘忍受清贫,置自己的工作和学生而不顾,整天想着如何争名夺利,想着如何从学生以及学生家长身上搞到钱财。教师们的上述行为无疑会带给青少年极大的消极影响,影响他们对人和事的基本评价,使他们不仅不能够正确认识个人主义的严重危害性,而且还认为个人价值取向的行为具有合理性。正是由于转型期西方个人主义的全面渗透和社会上出现了不少利己主义现象的双重作用,刺激了青少年个人主义思想和行为的膨胀,并最终引发青少年极端利己主义行为的增多。经济转型期以来,青少年中奉行个人主义、贪图个人享乐而走上违法犯罪逐年增加,据最新公布的统计数据显示,到 2004 年,13 至 20 岁的青少年犯罪已占每年几百万起犯罪案例的 50% 左右。① 其中财物犯罪、暴力犯罪和性犯罪是主要的犯罪类型。这些青少年为了获取个人利益,满足个人享受,弃亲情、友情乃至法律于不顾,铤而走险,违法犯罪。分析他们犯罪的思想文化根源,大多不同程度的受到个人利己主义、个人享乐主义、个人中心主义思想的腐蚀和毒害。在青少年的成长过程中,价值观取向的世俗化、低俗化、个人本位化,只能助长人性中的某些弱点,强化极端利己主义思想,

① 新世纪周刊网 11 月 29 日。

将青少年推向被自私心控制的不良境地,阻碍青少年健康人格和健全心智的发展。

五、抵御西方个人主义对青少年道德观侵害的对策

既然个人主义在转型期社会广泛传播和扩散已经程度不同的危及了青少年的思想道德意识的发展,那么,就不能对这种现象和危害坐视不管、放任自流。但是,如前所述,西方个人主义在中国的传播是伴随经济转型而不断加强的,很大程度上是伴随经济活动进行传播的,我们不可能为了减少或杜绝西方个人主义的不良影响而将经济的列车调转方向,回到计划经济的老路上去。何况个人主义在中国的滋生传播还有小生产者意识作为支撑,我们也不可能在短时间内消灭小生产者思想意识。因此,我们要有效地克服西方个人主义带来的负面影响,就必须从当前社会变革的实际情况出发,寻求抵御西方个人主义不良影响的可行方法。由于西方个人主义在我国经济转型期的扩散,已经严重地影响到了青少年道德意识形成的理论基石,动摇了青少年的人生和道德信念,造成了青少年对整个社会道德教育的不信任。因此,抵御西方个人主义的影响,必须帮助青少年澄清西方个人主义的理论误区,分析它的现实危害,特别是要帮助青少年重塑社会主义集体主义的道德信念,为青少年的健康成长营造良好的社会道德氛围。

(一)引导青少年深刻认识西方个人主义的理论误区

青少年之所以在现实中积极认同西方个人主义的价值观,并通过行为选择表现出来,其中一个重要原因就是不能清醒地认识

西方个人主义在理论上的谬误。为此必须首先从理论上批驳个人主义的谬误所在。个人主义思想作为西方资本主义社会主导价值观念和理论体系,根植于资本主义私有制的土壤,以唯心主义为理论基石,服务于资本主义私有制社会,是资本主义社会伦理道德的基石。深刻分析这一思想理论可以看出,它的理论误区集中体现在三个方面:

一是从理论基础来看,它以自然人性论为基础,提出人天生是自私自利的,并认为这种本性根本不可能改变,因此从个人利益出发是合乎人性的,因而也是道德的。这种理论的谬误主要表现在:只看到人的自然属性,而没有看到人更为重要和本源的社会属性;未能正确揭示人的社会性存在,更未能正确揭示人的社会关系的存在状态。马克思认为:"人的本质并不是单个人所固有的抽象物,在其现实性上,它是一切社会关系的总和。"①人的本质是由人生活于其中的社会关系决定的,因而也是变化的。从人类社会发展的历史可以看出,在原始人向现代人发展的过程中,随着生产力的发展和个人能力的增强,人的体能、智能和心理品质也在不断发展,当代人与古代人,已有完全不同的人性。人的自私是私有制社会关系的产物,随着公有制的建立和社会生产力的发展,当社会物质财富达到相当丰富,人们的思想道德水平得到极大提高,人的自私本性也会逐渐地改变。

二是西方个别思想家借用物理理论作依据,坚持自然人性论和原子人性论,认为人是孤立于社会的。其实,稍微加以分析就能看出,这种认识是十分荒谬的。这种个人主义理论不仅未能从社会和人的本质关系入手探讨人与社会的关系,而且在方法上也是

① 《马克思恩格斯选集》第1卷,人民出版社1995年版,第18页。

十分错误的。人是社会的"细胞"而不是物质的原子或分子,人类社会发展的规律同物质理论是不能相提并论的。从人的生存方式来看,自然人性论和原子人性论也是立不住脚的。当今社会无论是国家、集体还是个人的发展,都离不开互动和合作。市场经济既主张和鼓励个人的创造和发明,强调调动个人的独立性、积极性、能动性和创造性,也需要加强人与人之间的合作、交流和信任,需要信息沟通和共享,只有做到我为人人,才会有人人为我,因此,个人始终无法脱离自己所生存的社会和组织而独立存在。在社会化大生产条件下,人与人构成的相互依赖关系更加紧密,个人只是社会生产关系链中的一环,必须依赖他人、组织和社会才能达到实践目的,满足自身的需要。因此,所谓的原子人性论和自然人性论基础都是十分荒谬的。

三是从资本主义社会的实质来看,资本家为了寻求资本的效益最大化,极力鼓吹个人创造和个人价值,目的是在资本主义制度框架内实现资本家的利润最大化。一旦工人真正为寻求自我的解放、自我的自由,实现自我价值而反抗剥削的时候,他们会毫不犹豫地动用国家暴力机器来加以镇压。因此,在人已经被剥削和异化的私有制度下产生的个人主义理论,不可能是真正科学和合理的理论,也不是真正能够帮助人们实现和维护个人价值、实现每个人全面发展的理论。人是社会的动物,人的本质属性在于社会性,只有在社会共同体中,个人的存在才有实际的意义和价值。正如马克思、恩格斯所指出的那样:"只有在共同体中,个人才能获得全面发展的手段,也就是说,只有在共同体中才可能有个人自由。"①

引导青少年认识个人主义的理论误区,还要教给青少年科学

① 《马克思恩格斯选集》第1卷,人民出版社1995年版,第119页。

的理论分析方法,指导青少年用历史的眼光来看待西方个人主义的错误所在。西方个人主义并不是反映人类个人与社会关系本质规律的永恒真理,相反,它不过只是人类社会发展到资本主义社会阶段的社会关系和思想意识。西方个人主义如同资本主义的暂时性一样,是一种必然被社会主义集体主义所取代的理论。为此,特别需要引导青少年运用历史唯物主义和辩证唯物主义观点,历史地、辩证地把握人与社会的关系。充分认识个人始终是归属特定社会的个人。虽然从社会的构成上看,个人是社会或集体的基本元素,个人利益是集体利益的基本因子,集体离不开个人,集体利益由个人利益组成,但从个人利益的充分实现和满足来看,个人利益的实现离不开集体和社会的优先发展,个人价值的实现离不开社会提供的条件。离开了社会、组织和他人的支持,离开了社会和集体的发展,个人利益也成为无源之水、无本之木。特别是在当代社会,个人的力量在当今世界中是微不足道的,个人需要归属到所在的组织和国家之中,为其发展作出贡献,组织和国家才能获得充足的满足个人利益和个人需要的物质与精神条件,进而给予社会大多数人个人自由和利益的满足,实现个人与社会的和谐发展。只有让青少年从小就明白个人和社会的这种辩证关系,才能自觉抵制西方个人主义的不良影响。

(二)引导青少年全面了解西方个人主义的现实危害

仅对西方个人主义理论上的谬误进行澄清是不够的,只有揭示个人主义造成的现实危害,才能引导青少年从实践的层面,更具体地认识西方个人主义在西方社会盛行带来的社会问题。明白在现实生活中奉行个人主义不仅会给他人带来伤害,也会使自己陷入孤立和困境,还会引发许多社会问题,甚至破坏社会的文明发展,进而自觉地抵制各种形式的个人主义。

从现实层面上看,西方个人主义倡导的个人本位取向,虽然曾在反对封建专制统治的斗争中发挥过积极的政治作用;曾在市场经济确立和发展的过程中,对激发市场主体的积极性和创造性发挥积极的促进作用。但是,随着资本主义社会化、现代化生产方式的发展,以上积极作用正在逐渐转化为对社会的腐蚀作用。在当今的资本主义社会,人们长期奉行的个人主义价值观已造成了个人与社会化大生产的尖锐矛盾。个人主义奉行的个人至上的价值取向,已使许多西方人对社会化大生产所要求的合作化、责任化的管理规范和生产要求难以适应,由此引发的社会—心理问题正在逐步显现,危及社会生活的方方面面。在现代西方社会,由于长期奉行个人主义的价值观,人们把个人利益和个人价值推崇到了极端。现实中只有自爱、缺乏他爱的状况非常普遍。为了个人的私利,人与人之间互相争斗、互相倾轧、勾心斗角,人与人之间的关系非常冷漠,大多数人的内心十分孤独。大多数人将追求个人的自由、个人利益和个人享乐作为生活的终极目的,无政府主义思想严重,社会责任感缺乏,道德意识淡薄,个人生活低俗、颓废。这种除了自己没有他人、没有社会理想与信念支撑、没有对社会和他人负有责任的生活,是一种空虚的生活,它在西方社会的泛滥,造成了家庭破裂、离婚率居高不下、犯罪率攀升、暴力恐怖事件盛行等等难以治愈的社会病。个人主义的盛行不仅没有给西方社会的大多数人带来企盼的个人自由和幸福,反而将个人置于了基本权利甚至生命随时可能受到危害的社会无政府状态之中。西方个人主义在现实社会生活中的危害,法国学者托克维尔早在19世纪末期研究美国个人主义的影响时就已发现。

他认为，从表面看，个人主义者既不亏欠别人什么，也不指望从别人那里得到什么，一切靠自己，这是可取的；但是他们会形成一种习惯的思想，认为自己的命运全系于个人奋斗，而个人又是孤立的，发展到最后，势必既脱离父辈，也不顾子女，更不顾别人，与自我中心主义别无二致。这样的个人将永远陷于内心孤独之中，而一种社会制度使公民都成为独立的个人，就特别适于专制制度。① 在托克维尔看来，实际生活中奉行个人主义价值观，并没有带来个人幸福感和价值感，而是使人孤独，使社会专制，生活无安全感，犯罪暴力不断。从西方个人主义在我国传播和滋生的情况看，个人主义调动和激发个人积极性的作用也十分有限，更多的是造成对社会的腐蚀和破坏。转型期个人主义在我国的传播滋生，已经在一定程度上破坏了我国社会主义社会人与人之间互助合作、诚信友爱的良好社会风尚，正在消解我们社会的凝聚力和社会道德的控制力。在当前的社会生活中，见义勇为、救死扶伤的人少了，见利忘义、见钱眼开的人多了；遵守秩序、互敬互爱的人少了，无视法律纪律、损人利己的现象多了；公而忘私、先公后私的人少了，争名夺利、坑蒙拐骗的事情多了。凡此种种现象表明，个人主义在我国经济转型社会的传播和影响，对我国社会的现实危害是严重的，正在对我国的社会秩序、社会公平和社会道德风气构成严重的侵蚀。只有从以上个人主义流行给社会造成严重危害的事实分析入手，才能引导青少年全面和深刻的认识个人主义盛行造成的社会问题和后果，自觉与个人主义划清界限，在思

① 托克维尔：《论美国的民主》（下卷），商务印书馆 1996 年版，第 506—508 页。

想和行为上自觉抵御西方个人主义思想和理论的侵蚀。

(三)始终坚持集体主义的价值导向

正确认识西方个人主义思想在理论上的误区和生活实践上的危害,是青少年自觉抵御西方个人主义思想侵蚀、正确理解集体主义道德原则的前提和基础。为了提高青少年抵御西方个人主义不良影响的能力,我们还必须始终坚持集体主义的价值导向和道德教育,使他们深刻理解集体主义价值观的科学内涵,帮助他们在面对外界错误思想干扰时分清是非真伪,在思想观念上认同、接受并坚持集体主义的要求。正确认识个人与社会的关系以及个人在社会中的地位和作用,正确处理个人与国家、集体和他人的关系,在奉献中实现自我价值。

这一教育过程的关键是引导青少年学生正确全面地理解社会主义集体主义的内涵,消除对集体主义的片面解释和理解。社会主义集体主义原则是在社会主义公有制基础上形成的为社会大多数人服务的道德原则。这一原则绝不是青少年片面理解的那种只讲社会利益、不顾个人利益的原则,而是包含着人类先进道德精神的原则。集体主义原则认为,在社会主义的经济和政治条件下,集体利益与个人利益是根本一致的,因而倡导个人利益与集体利益的结合与均衡,提倡在集体利益与个人利益发生矛盾时,个人利益要服从集体利益。同时,社会主义集体主义也承认个人正当利益的合理性,主张在维护集体利益的前提下积极地支持个人正当利益的实现。实质上,在社会主义条件下,集体利益与个人利益是辩证统一的。社会主义的集体利益代表着集体中每一个成员的利益,集体中每个成员的利益又包含在集体利益之中,没有集体利益的发展和集体价值的实现就不可能有个人利益和个人价值的实现。同样，只有集体中每一个成员个人活力和能动性得到充分发挥，每个成员的价值得到充分的实现，集体才能成为坚强有力、富有朝气和充满活力的集体。集体利益与个人利益相结合，是集体主义道德原则的最基本的要求。集体主义原则作为整个社会的价值导向和道德基本原则，是同社会主义制度和广大人民整体利益相一致的。只有坚持社会主义集体主义才能积极维护集体利益，保证最大多数的人个人利益得到有效实现，从而更加促进社会的稳定和谐，形成友爱互助，我为人人、人人为我的良好道德风尚，才能培养出公而忘私、大公无私的有着崇高精神和道德境界的社会栋梁。

对青少年进行集体主义价值观教育时，还必须从过去集体主义教育中吸取经验教训，针对新时期青少年的身心发展特点，采取适合时代特点的方法措施。当前的集体主义教育尤其应该注意以下两个方面：

一方面，要注意增强集体主义教育的科学性。计划经济时期的集体主义教育，确实存在过分强调个人对国家和集体的服从、过分地强调国家利益和集体利益的至上性、忽视个人正当的合法利益的“左”的倾向。改革开放以来，这种情况得到了扭转，集体主义也恢复了它应有的面貌。但是在部分学校，一些教育者仍然保持旧有的观念，将集体主义教育片面地解读为只讲集体利益、不讲甚至反对个人利益的整体主义，从而使集体主义的教育苍白无力，不能发挥其对社会道德生活的指导。社会主义市场经济体制的建立，赋予了集体主义全新的内涵，集体主义的思想内容和价值取向也应与时俱进。在对青少年进行集体主义教育时，应将集体主义十分注重个人合法权益的维护、并提倡努力协调和兼顾社会利益与个人利益的价值主张，讲清楚，讲到位，使社会主义集体主义的价值观与经济社会不断发展的现实相适应，对青少年认识和评判现实的个人与社会的相互关系产生切实的引导作用。

另一方面，集体主义教育还应讲求层次性。青少年作为一个整体，是需要进行普遍的集体主义教育的。但是，青少年群体又是分层的。青少年包括初中生、高中生、职业中学学生和大学生。不同年龄的学生所具有的知识文化、思维水平和理解能力及社会阅历是不同的，同样年龄层次的学生也有道德意识和道德品质的差异。因此，我们要针对不同年龄层次的学生开展不同层次的教育。对初中生而言，主要是要帮助他们正确认识和理解集体主义道德原则的内涵和要求，引导他们学会用集体主义价值观认识和评价身边人的道德行为；对高中生而言，要逐步引导他们实践集体主义的道德原则；对大学生而言，既要引导他们正确认识个人与社会、个人利益与集体利益的辩证关系，从社会主义经济和政治制度的高度认识集体主义在整个社会生活中的地位和作用，更要要求他们自觉将国家和社会的需要作为自己实现人生价值的基础，在服从国家和人民的需要、为社会积极作出贡献的人生活动中实现个人的人生价值和需要满足。此外，还要从当代青少年的身心特点出发，从时代特征和社会环境变化的实际出发，创设青少年喜欢的、灵活多样的有针对性和实效性的手段和形式，引导青少年热爱国家，关心集体，自觉维护国家的利益和社会利益。

（四）营造崇尚奉献、关心社会的风气

青少年正确道德意识和价值观念的形成，不仅需要科学高尚的道德理论的教育，更需要社会环境和社会风气的熏陶和滋养。环境和风气的教育作用是其他教育难以匹敌的。20 世纪五六十年代青少年良好道德风貌的形成，就得益于当时良好的社会环境

和风气，正是这种风气哺育出了雷锋这样的有着高尚的社会主义道德品格的青年。因此抵御西方个人主义的不良影响，坚持集体主义的道德观念，必须以营造良好的社会环境和风气作支持和保障。良好的社会环境有许多指标，其中最重要的指标便是社会风气的好与坏。所谓社会风气通常是指一定时期人们的思想和言行所构成的一种具有指向意义的社会影响。社会风气既与社会经济、政治和文化的发展变化紧密相关，也与社会舆论导向和道德评价紧密相联。其中，占社会主导地位的是具有社会影响力的人（成人，尤其是掌握着社会权力为公众关注的人），在生活中遵循和践行什么样的道德行为标准，社会大众和社会舆论仿效和崇尚什么样的道德价值观念，就会形成与之相应的社会风气。只有在社会形成崇尚奉献、关心社会、关心他人、批评自私自利之人之事的风气，才能促进青少年真正接受和内化社会主义的道德观念和要求，自觉抵制西方个人主义的负面影响。

积极营造崇尚奉献、关心社会和他人的社会风气需要从多方面进行。在市场经济条件下，经济优先是一个重要特点，社会发展需要优先发展经济。同样，营造良好社会风气首先也得从规范经济活动着手。规范经济活动既是经济发展的需要，也是坚持集体主义原则的要求。为此要通过大力加强制度和法制建设，规范社会经济行为，坚决打击那些损公肥私、损人利己、惟利是图的人和事。尤其是要严厉惩治腐败。通过制度建设，尽量减少党政干部利用公权徇私舞弊的现象，使他们中的绝大部分人成为遵纪守法、履行社会主义道德的模范，通过他们的示范作用影响社会风气。其次，在舆论导向上必须坚持社会主义集体主义的价值导向。一方面要在全社会提倡领导对群众的关心体谅、集体和组织对个人的关爱，国家对群众尤其是困难群众的及时帮助的价值观，让社会主义的优越性得到实实在在的体现,社会主义和谐友爱的社会风气发扬光大。另一方面,要大力利用大众传播媒介大张旗鼓地表彰那些奉献有为、助人为乐、舍己为人的典型事件和典型人物,让他们的事迹深入人心、感动人心。最近两年,中央电视台创设了《感动中国》栏目,每年采用群众推荐和专家组评价相结合的方法,选出十位感动中国的优秀人物,对他们的事迹进行报道,起到了很好的教育感染作用。同时要形成一定的机制来保证这些事件和人物的不断涌现,鼓励和支持自觉地为他人、为社会多作贡献、不计报酬、无私奉献的行为和精神,塑造符合集体主义原则和时代精神的典型。有了完善的制度来规范经济活动,有了正确的社会舆论的引导和道德评价机制调节人们的社会生活,有了先进的精神文化来丰富人们的头脑,崇尚奉献、关心社会、助人为乐的行为就会不断涌现,爱国、敬业精神、团结合作、诚实守信等精神等就会发扬光大,良好社会风气就会形成。在这样的社会环境和风气之中,西方个人主义对人们和青少年的负面影响必然会大大减少,自觉接受和遵循社会主义集体主义道德要求的青少年必然会大大增加。

(五)引导青少年参与服务社会、奉献爱心的实践活动

有了思想理论上的正确认识,有了良好社会环境的保障,还必须引导青少年进行积极的集体主义的道德实践。道德实践活动是青少年认同、接受、内化和外化社会主义道德原则和规范的重要途径,是青少年形成集体主义道德品质的重要途径。有诗云:纸上得来终觉浅,绝知此事要躬行。只有在道德实践中,才能加深对集体主义观念的认识,提高觉悟,陶冶情操,提升道德境界。只有通过参与道德实践的相关活动,青少年才能更加真切地体验奉献爱心、

关心社会、助人为乐的快乐和幸福，从而坚定集体主义的道德信念。

组织青少年开展的道德实践活动，要根据青少年的身心特点和现有条件来设计和展开。从当前的形势看，每年在青少年中开展的“学雷锋，树新风”活动、正在兴起的“青年志愿者活动”等，对青少年树立集体主义的道德观念具有积极的影响作用。这类活动应在全社会的支持下，进一步建立健全社会、学校联合形成的保障机制，在丰富内容、创新形式的基础上扩大社会影响，吸引更多的青少年学生参与，发挥长久的教育影响。这是其一。其二，因地制宜地组织青少年学生参与社区的社会公益活动和慈善活动，鼓励他们做一些力所能及的善事，在实践活动中培养他们的社会责任感、组织归属感、人类同情心以及各种超越自我中心主义的道德情感，也是切实可行的、可以持续进行道德实践活动。其三，更为重要的是要协调家庭和学校的力量，创造青少年学生在日常生活和日常关系中实践集体主义道德要求的条件。鼓励青少年学生关心班集体，努力为班集体工作、为同学服务。做到在学校里尊重老师、帮助关心同学、诚信对人，帮助需要帮助的人；在家里尊重长辈、孝敬父母、为父母分忧，承担与年龄相应的家庭责任。通过组织青少年参加多层次的道德实践活动，培养起他们同我国传统美德和集体主义相一致的道德意识和道德品质，增强抵御西方个人主义和本土个人主义侵蚀的能力。

第五章

西方消费主义与转型期青少年的人生观问题

消费主义是第二次世界大战后西方社会兴起的一种以消费至上为核心的社会思潮,它不仅是一种生活方式,更是一种价值观念和文化态度。它随着我国与西方国家经济交往和文化交流进入我国社会,并在经济全球化和我国经济转型过程中向社会各个阶层扩散,对我国社会特别是青少年人生观、价值观的形成与发展产生重要影响。本章从西方消费主义产生、发展以及伴随经济全球化形成世界扩散的文化背景出发,着重研究西方消费主义在我国经济转型社会传播扩散及其对青少年人生观、价值观变化带来的负面影响的问题,在此基础上探讨抵御西方消费主义负面影响的对策。

一、西方消费主义的本质内涵及世界传播

西方消费主义作为当代西方国家普遍的价值观念和生活方式,其产生和世界性传播是当代资本主义生产方式发展的必然产物。抵御消费主义对我国社会风气和青少年的侵蚀,首先需要准确地认识消费主义生成和传播的状况与本质。

(一)西方消费主义是当代资本主义生产方式的必然产物

消费主义作为当代西方发达国家普遍的生活价值观,其产生同西方文化古已有之的享乐主义的发展、演进密切相关。早在西方奴隶制形成初期,享乐和炫耀的需要就在拥有一定财富的奴隶主阶级中产生了,随后发展出了享乐主义的整套理论,形成了享乐主义的人生观。但在漫长的奴隶制和中世纪社会,由于生产力水平低下,社会创造物质财富的能力有限,即使剥削阶级,其享乐和炫耀需要的满足与实现也非常有限,更不用说广大生活在贫困之中的劳苦大众。因此,这种享乐主义的人生观只能是少数剥削阶级的专利。正如马克思所说:“享乐哲学一直是享有特权的社会知名人士巧妙的说法,……一旦享乐哲学开始妄图具有普遍意义,并宣布自己是整个社会的人生观,它就变成了空话。”①

历史发展到资本主义工业革命以后,这种少数人才能享有的人生观,开始被资产阶级创造的超越以往世代的物质生产力逐渐打破。在资本主义生产机制的作用下,资本主义的生产越来越多地受到消费的限制。资本主义生产为了实现资本增值、实现剩余价值的最终目的,必须以产品被消费者购买为前提。只有产品卖出去,资本家才能收回成本并获取利润,资本才能实现循环和周转,扩大再生产才能继续进行,因此,社会的消费观念、消费能力的状况直接制约着社会生产的发展。从资本主义生产过程持续发展的角度看,没有消费也就没有生产,生产出来的商品如果没有人消费,整个生产就会陷于毁灭性的危机。资本主义发展到 20 世纪初叶之后产生的几次大规模的经济危机,都与生产过程中生产与消

---

① 《马克思恩格斯全集》第 3 卷,人民出版社 1965 年版,第 489 页。

费严重失衡密切相关。惨痛的危机促使资本主义国家的政府进行必要的宏观经济调控。从 20 世纪 30 年代后期开始，美国率先进行了以国家为首的宏观调控，从而使美国社会出现了一些新变化：广大劳动者的工资待遇，伴随生产的恢复和社会财富的增加，有了较大的提高；社会的购买力和消费欲望出现较大的增强，在一定程度上缓解了资本主义不断出现的经济危机。第二次世界大战结束之后，资本主义社会出现了前所未有的新技术革命浪潮。空间技术、生物技术、信息技术等一系列的高新科学技术，不仅使西方资本主义国家的物质生产力得到极大提高，而且促进了文化生产力和信息传播技术的发展。到 20 世纪六七十年代，资本主义发达国家各生产企业的物质生产能力日益增强，商品销售也展开了白热化的竞争。在争夺消费者的竞争中，各企业除了运用经济手段如消费贷款、分期付款等外，借助文化和文化传播媒介进行轰炸式的商品广告，以引导消费者的购买选择成了必不可少的措施。由此，生产商、销售商与文化传播媒介结成了联盟。商业通过文化传播媒介不间断地播放各种诱导消费的商品广告，竭力鼓吹消费与享乐的人生观，制造不断变幻的消费时尚，刺激各种超越于人的身心发展之外的享乐消费、炫耀消费、奢侈消费的需要与欲望，诱导消费者的消费观念和消费倾向，以推销商品，获得巨额利润；而文化传播媒介则通过自身的消费主义化从商业集团那里获得巨大的经济报酬。尽管在这一时期的社会生活中，西方社会人们的收入、生活标准和社会机遇仍存在着巨大差别，但没有人被排除在市场交换之外。当汽车和过多加工食品广泛出现在一般家庭并占据中心位置时，消费主义就不再是少数人的专利，而是一种对社会经济和人们生活观念产生巨大影响的大众性社会意识了。由此可见，西方消费主义是资本主义生产方式发展到当代的必然产物，是推动当代资本主义生产发展必不可少的内在因素，是维系资本主义生产方式持续发展的重要基础。

（二）西方消费主义的本质内涵

西方消费主义与社会的一般消费观念既有一定联系，更有本质的区别。其本质的区别在于：消费主义是资本主义生产方式发展到当代的必然产物，它不仅内在地包含着古已有之的享乐主义的观念意识，而且核心的内涵是消费至上。它把消费日益增多的商品和服务，看做是至高无上的最值得追求的基本价值，并将其作为最确切的通向个人幸福和获得社会地位的途径，作为高水平生活质量的标志，甚至是公民对经济繁荣的贡献和对国家与社会的道义责任。在普通的文化倾向上认为重视物质消费是正当的，合法的，人们永无止境地追求高消费是道德的、合理的。越是拥有金钱，越是高消费，越能体现人的价值。消费主义正是以此文化观念，促进社会消费欲望的持续高涨，为资本主义生产方式的持续发展提供旺盛的市场需求。

对西方消费主义以上价值观做具体的解读，可以清楚地看到它包含的以下几层观念意识：（1）消费是人生的终极目的。即认为劳动、创造等人生活动只不过是获得消费资料的必然手段，没有什么实际的意义，只有拥有财富，及时行乐，活得风光，活得潇洒，享天下能享之福，才是人生的真正意义。这种消费价值观从根本上否定了资本主义早期新教伦理树立的节俭、勤劳、成就事业、奉献社会、关心他人等赎买原罪的人生观，是将人的消费价值凌驾于其他价值之上的耗费性价值观。（2）为消费而消费。认为人们应不再只是为自身的生存和发展而进行消费，而应积极追求消费所蕴涵的象征意义——消费状况是社会身份、地位和文化品位的具体表现，把消费看做显示财富、地位、身份、个性和自我品位的动态载体，高消费就是人的高社会地位、高人生价值实现的标志。这种消费观念把炫耀消费、奢侈消费作为消费的原则，将人卷入了无节制地追求各种高档商品和娱乐的消费狂潮之中，消费的本真意义被完全忽略了。(3)不顾一切消费。认为个人的消费能力、消费水平不应当受到太多条件限制，有时应当适度超越社会经济的发展水平和自己的支付能力。为了自己过得轻松、潇洒和快乐，可以通过各种手段，包括借贷、向父母乞要或者其他非常规途径来满足自己消费的欲望。因此，"用未来的钱"、"透支消费，享乐生活"等成为了消费主义者最为响亮的口号。(4)一切为了消费。认为人生的所有活动都围绕消费而展开。活着就得千方百计满足自己消费的欲望，不能压抑自己的消费欲求。为了一时之乐，可以不择手段，甘冒风险。从消费主义包含的以上观念意识看，消费主义是一种只重物质消费，追求炫耀消费、奢侈消费，将消费与享乐视为人生最高目的和价值的生活价值观。

消费主义的本质还表现在，以上价值观念不只是社会中少数人的观念，而是社会的一种价值表达、经济领域提倡的一种生活方式以及社会文化领域的态度引导。这就使消费主义在西方社会具有极强的诱导性和感染性。诱导着低收入的人向高收入的人看齐，刺激着人们此起彼伏的追逐感官享乐，追逐具有象征意义的身份消费、炫耀消费，新潮消费。从而为资本主义生产制造持续不断的消费需要和市场倾销。正如美国社会学家维克托·勒博，在《这是个生存问题》一书中对消费行乐大加赞扬的那样："我们具有巨大生产率的经济，要求我们把消费作为一种生活方式，把商品的购买与使用变成一种仪式，从消费中获得精神的满足……我们需要以不断增长的速度把东西消费掉,烧掉,穿掉,换掉和扔掉。"①把无节制的大把花钱,追求物质消费的豪华、奢侈当做理所应当和新潮前卫,鼓动全社会的人不顾一切地消费,就是消费主义在西方当代社会表达的最基本的价值主张。

(三)消费主义给西方国家造成的危害

消费主义从表面看的确可以刺激资本主义生产,繁荣经济。因此从20世纪50年代以来,资本主义国家一直将其当做保持经济持续发展的价值观而广泛宣传。在20世纪五六十年代的一段时间里,消费主义的推行,确实在一定程度上弱化了资本主义的经济矛盾,刺激了资本主义生产的高速发展。但是,正如任何事物都有其两面性一样,消费主义在给西方资本主义经济带来持续刺激的同时,也引发了一系列严重社会问题,主要表现在:

首先,消费主义导致西方国家人民的精神境界的降低。消费主义表现在生活方式上以炫耀消费、奢侈消费和享乐消费为主要特征,在思想文化上则表现为对以感官刺激为主要目标的消费文化的痴迷和陶醉。这种消费观念和方式导致西方国家的人们在一段时间里,将无限制的攀比追求物质占有、感官刺激和享乐作为人生活动的终极目标,丧失对事业、道德、公益和社会责任等精神生活的快乐体验和追求,从而降低了人的精神品位,销铄了生活的精神圣性。过度追求感官本能的享乐,使生活变得浅薄、庸俗和放纵,并唤出了关在潘多拉盒子里人内心最低级的欲望,促使一些人走向黄、赌、毒的畸形消费。在这种畸形消费的满足中,人的躯体

① 转引自张坤明:《可持续发展论》,中国环境科学出版社1997年版,第125页。

和灵魂都受到摧残。更可悲的是,消费主义的泛滥,使资本主义社会的人们逐渐丧失了在资本主义上升时期所形成的节俭、禁欲、进取和拼搏精神,消解了资本主义本身所具有的积极因子。

其次,背离消费的本真目的,形成病态人格。消费的根本目的本该是消费者通过对商品和服务的消费,提高生活质量,使身心得到健康而全面的发展。但是,消费主义的主张背离了这一根本的目的。它刺激着西方人不断产生奢侈消费的欲望,并为满足虚荣心和这种无止境的物质消费欲望,不顾一切地赚钱,消耗了本来可以用来进行休闲、娱乐、智力发展和自我提升的时间,使人身心疲惫、心力交瘁,最终变成消费的奴隶,变成消费的异化对象。在消费主义价值观念的引导下,人们必然重视经济价值和消费价值,忽视精神的价值和劳动创造价值,关注当下的享乐,忽略对人生意义的思索。形成一方面是物质财富的急剧增长,一方面是精神财富的严重匮乏,出现精神颓废、道德丧失、自杀、吸毒、犯罪等社会问题。在消费主义的误导下,一些人只关注眼前的物欲快乐,把消费当做精神的支柱,生活于一种畸形、病态而又混乱的消费享乐狂潮中,最终形成畸形的消费性病态人格。

再次,造成资源的枯竭和生态环境的破坏。消费主义的诞生和在全社会的蔓延,使得资本主义生产和技术专注于源源不断地创造财富,源源不断地向自然界进行"掠夺"。消费主义鼓励人们大量地消费,以此刺激经济的发展,迫使经济体系不断地向自然界索取,透支有限的资源,而那些"自利的"生产商和销售商很少考虑环境的承载能力,也不愿为消费主义生活方式所造成的环境、能源和生态恶化后果支付必要的代价。其结果只能是人们在向自然进行"掠夺"的同时,也在生态环境上进行"集体慢性自杀"和对后代的"集体隐性谋杀"。消费的异化最终导致自然的异化。正如巴巴拉·沃德和雷内·杜博斯说:“对消费品的喜新厌旧成风,无限制地使用能量,那么我们的前途只能是生态系统的灾难。”①伴随着消费主义在西方世界的蔓延,西方国家早在20世纪中叶就出现了严重的生态危机。伦敦的雾雨、日本水俣病事件就是践行西方消费主义生活方式付出的现实代价。消费主义的生活观念和生活方式的蔓延,使得西方国家人均消耗资源量急剧增加,到20世纪90年代,仅美国一个占全世界人口6%的国家,就消耗着占世界30%的资源。由此加速了资源的耗竭、环境污染。

西方消费主义生活观念和生活方式不仅使西方国家率先遭到了环境恶化的惩罚,而且在西方国家利用其先发优势将资源压力和环境污染向发展中国家转移的同时,也把消费主义的生产方式和生活方式传播到了发展中国家,由此带来了世界性的生存环境的恶化。据1999年的《世界资源报告》统计,在1980年—1995年间的森林净损失为1.8亿公顷,平均每年损失1200万公顷。目前世界上有1000多种高等动物濒于灭绝,约2.5万种有花植物的生存处于危险之中,近100年来,地球物种灭绝的速度超过其自然灭绝率的100倍,现在这一速度还在加快。奉行消费主义的结果,使人与自然的关系陷入尖锐对立之中。

(四)西方消费主义的全球扩散

美国是最早产生消费主义的国家。第二次世界大战后,美国利用战争期间积累的丰裕的发展资金以及国际国内市场进一步扩大的机会,利用相对稳定、自由放任的经济政策以及国际化股票和债券市场创造出的松弛的银根环境,进入了一个高速发展的黄金

① 巴巴拉·沃德:《只有一个地球》,燃料工业出版社1972年版,第152页。

时期,促成了美国社会及时行乐的消费主义思想的盛行。消费主义在美国产生后,就以极快的速度向外扩散,首先蔓延到了西欧和其他发达国家。被温斯顿·丘吉尔称为"英国式生活"(the British Way of Life)在20世纪80年代就已经不复存在了,保持着一定自然本性的"英国式生活"方式已经被美国消费主义浪潮吞没了。在东方,日本是最早接受消费主义洗礼的国家。日本在第二次世界大战后经济飞速发展,导致社会的消费能力提高,同时,由于第二次世界大战给日本人造成了严重的精神打击,使他们更关注现时的状况和命运,产生了及时行乐的思想。拼命地挣钱,拼命的享受,是20世纪中后期很大部分日本人特别是日本青少年的生活理想和追求。

进入20世纪七八十年代以来,以美国为代表的西方国家凭借早发优势,开始将消费主义泛滥带来的环境污染向发展中国家转移,并借以扩大商品消费市场,获得廉价资源和劳动力。而要实现这一目的,需要以发展中国家人民接受为前提。这就需要在这些国家的人民中培育消费主义的思想意识和价值观念,去摧毁原有的自然、朴素的生活方式和节俭的价值观念。所以,西方发达国家在进行市场扩张的同时,把很大的精力放在对其商品输入国人们生活方式和价值观念的塑造上。他们通过可感、生动的媒体宣传和商业广告等形式,勾勒出新奇刺激、享乐至上的西方消费天堂,以刺激输入国民众的消费欲望,调动其消费激情,引发他们的羡慕和模仿,致使西方消费主义文化向发展中国家扩散。在积极进行消费主义文化输出的同时,西方发达国家还利用这些国家急需资金、技术和先进管理方法的机会,从经济发展的角度推销和示范消费主义生产和生活方式。在发达国家的消费主义文化特别是消费生活方式的推销下,无论是信仰朴素的、有着节俭传统的东南亚，或者一向以保守著称的伊朗人，都无法逃脱消费主义的侵袭。

西方国家消费主义输出的重点在20世纪80年代开始转向社会主义国家。他们利用社会主义国家刚刚开放的市场，通过经济合作、商品贸易、文化交流、人员往来等方式，向社会主义国家进行消费主义方式的传播，影响这些国家人民的价值观念和生活态度，激起他们对西方社会富裕生活的羡慕。以美国为首的西方国家向社会主义国家输出消费主义，最主要的目的还是拓展资本和商品市场，使社会主义国家的人们在接受西方国家消费主义的生活方式和生活观念同时，成为西方国家商品的稳定消费者，使社会主义国家成为资本主义的稳定市场，进而在全球化中占领最大的市场份额和经济利益。与此同时，他们还内隐着政治上的野心。西方国家企图通过兜售消费主义生活方式，影响社会主义国家人民的思想，使他们尤其是共产党的干部和青少年沉湎于物质的诱惑和感官的享乐之中，丧失进取的斗志，进而实现颠覆社会主义的政治目的。今天世界上最大的社会主义国家已不复存在，现存的几个社会主义国家，在改革开放的推动下，大多数人民的消费能力已远远超出20世纪七八十年代的水平，但是，社会主义国家中业已出现的追求西方消费主义物质享受和感官刺激的社会思潮，还是使物质生产力水平远远低于西方发达国家的社会主义国家政府，面临很大的经济和政治压力。

总之，消费主义浪潮正在由发达国家向发展中国家、发达地区向欠发达地区、从高收入、高名望群体向普通大众迅速蔓延。时尚消费、炫耀消费、奢侈消费、感官刺激消费等消费主义的消费观念和生活方式，已对各国青少年产生了不可抗拒的诱惑，使越来越多的人将消费主义作为人生最重要的价值追求。正如米勒剧本《代价》第一幕中的一段话：许多年以前，一个人如果难受，不知如何是好，他也许上教堂，也许闹革命，诸如此类。今天，你如果难受，不知所措，怎么解脱呢？去消费！① 1987 年美国的市场调查结果显示，被调查的美国少女中，93% 的人认为，购物是他们最重要的消遣。在消费主义的强大示范作用下，传统的、民族化的消费方式被逐渐为一种现代化的、世界化的消费方式所取代。消费主义伴随经济全球化在整个世界扩散的状况和影响，一如美国著名环保主义理论家比尔·麦克基本概括的那样："消费主义是到目前为止最强有力的意识形态——现在，地球上已经没有任何一个地方能够逃脱我们的良好生活愿望的魔法。"②西方消费主义这一当代经济社会最强有力的意识形态，借助追求现代化的光环，正逐渐成为世界各国赞许的价值观念和生活方式。

二、西方消费主义在我国的扩散和现实表现

改革开放以来，我国经济取得了突飞猛进的发展。我国国民的人均收入由 1978 年的 378 元增加到了 2002 年的 8184 元，增长了 21.6 倍；扣除物价上涨因素，居民的消费水平由 1978 年的人均 184 元增加到了 2002 年的 3791 元，增长了 20.6 倍。③ 人们收入大大增加，生活水平普遍提高，为人们消费更多数量、更好质量的产品、追求更高生活质量提供了可能。因而社会和人们消费观念的改变也是顺理成章的事。与此同时，社会主义市场经济的发展

---

① 米勒：《代价》，人民文学出版社 1980 年版。

② 比尔·麦克基本：《自然的终结》，孙小春、马树林译，吉林人民出版社 1997 年版，第 14 页。

③ 《中国统计年鉴》，中国统计出版社 2002 年版，第 3 页。

也面临生产和消费的均衡问题。也需要展开引导消费、刺激消费的讨论和研究。这就从经济和文化两个方面为西方消费主义在经济转型期的传播创造了条件，这是其一。其二，我国的经济转型是在经济全球化浪潮兴起中启动的，与西方国家更为密切的经济和文化交流也为西方消费主义广泛传播提供了客观可能。其三，西方国家居于西化的政治图谋和市场占领需要，一直未放松向我国进行消费主义文化和生活方式的传播。多种因素的交互作用，使经济转型期西方消费主义在我国的扩散表现出加强的趋势。

（一）消费主义在转型期的传播和扩散

总的来看，西方消费主义在我国的传播和扩散是通过文化体系和经济体系密切结合来实现的。具体来讲，是通过以下途径和方式来进行的。

1. 通过西方商业广告和大众文化制品的强势传播。

文化的传播比较其他形式的传播而言，更为广泛和深刻，它能够深层次地改变人们的思想，诱导人们形成新的价值观念，从而影响人们的日常生活方式，影响吃、穿、住、行、娱乐的经济行为。为此，西方发达国家总是不遗余力地发展文化产业，建造自己的“媒体帝国”，并把它们作为实现经济利益、进行对外扩张的有力工具。在西方消费主义向我国传播、渗透的过程中，西方发达国家的媒体广告和文化制品起到了重要的作用。

利用经济转型期我国电子信息技术、通信设备和娱乐设施的日益普及、绝大部分县级以上的城市都能接受到由中心城市发射的多媒体信息的便利条件，西方国家凭借其经济和大众文化制品出口的优势，一方面通过电视广告和网络媒体，向我国大众发动接连不断的商业广告轰炸。他们将展示最新科技的商品款式同突出商品高贵、新潮的文化特性结合起来，进行炫耀式的消费主义文化传播；用形象生动的画面、语言、文字、色彩、声音，把商品、服务的使用价值和包含的象征意义联系起来，赋予商品和服务以高贵、典雅、新潮、时尚的文化内涵，作为标识地位、身份、个性、品位的符号；它们还利用中国存在的大量攀比、从众的社会心理，夸大商品和服务所代表的社会象征意义，形成对我国人民的心理诱导，使受众在对西方国家产品、服务的肯定、认同乃至消费中获得相应的地位认同和社会评判。许多国外的知名品牌如耐克运动服、奔驰汽车、可口可乐饮料等，就是通过这种战略式媒介广告先声夺人的宣传，创造出一种美国式消费形象的。与其说这些商业广告是在宣传商品的特性和功能，不如说是在宣扬其身份、地位和生活方式，宣传一种崇洋消费观念。另一方面则利用“穷人”向往“富人”生活、普通人不甘于平淡生活的“走高”心理，炮制了大量的反映西方社会生活的生活剧、肥皂剧向中国输出。通过对西方人富裕生活的渲染和夸大，向人展示其富有、奢华的生活图景，制造一种充满现实诱惑的享乐情境。使人在欣赏中不知不觉地产生羡慕西方生活方式的思想倾向。总之，在经济转型期和经济全球化的背景下，西方发达国家通过商品广告和大众文化制品进行的消费主义思想传播，已深入地影响到我国人民的消费观念和消费行为方式，使消费主义的价值观在社会的不同阶层都得到一定程度的认同。

2. 通过营造国际流行时尚和消费示范进行传播。

时尚作为社会物质生产和精神变化的具体表征，是特定时期被大多数社会成员普遍认同和追求的思想观念和生活方式，具有引领社会价值观和生活方式趋同的导向功能。营造国际流行的消费样式和生活时尚，引发世界各国各地生产厂商和消费者的跟随和追从，是西方发达国家向他国传播消费主义的重要手段。

西方国家是世界消费时尚和流行的制造地和发源地。西方国家的全球跨国公司为了最大限度地占领市场,总是利用其丰富的市场营销经验和设计技术,在充分调查社会消费心理的基础上,设计刺激大众消费需要的新的产品和消费模式,然后通过相应的广告策略,如通过多媒体、立体式的大众传播宣传、聘请影视体育明星作为形象代言人试用、进行遍布世界的最新消费流行发布等方式,营造吸引人眼球的消费时尚。在信息全球化的当今时代,这些包含着西方消费主义文化观念的消费时尚和流行,不仅可以通过电视、杂志、新闻发布、产品展销等渠道在我国形象、快速地传播,以崭新的消费面貌引起人们的广泛关注和兴趣,而且特别容易引起喜欢追新求异的青少年的模仿。尤其是随着我国经济的发展,我国先富起来的人群,包括一些富人,一批在外资企业工作的白领职业人,总是走在消费流行前列的影星、歌星、球星等,为了炫耀自己的富有和与众不同,在日常的消费上总是盯住西方发达国家的消费时尚并率先仿效,成为西方消费流行的追逐者、示范者,在全社会形成耀眼的消费示范。这种源于本土的消费示范,可信度大大高于由影视、网络等媒介的虚拟化展示,是一种更为直接、影响力更大的宣传方式。这些多层面的消费时尚的展示和示范,在社会的广泛关注下,必然猛烈的冲击我国节俭、素朴的传统消费观念,使人们产生拼命地赚钱、奢侈地消费、拼命地享乐就是现代化的生活方式的错觉,导致社会生活价值观念迅速向消费主义的方向转变。

3. 我国理论界关于消费政策的讨论引发的传播。

我国历来商品经济不发达,国家对于市场经济规律的认识和驾驭还处于一个不断探索的阶段,尤其是对我国市场经济运行中的生产与消费的均衡关系问题,更需要借鉴国外的经验和理论进行探索。由于消费问题事关宏观经济的平稳运行,事关每个公民的切身利益,因此理论界的每一次讨论都引发了广泛的社会关注,带来宏观政策的一定变化。特别是经济转型期的20世纪90年代中期,在我国市场经济运行出现生产和消费的不均衡矛盾时,一些学者提出了采纳西方国家促进经济持续发展的消费主义做法。他们对"消费是经济发展的助推器"、"不消费就衰退"、"高消费促进高发展"等西方国家的消费主义的主张大加褒扬。有的学者甚至主张把西方的消费主义的生活方式援引过来,提倡高消费,提倡"用未来的钱"的超常规消费。

理论的偏向带来实践的误区。消费主义主张很快在现实的社会经济活动中流行起来。首先将西方消费主义理论运用于实际的是一些地方政府。他们无视我国与西方国家巨大的资源和生产力发展水平的差异,打着发展经济提高人们生活质量的口号,上马一些奢侈工程。如占地面积甚广的高尔夫球场、狩猎场等。结果进出其间的大都是大款和社会名流以及一些"权力寻租"的政府官员。一些地方政策制定者甚至认为,正是这些奢侈娱乐场所的修建,正是这些新贵和名流的高消费、奢侈消费行为,才给地方经济的发展注入了新的动力。一些地方甚至试图打国家政策的"擦边球",划出所谓的"红灯区",来满足一些新富阶层的畸形需要。新富阶层和某些腐败政府官员奢华的生活方式和生活追求,不仅腐蚀着社会的正常躯体,污染着社会风气,而且给老百姓尤其是青少年造成了不良的消费示范,使他们误认为越是追求生活消费的高档化和豪华新潮,就越表明思想解放、观念现代,就越显得有远见。由此导致消费主义价值观念在社会的广泛流行。

4. 我国媒体屈从商业利益造成消费主义的传播。

大众传播媒介作为思想文化和舆论传播的主要工具,具有明显的阶级性。任何国家的大众传媒都直接和间接地担负着为国家的利益服务的责任。长期以来,我国的传播媒介作为国家控制的传播媒介,总是把宣传正确的社会价值观、弘扬优秀文化作为传播的主要内容。但是,随着经济体制的转轨,大众传媒也逐步步入市场化轨道。市场机制导致某些大众传播媒介的地位和角色发生了一些变化。这就是由国家控制下的文化事业单位转变成了具有自主经营权的文化市场的主体。而作为文化市场主体的大众传播媒体,遵循市场法则、迎合市场需要也成为了保障其生存发展的必然选择。这就导致一些传播媒介,常常在经济利益的驱使下,迎合商业集团拓展市场的需要,进行消费主义价值观念和生活方式的传播,表现出日渐浓郁的消费主义符号化特征。

我国一些大众媒体在商业利益驱动下,自觉不自觉地传播消费主义具体表现在:在传播目的上,一些电视、报刊和网络媒体,把经济至上、积极创收作为了自己生存和发展的基本原则,为获取最多的商业广告费,获得高额的商业回报,不惜违背国家新闻媒介的道德和规范要求,制作和传播带有明显消费主义倾向的宣传信息。在传播内容上,不少媒介把广告作为自己单位创收的重中之重;制作和播放的一些广告竭力夸大商品的使用价值,鼓吹商品的消费象征意义,甚至不惜以暗示、隐喻、媚俗的方式,刺激受众的炫耀消费和低俗消费欲望,进而使媒介在迎合商业集团刺激消费者眼球、培育消费需求的商业要求时,自觉不自觉地传播了其中蕴涵的消费主义价值观。在传播主体对象上,一些媒体把传播的重点定位于国内一些先富群体——如商界成功人士、影视娱乐明星、体坛大腕等等的生活方式和花边新闻上,大肆宣传他们穿戴的富有和高档、休闲的浪漫、时尚和奢侈。这些宣传无疑为社会成员特别是青少年树立了“消费崇拜”的偶像,刺激了社会成员将明星的消费水平和方式作为自己追求的目标。从而使西方消费主义所包含的炫耀消费、物质性高消费和感官享乐的价值观念,在本土得到了更大规模的传播。

(二)消费主义在转型期社会的现实表现

消费主义不仅通过商业广告和媒介传播广泛地影响经济转型期人们的消费观念,而且已成为部分人尤其是部分先富起来的人的消费实践。在他们的示范和带动作用下,转型期中国式消费主义行为出现了由富人阶层向政府官员再向青少年蔓延的趋势。社会的消费主义行为集中体现在以下方面:

1. 追逐洋品牌的攀比消费持续不减。

由于在过去较长时间内我国与西方发达国家存在的经济上的较大差距,早在改革开放之初,西方商品良好的质量、高昂的价格以及消费者有钱有权的身份就奠定了西方商品尤其是西方知名品牌在我国的炫耀性消费的地位,引发了大众的向往和追求。进入经济转型期以后,随着人们消费能力的提高,一般的西方商品也能为大多数人购买。西方国家为了赢得市场,加紧了品牌宣传战略,他们通过各种文化制品、广告和流行发布,在我国不断的制造具有社会象征意义的商品品牌,给我国消费大众尤其年轻的消费大众造成典型的消费主义的观念,即拥有洋品牌是现代、时髦、有身份、有品位、有档次的标志,据此可以反映一个人的富有、新潮,体现其能力和价值。这样,追逐洋品牌的消费心理和行为,不仅没有因西方商品的增加而有所减弱,反而在西方跨国公司的世界品牌战略的实施下,出现了不断攀升的浪潮。追逐的商品品牌已由日用商品、电器品牌发展到服饰、汽车以及珠宝首饰品牌。

最近有关部门对北京、广州等地白领在职青年消费状况进行调查的结果表明，洋品牌对白领职业青年的影响极深。有75.8%的白领职业青年表示，他们买东西主要看是不是国际知名品牌。这些人很多对中国的传统名牌毫不知晓，而对洋品牌却津津乐道、如数家珍，随便就能数出几十甚至上百种国外品牌来。他们认为，洋品牌消费，代表较高的生活质量和生活品位，能够彰显尊贵的社会地位。因此，他们在购买汽车、彩电、冰箱等大宗产品的时候，洋品牌仍是首选。白领职业青年作为社会中消费能力最强的群体，他们的消费取向和消费选择，对整个社会都有引领和辐射的作用。在他们的示范作用下，不少在校的青少年不同程度地存在贬低国产商品而崇尚洋品牌的心理倾向。

2. 追逐西方消费生活方式的崇洋消费普遍存在。

消费生活方式既体现了消费者消费能力和消费水平，也体现了消费者的消费价值观念，是消费者人生观、价值观和消费能力在消费领域的具体体现。社会的生活方式受到社会文化传统和社会生产力发展水平的制约，个人的生活方式不仅受到经济发展水平等社会性因素的影响，还要受到个人收入、个人偏好和消费观念等个体性因素的制约。改革开放和确立市场经济体制以来，我国经济迅速发展，人民收入水平普遍提高，社会上出现了以私营企业主、三资雇员和影视体坛明星为代表的高收入群体。这些人出于工作、学习或者休闲的需要，经常出国，表面化地感受了西方社会发达、富裕的物质生活，体味到西方社会自由、甚至纵欲的消费生活方式，而经济上的宽裕又为他们追逐这些西化消费模式提供了可能。于是他们把仿效西方消费生活方式作为了体现自己与众不同的身份、地位和个性的重要标志。我国大城市出现的这些“白领”和“新贵”的消费族群，对洋产品和洋服务的消费显示了全新的面貌，从装束打扮到口头语言再到休闲方式出现了全方位的洋化势头。他们经常出入高档消费场所,对国际最新的流行时尚了如指掌。他们嘴里说的是“威治·伍德骨瓷杯”、“爱马仕”、“卡地亚”等国外名牌;吃的是“汉堡”、“肯德基”;穿的是“耐克”、“老爷车”;看的是国际最新的时尚发布节目;经常出入于高档西式餐馆、酒吧和体育俱乐部;甚至一些人不惜把头发染黄、皮肤染白、鼻子做高。通过刻意改变自己外在形象的方式来达到“洋化”的目的。富裕群体和白领青年在经济地位上的优势,使他们的一举一动都成为社会关注的重点。他们对西方消费生活方式的这种追逐和做秀,产生了较强的社会感染效应。它使一般民众特别是青少年产生一种认识上的偏差,即把洋化的消费生活方式等同于高品质的生活,把洋化消费的群体看做社会的精英阶层,从而引起他们对洋化消费的追逐。当物质能力不足以去国外和高档场所进行洋化消费时,他们往往从生活的细节入手,追求最切实可行的西方化消费方式(如吃一回“汉堡”、“肯德基”等),以此获得追求新潮、时髦、有个性的消费需求的满足,从而使崇洋消费成为一种普遍的社会行为。

3. 奢侈消费在特殊人群中不断升温。

社会的消费水平必须同社会经济发展水平相适应、个人的消费支出必须同个人的实际收入相一致,这是科学消费的基本要求。但是,随着消费主义的传播泛滥,我国的部分公众出现了认识上的偏差,出现了以炫耀为目的的、超出个人消费水平和能力的、以购买高档商品和服务为荣的奢侈消费。

奢侈消费首先发生在具备奢侈消费的经济能力先富群体阶层。通过奢侈消费,他们一方面提高生活的品质,满足高于一般民众的消费需求;另一方面,则用超高档的消费来突出自己的富有和时髦,达到炫耀、显富、提升社会地位的目的。这种炫耀性的奢侈消费在私营企业主、三资雇员和影视、体坛巨星等“特殊人群”中最为突出，在经济转型初期表现得最为明显。据当时新闻报道，杭州两巨富在众人面前比赛烧人民币，每人烧2000多元。长春一家卡拉OK厅，一巨富买下当晚的所有点歌费，另一巨富就买光了全市的鲜花以斗气。北京一巨富用两万元一桌的宴席招待广东巨富，广东巨富则用6万元回请，而北京巨富又甩出35万元提高这一桌宴席的档次，①消费由此演变成为大款、大亨、大腕显示身份、地位和成功的重要手段，成为实现炫耀和攀比的最佳途径。可见，先富阶层的奢侈消费，就本质而言不是消费产品和服务本身，而是消费某种产品和服务本身所具有的象征意义，追求由此带来的成就感、满足感和虚荣心。

在先富阶层追逐享乐和奢侈消费的过程中，某些掌握着经济实权的政府部门的工作人员也加入其间。虽然对于一般政府官员来说，他们本身没有奢侈消费的经济能力，但他们特殊的地位决定了他们中的一些人可以利用“权力寻租”的方式实现奢侈消费。接受有求于他们的人的请吃是他们最初奢侈消费的主要途径，而后从“吃”发展到“玩”，从歌舞厅等一般娱乐场所，发展到射击、跑马、打高尔夫等洋化的休闲方式的消费。一些地区和部门单位不惜违反规定和纪律讲排场：办公室要豪华，坐骑要名牌，出门要住高档酒楼，把公家的钱和手中的权当做了谋取奢侈消费和享受的筹码。

先富群体和某些政府官员特殊的社会地位决定了他们的奢侈消费行为具有很强的示范作用，特别容易诱使一般老百姓向他们看齐，并把他们的奢华、享乐的消费档次和生活方式作为人生追求

① 刘书林：《经济发展与青年生活方式的转变》，《青年研究》1994年第7期。

的目标,从而导致社会整体消费心理和行为的偏向。一方面,在社会普遍消费水平不高,甚至还存在不少为衣食住行担忧的弱势群体的情况下,公众向社会富有阶层的消费生活水平和消费方式看齐的超高消费欲望,不仅会导致整个社会消费水平的虚高增长,一些奢侈性消费项目盲目上马,造成对有限的资源的浪费,而且还会导致更多的人为达到奢侈的消费享乐铤而走险,走上犯罪道路。另一方面,富有阶层和某些官员的奢侈消费行为,放大和加剧了社会的不公平感,引起社会各个阶层的矛盾和对立,形成新的社会不稳定的根源。尤其是少数政府官员利用公共权利而进行的奢侈性消费,会引发普通公众对政府的廉洁度、公信力的质疑,引起普通人的权力欲望,导致投机、钻营者混进干部队伍,加剧遏止腐败的难度。消费主义、享乐主义的攀比、炫耀、奢侈消费在经济转型社会的升温,对大众消费心理产生的负面影响,远远大于消费本身所创造的社会价值。

4. 寻求感官刺激的低俗消费方式有扩散之势。

消费主义在现实生活中的极端表现就是对低俗消费方式的认同和痴迷。低俗消费方式是以满足人的动物性和生物性需要为主要目的的服务和消费活动。在现实生活中具体表现为寻求感官刺激以及满足感官享乐需要而形成的低俗消费娱乐方式,如赌博、色情服务等。这些毒害人精神的低俗消费活动,是西方资本主义腐朽消费文化的集中反映。西方国家政府虽不提倡,但允许它们在法律规定的范围内公开存在。当今资本主义社会大都存在着合法的赌博业和色情业。

我国是社会主义国家,历来坚决禁止迷信、色情、赌博等低俗的消费活动。但是,这些封建主义和资本主义腐朽、落后和低俗的消费娱乐活动,在市场经济机制的作用下,又在一些地方死灰复燃。

具体表现为，一些包含色情、暴力和迷信性质的低俗文化产品和服务，在消费主义刺激下堂而皇之走进人们的生活，成为某些人眼中现代而时尚的消费生活内容。比如迷恋网络色情游戏、上网登录黄色网站、租看黄色书刊、影像等低俗消费活动屡禁不止。据"青年流行文化现象与对策研究"课题组的调查，在被调查的上网青年中，有44.6%的人上网的主要目的是"找人聊天"；有48.5%的上网者为了满足低俗化消费需要而时常登陆黄色网站，观看和下载黄色影片等。① 从中心的大都市到偏僻的小城镇，大都暗中存在屡禁不止的嫖娼卖淫、赌博、吸毒等黄、黑、白消费。更有甚者，一些地方政府为了经济利益，甚至想把这些与我国社会制度不相容的低俗文化发展成为产业，设置所谓公开的"红灯区"、赌场，以便合法地进行卖淫、嫖娼活动。一些地方对国家的打击、禁止的政策执行不力，甚至阳奉阴违，导致色情、赌博等低俗的消费方式在一些地方、一些人群中暗中存在。这些花费大量金钱的"黄"、"黑"、"白"低俗消费，不仅造成部分人精神颓废、兴趣低俗、人生价值观的迷失，而且在一定程度上造成社会风气的败坏。对社会的精神文明建设带来极大的破坏，给正在成长中的青少年带来难以消弭的影响。

三、西方消费主义对转型期青少年思想的负面影响

消费主义在我国经济转型期社会的传播泛滥，在一定范围内造成了一种消费至上、享乐至上的社会心理氛围。这种不良的社会文化环境，对思维活跃、模仿力强、需求旺盛而认知力差、辨别力

① 沈杰：《青少年"时尚消费"现象调查报告》，《中国青年研究》2003年第2期。

弱、满足需要能力有限的青少年,不可避免地带来消费观念和思想道德方面的负面影响,危害青少年的健康成长。具体讲,消费主义对我国转型期青少年的负面影响体现在以下方面:

(一)加重青少年消费观念和消费行为的偏向

消费观念是人们关于市场、货币、消费等经济生活现象比较系统的、稳定的见解和看法,是世界观、人生观的重要组成部分。消费观念在一定程度上体现世界观、人生观的内容,反过来又影响世界观和人生观的形成。因此,在人的观念体系中,消费观念直接影响到个人生活目标和生活态度的确立,影响个人行为的追求方向。而在最直接作用层面上,消费观决定和指导人们的消费行为,从而对社会经济生活产生影响。青少年时期是人生观发展的关键阶段,形成正确的消费观念对于青少年人生观、世界观的建构,对于今后的人生发展道路,具有举足轻重的意义。青少年特殊的人生发展特点和社会属性,要求他们树立与国情发展和家庭收入状况相一致的消费观,确立适度、科学、健康的消费理念,并将消费放到次于学习和事业追求的地位。

然而,经济转型期西方消费主义的扩散蔓延,使青少年学习与模仿社会行为方式的社会化过程,越来越多地受到社会上泛滥的消费主义、享乐主义思想的侵蚀,受到各种低俗化消费行为的误导,并在消费观念和消费行为上出现明显的偏向。在消费观念上,部分青少年缺乏正确的消费评价标准,错误地把消费的多少、消费档次的高低当做衡量身份、地位的重要标志,把高水平消费目标的实现,如穿世界名牌服装、入住高档别墅、出入高档酒楼和娱乐场所等等当做人生终极目的和追求。在消费行为上,大多数青少年完全接受媒体、广告和富有阶层消费示范的影响和诱导,紧盯流行和时尚，以“时兴”、“前卫”、购买洋品牌为自豪和荣光。有的青少年羡慕和追逐西方的消费方式，对洋货产生品牌崇拜。为了自己在同龄人中的“面子”和“地位”，不顾自己的经济能力和家庭实际情况，去模仿、去攀比，陷入异化消费的误区。在消费主义思想的影响下，一些青少年一味追求享乐，畏惧艰苦奋斗，不愿从事艰苦奋斗的活动，意志薄弱；一些青少年不求上进，将主要精力放到关注消费信息，追逐消费时尚，充当“另类消费”的引领人上，而对学业、事业敷衍了事，并将这种严重异化的消费方式当做“现代化”的生活方式加以炫耀。

青少年学生的这种享乐消费、攀比消费等异化消费行为，不仅加重了父母的经济负担，影响家庭亲情关系，而且还会在某种程度上扭曲校园人际关系，导致同学关系的冷漠化、金钱化，增加学校教育管理难度。更为重要的是，对学生个人来说，这一时期形成的不良消费观念会影响他一生的消费行为，对其正确的人生观、价值观、健全人格的形成和完善产生消极影响。

（二）对青少年接受传统美德形成冲击

传统美德是指中华民族在长期发展中形成的有助于他人、社会、自然和谐发展，在今天仍然发挥积极作用的基本价值观念和道德要求，是中华文明的精华。勤劳节俭、艰苦奋斗作为中华民族的传统美德，一直是我们民族战胜艰难困苦，自立于世界民族之林的精神武器。在我国，自古以来就有节俭惜福、反对奢靡的传统。孔子说：“与其奢也，宁俭。”①“奢则不逊，俭则固，与其不逊也，宁固。”②《左传》还

① 《论语·八佾》。
② 《论语·述而》。

把它们作为道德修养的重要内容，指出："俭，德之共也；奢，恶之大也。"提倡节俭、反对奢靡的传统和美德，来自古人对节俭致富、奢靡败家亡国的历史经验的总结。正如唐代诗人李商隐的脍炙人口的诗所说的："历览前贤国与家，成由勤俭破由奢。"邓小平同志曾语重心长地告诉我们："艰苦奋斗是我们的传统，艰苦朴素的教育今后要抓紧，一直抓六十年至七十年。我们国家越发展，越要抓紧艰苦创业，提倡艰苦创业的精神。"①胡锦涛同志也特别强调："艰苦奋斗作为我们党的优良传统和作风，作为我们马克思主义政党的政治本色，是凝聚党心民心、激励全党和全体人民为实现国家富强、民族振兴共同奋斗的强大精神力量，是我们党保持同人民群众血肉联系的一个重要法宝。""无论我们党取得什么样的成就，都必须长期艰苦奋斗，始终坚持马克思主义政党的本色和宗旨。""越是改革开放和发展社会主义市场经济，越要弘扬艰苦奋斗的精神。即使将来我们的国家发达了，人民的生活富裕了，艰苦奋斗的精神也不能丢。"②因此，对青少年进行勤俭节约，艰苦奋斗的传统美德教育，培养青少年勤劳节约的道德品质，一直是我国道德教育的重要内容和目的。

但是，随着消费主义、享乐主义价值观念的传入，以享乐消费、炫耀消费、攀比消费为主要特征的消费主义生活方式在先富群体和部分政府官员中的蔓延，消费主义已经作为一种社会存在，不同程度地影响了社会的消费观念和消费态度，对青少年接受并内化艰苦奋斗、勤俭节约的传统美德构

---

① 《邓小平文选》第三卷，人民出版社 1993 年版，第 306 页。

② 胡锦涛：《坚持发扬艰苦奋斗的优良作风，努力实现全面建设小康社会的宏伟目标》，《保持共产党员先进性教育活动简明读本》，重庆出版社 2004 年版，第 131 页。

成强烈的冲击。课题组在2004年10月，对重庆市中区4所不同类型中学的10个班级532名中学生进行的相关问题的问卷调查统计数据显示（见表一），相当数量的青少年对艰苦朴素、勤俭节约的传统美德价值观念产生了怀疑，对西方消费主义观念赞颂有加。

表一：你对“艰苦奋斗是老调，享受生活才新潮”观点所持的态度（%）

	人数（人）	百分比（%）
赞成	123	23.1
可以理解	198	37.2
不赞成	207	38.9
没有选择	4	0.8
调查总数	532	100

表一显示，在被调查的532名中学生中，认同传统美德、不赞成消费主义主张的达38.9%，居三种选择之首，但认为艰苦奋斗、勤俭节约已过时，享受生活才新潮的高达23.1%的，还有37.2%中学生认为这种观点可以理解，表现出认同倾向，两者相加，占调查总数的60.3%。这说明，在消费主义观念和行为方式的影响下，有近三分之二的中学生已不同程度地接受和认同了消费主义的享乐观念，对艰苦奋斗、勤俭节约的传统美德持不以为然的态度。在与大学生座谈中了解到，不少大学生认为，艰苦奋斗、勤俭节约，不过是物质匮乏年代毫无办法的选择，在当代社会，再提倡这种价值观念已经没有现实意义。既然经济的发展、物质产品的丰裕为享乐消费提供了充足的资源和条件，那么尽情享受现代文明所带来的物质成果，体验现

代化的消费方式，追求消费上的享乐和时尚也应该是理所当然的事情。由此可见，青少年受当前消费主义观念和消费方式的影响已经相当的普遍，消费主义的生活价值观念，正在影响艰苦奋斗、勤俭节约的传统美德的教育效果，成为青少年接受和内化传统美德的巨大思想障碍。

（三）造成部分青少年人生目标和生活情趣的低俗化

生活目标是指人在人生活动实践过程中，为自己设计的生活理想和生活追求。生活目标对于青少年的人生活动具有导向作用，不同的生活目标会产生不同的生活取向和生活追求，进而影响人生的追求取向和生活情趣的高低。生活目标指向学业和事业的人，大多具有较强的拼搏精神，能够严格要求自己，在实现个人人生目标中，服务社会，造福人民，呈现出创造有为的人生；而生活目标指向吃喝玩乐的人，大多放纵自己的原始欲望，贪图享乐、爱慕虚荣，不仅难以忍受艰苦的创造性工作，而且容易为满足一己之乐，不顾一切地贪恋钱财，作出有害社会和他人的事情。

青少年确立正确的生活目标，对于社会和自身的发展都具有重要的意义。但是，由于青少年生活经验的缺乏，加上自身消费需要处于人生最旺盛时期，与其他年龄层次的人相比，更容易受到社会不良风气的影响和诱惑。在经济转型社会消费主义风气的影响下，部分青少年出现了生活目标和生活态度向消费主义生活价值观倾斜的趋势。课题组 2002 年 10 月对重庆、成都、广州、上海、北京等 5 地的共计 146 名大中学生的问卷调查统计数据表明了这种状况。见表二。

表二：中学生与大学生对现实生活中存在的几种生活观的选择倾向（%）

生活观选项	中学生	大学生	平均
人生在世，奋斗是本，拼搏进取，在建功立业中实现人生价值	43.3	49.1	46.2
人生在世，享受是本，能挣会花，才是人生乐事	26.8	12.4	19.6
人生在世，尽责是本，不求名利富贵，当求内心坦荡	29.9	38.5	34.2
总计	100	100	100

表二显示，当前有46.2%的大中学生对主流文化所倡导的拼搏、进取的人生价值观持肯定态度，34.2%的选择了负责任的人生观，青少年人生观取向的主流是好的。但是，我们也应该看到，选择享乐消费人生价值观仍然占有相当大的比重，占了调查总数的19.6%。值得重视的是，城市中学生选择"人生在世，享受是本，能挣会花，才是人生乐事"这一典型的消费主义的人生观的比例高达26.8%，比大学生的12.4%高出一倍还多。这表明生活在中心城市、年龄小、层次低的中学生比年龄大、层次高的大学生更容易受到社会消费主义风气的影响。

据最近国内某报纸报道，北京某小学六年级毕业学生刚刚有一本精美的毕业留言册，上面记录着同学们许多的毕业赠言。在毕业留言册的"兴趣爱好"栏中，有的同学填有"看靓女"、"睡懒觉"；在"祝福语"一栏中，有同学赠言，"将来腰缠万贯时，别忘了多泡几个小蜜，包个二奶"、"将来做大官、赚钞票、娶老婆，一个不能少"等等。记者问几个学生为什么写这些不文明的赠言，这些少年一脸无所谓，回答说："我们留言比酷，如果哪个同学写'愿你好好学习，将来成为国家的栋梁'之类的'正经话'就会被扣上'假正经'的帽子遭讽刺和排斥。"①这一新闻虽是个案，但有很强的普

① 《北京晚报》2005年7月25日。

遍性，它表明成人社会的消费主义价值观和生活方式，不仅更容易被年龄更小一些的高年级小学生直接认同与模仿，而且已在部分低龄青少年的价值评判中上升到了时髦和“酷”的地位，对主流社会价值观教育的排斥与否定十分明显。

中小学生中出现的这种较为明显的消费主义生活观偏向，与我们走访座谈了解到的中学生不断出现的成长问题密切相关。重庆市中区一所中学的班主任告诉我们，她所任的初中二年级的班上，有近五分之一的学生不把学业放在第一位，而是把主要精力放在追求吃、穿、玩的享乐上。有的学生为了与同学进行攀比，不断向家长要钱，个别学生甚至偷家长的钱或家里值钱的东西来卖。这些学生把无节制地满足自己要钱要求的家长称为好家长，否则就恨家长，把个人的享受凌驾于亲情、友情之上。有的学生害怕学习，害怕吃苦，经常对家长和老师撒谎，不到校上课而去网吧玩游戏、看电影录像。这部分中学生生活价值观和生活态度已严重地影响了这些学生思想品德和学业的健康发展，他们常常是问题较大的学生，在今后很难取得正常的社会性发展。青少年生活目标的享乐化和低俗化，必然缺乏积极、进取、拼搏的精神，无法经受生活的艰苦和挫折。而生活态度的消极，进取心的丧失，又使得青少年只能在物质享乐中获得生活的满足，无法体验奋斗有为的生活带来的种种精神享受和乐趣，进而将整个生活目标指向消费和享乐，缺乏创造和奋斗的生活志向和吃苦耐劳的精神。

（四）导致青少年犯罪率的上升

消费主义的泛滥不仅诱导青少年的消费观念和行为向消费主义取向发展，而且还直接刺激青少年物欲化、低俗化不良需要的横向膨胀。青少年正处于生理和社会性需要高速发展的时期，物质方面的需要处于高涨的状态。对社会上的新潮消费、时尚消费、享乐消费反应强烈，对标新立异的消费活动有强烈模仿与体验渴望。但是，我国社会特殊的经济发展水平，还无法让青少年通过自己的打工劳动来满足自我需要，其物质需要的满足还必须依赖家庭，父母长辈对青少年子女的需要满足总是有限度的，这就使青少年的物质需要常常处于相对"饥饿"的紧张状态。消费主义在现实社会的泛滥无疑会加重青少年的这种需要与供给的矛盾。而当思想道德教育又无力矫正消费主义价值观念对他们的不良影响，无法解决他们的思想矛盾和困惑时，部分青少年对物质和享乐的欲望就会随消费主义无处不在的影响日趋强烈，最后发生质的变化，产生强烈的不顾道德与法律约束的满足冲动。在这种环境下，欲望往往冲破理智的束缚，采用非正当手段——如偷盗，团伙抢劫、杀人越货等方式来满足自己畸形的物质需求和享乐欲望，从而滑向犯罪的深渊。

改革开放以来，我国加强了对青少年的思想品德和法制教育，加强了对青少年犯罪的综合治理，这些措施在一定程度上遏制了青少年犯罪的增长。但进入社会的转型期以后，以消费、享乐为特征的消费主义思想意识对青少年产生了极强的腐蚀作用，成人世界的不良消费风气又以最直观的方式感染着辨别力低下的青少年，使得青少年效仿和追求消费主义生活方式的人数出现一定的增长。为满足无止境的消费享乐欲望而走上违法犯罪的青少年，自上世纪 90 年代末以来一直呈上升的趋势。仅以济南市槐荫区人民检察院网上公布的青少年犯罪数据为例，该区 1997 年青少年犯罪为 63 人，1998 年 71 人，1999 年 84 人，犯罪率年上升率为 12.6% 和 18.3%。从三年实施犯罪的主体来看，青少年犯罪数为 218 人，占整个刑事犯罪数的 55.3%，从这一比例数中我们可以看到，青少年犯罪上升现象是比较严重的。青少年犯罪类型主要集中在盗窃、抢劫、伤害、聚众斗殴四种类型上，其中盗窃罪和抢劫罪就有203人，占青少年刑事犯罪总数的84.2%。北京市的有关专家对青少年犯罪案件综合分析发现，青少年犯罪的根本原因是受了消费主义、享乐主义、拜金主义等不良社会风气的影响。正是一些青少年爱慕虚荣，讲排场、讲穿戴、讲吃喝，好逸恶劳，梦想一夜暴富，过肆意挥霍生活的欲望，导致他们不惜采取一切手段来满足不正当的消费需要，最终陷入违法犯罪的泥坑。

四、抵御西方消费主义对青少年负面影响的对策

消费主义在我国经济转型期的泛滥，已对经济社会造成了明显的社会危害，对青少年人生观、价值观造成严重的负面影响，直接危及了青少年人格的健康发展。针对西方消费主义宣扬的享乐至上的消费取向，我们需要从理论和实践两个方面设置对策，以抵御消费主义对我国社会经济发展的危害，对青少年人生观、价值观的侵害。

（一）在全社会确立并倡导科学的消费价值观

消费主义在我国的扩散，虽然原因是多方面的，但最重要的是与进入转型期以来我国社会消费价值观指向不明密切联系。毋庸讳言，随我国经济的迅速发展、人民收入的不断提高、经济的可持续发展需要刺激消费等社会变化，计划经济时代以禁欲为主要特征的消费价值观，已经明显不适应经济转型期社会变化和发展的要求，不适应人的全面发展的要求。而消费价值观作为指导社会经济发展和人们消费追求取向的核心观念体系，它在现实中的指

向不明确必然带来经济发展和人们消费追求的困惑和混乱，这就为消费主义的传播、扩散并很快成为有广泛影响的社会消费意识创造了条件。因此，要从根本上抵御西方消费主义的侵害，必须确立适合我国国情、体现社会主义经济发展的最终目标——为人的全面发展服务的消费价值观，确立有助于提高我国人民特别是青少年物质生活和精神生活质量的消费价值取向，并积极开展这一基础性的文化建设工作。

对这一基础性的经济价值观的建设，需从“破”和“立”两个方面进行。要引导全社会认识西方消费主义的危害性，打破人们头脑中存在的现代化即西方式消费方式和水平的错误认识，消除消费主义价值观对人们思想观念的不良影响。西方消费主义打着现代化的旗号，披着刺激消费、促进生产的外衣，很富有迷惑性，很容易被人认为是现代观念而欣然接受。这就需要从思想理论上深刻揭示消费主义的本质和危害，使人们特别是喜欢追逐现代和新潮的青少年对此有一个理性而又清醒的认识。奉行消费主义虽然在一段时间内可能产生刺激消费需求、促进生产、增加 GDP 的作用，但是从本质上看，它必然给我国带来严重的社会危害。第一，消费主义奉行消费至上、享乐至上的消费原则，从理论上看它颠倒了消费和劳动的关系，背离了人首先要劳动创造——为人的消费创造对象和条件，然后才能具有消费条件的社会生活的本质。从实践上看，消费主义的泛滥只会堕化人们的思想，使人无休止地追求时尚消费、炫耀消费带来的快感和满足，为虚荣、显富而消费，背离消费为人的全面发展服务的本真目的，形成病态的消费人格。第二，消费主义以炫耀和奢侈消费为其基本特征，必然消耗大量不必耗费的资源，带来环境的污染和牺牲。以美国为首的西方发达国家都已开始反思消费主义的危害，在本土积极倡导环保型的生活方式。特别是他们可以利用自己的先发优势,把不发达国家作为获取自然资源和转嫁环境污染对象。而我国的发展性质决定,我国无法采用发达国家这样的手段。因此,在我们这样一个人口众多、生产力水平不发达、人均资源非常有限的发展中国家,推行消费主义的价值观念和生活方式,必然导致资源环境的严重压力,影响经济社会的可持续发展;破坏人与社会、自然的和谐发展。

为此,我们必须建立适合我国国情,体现时代的要求,把实现人的身心健康和全面发展,实现人、社会、自然的和谐作为评价一切消费活动的最高标准的科学消费观,以应对西方消费主义对我国社会和青少年健康成长带来的挑战和危害。这种科学的消费价值观需要包含以下内容:

1. 继承和弘扬我国传统消费价值观中的有益成分。

我国以艰苦奋斗、勤俭节约为主要特征的传统消费价值观,经过几千年的历史积淀,已经成为了中华民族生生不息的传统美德,成为民族繁荣昌盛的重要精神武器。它提倡的勤俭节约、反对奢侈浪费等消费思想和理念,不仅将奋斗放到了生活的第一位,客观地揭示了创造与消费的辩证关系,倡导了一种奋斗为先、享受为后、惜物知足、物尽其用的文化传统,而且特别重视人与自然的和谐共生关系,主张人的索取必须以自然的承受力为根本前提。这些思想,在今天仍然闪烁着深邃的智慧光芒,适合环保的潮流,适合我国的国情特点和民族传统心理,应通过各种途径的媒介宣传和政府部门的践行示范,使其发扬光大,成为社会的风尚,对社会尤其是青少年产生积极的观念影响作用。

2. 坚持适度、健康、环保的消费取向。

经济转型期的社会经济是发展的,为人们创造的消费对象是不断增长的,同时,市场经济体制的确立和完善使社会大众的劳动方式和收入也是有差异的，这就要求我们必须与时俱进，建构适合国情特点、适合社会主义市场经济发展规律、有助于社会和谐发展、人们身心的全面发展以及人与自然可持续发展的健康、适度、环保的消费取向，以指导广大社会公众进行科学合理、不断提升生活质量的消费选择。

所谓适度消费，就是要求人们的消费同我国社会不断发展的生产力水平、个人收入水平相适应，量入为出，通盘考虑，合理计划，不讲排场、不摆阔气。反对以浪费为特征的奢侈消费、不顾自我实际收入状况的盲目从众消费和攀比炫耀消费。国家的经济发展不盲目比照西方的模式，努力创造满足多层次收入水平的人们多样化的消费需要，倡导和鼓励多层次消费均衡与平等的消费价值观，转变以消费水平高低确定人的身份和地位的观念。所谓健康消费，则是要求人们选择的消费方式要以促进人的身心的健康、全面发展为目的，把消费当做发展人体能、智能和提高生活质量的手段与途径。反对单纯为追求感官刺激和物质享乐的庸俗消费和低俗消费，使消费真正实现促进人的全面发展的根本目的。所谓环保消费，就是要在消费过程中考虑消费带来的社会后果，考虑资源和环境的承载能力。要求生产单位在生产消费产品和开辟消费领域时，要充分考虑环境的代价，考虑后代人的生存发展利益，消费者要进行富有社会责任感和后代感的消费活动。特别是在当前我国资源不断减少、环境污染日益严重、经济社会可持续发展能力不断降低的情况下，更要摒弃那种只顾自己享乐不顾社会后果的自利性消费行为。适度消费、健康消费和环保消费，三者是紧密联系的，是从不同侧面提出的消费要求。它基于经济转型期的不断发展的社会现实要求提出，符合当今世界环境保护的潮流和我国可持续发展的要求，能够引导全社会的生产与服务以及人们的消费观念回归消费的本真目的，为建设节约型社会提供理论和观念的支撑。

提出经济转型期适合国情、体现消费本真意义的消费价值观，只是为抵御西方消费主义的不良影响确立了观念的武器。理论和精神的东西要发挥现实的作用，必须将它贯彻到人民群众中去，成为人民群众认识世界、改造世界的锐利武器。因此，要抵御西方消费主义价值观对我国人民特别是广大青少年的侵蚀，还必须花大力气在全社会培育和弘扬以传统美德为基础，以适度、健康、环保为核心的科学消费价值观。这就要求国家运用行政的力量，把这种承继优良传统，体现现代社会发展要求的现代消费观念，贯彻到经济发展战略和具体的经济政策中，使其成为当今社会经济发展和文化建设的基本取向。通过各项政策引导、法律调节和广泛的宣传方式，使这一科学的消费价值观为最广大群众尤其是青少年接受和认同，成为指导人们在消费实践中自觉践行的消费观念。主流社会始终不渝的坚持和推行这种科学的消费观念，是抵御西方消费主义对人们和青少年思想侵蚀的文化前提。因为，当一个社会没有属于自己的、深入人心的、能应对经济转型期社会变化要求的科学消费价值观时，社会和人们就难免不去盲目地接受他国的消费观念和消费模式。

（二）规范大众传播媒介的传播行为，抵御消费主义的入侵

从前面的分析中可以看出，消费主义作为一种价值观念、文化态度和生活方式，主要是通过大众传播媒介的广告宣传、消费的时尚报道以及某些反映西方奢侈、享乐、低俗甚至糜烂的生活方式的影视作品的刻意渲染而在社会和青少年中传播并扩散开来的。因此，要抵御消费主义的侵蚀，还必须规范大众传播媒介的传播行

为,使它们由传播消费主义的重要途径转变为传播科学消费文化的主要载体。

首先,媒介文化管理机关应进一步加强对媒介传播的监管。媒介的管理机关负有监督媒体行为、净化文化市场、引导舆论导向的职责和功能。规范媒介的宣传行为,主要由他们执行。第一,媒介管理机关要加强对电视、网络、报刊上的广告的监管,针对以往部分媒体传播虚假广告、误导消费者的情况,媒介主管机关务必要加强对广告内容、广告真实性进行评估,杜绝那些具有强烈消费主义倾向的广告出现在主流媒体中。对那些引起消费误导,甚至危害青少年身心健康的不实广告,要坚决查封,禁止它们的刊登和播出。第二,时尚报道和时尚发布作为引领流行的主要途径,对我国社会的经济生活发展趋势和青少年的消费意识倾向形成,起着至关重要的作用。因此,跟踪消费时尚信息、评估消费时尚的影响、监控消费时尚传播范围和空间也是媒介管理机关的重要任务。我国应积极建立和健全时尚发布和时尚报道的审核制度,分析国际最新流行时尚报道所蕴涵的深层次内容,科学评估可能对青少年形成的影响,禁止那些容易引起青少年思想混乱、价值困惑和行为失范的时尚报道的播出。第三,在电视和娱乐节目的引进和制作时要把好质量关、内容关。对过分露骨地炫耀资本主义奢侈、豪华的消费生活方式和观念的电视,应调整播出时间,减少包含消费主义观念意识的信息流泻,进而对青少年形成误导。第四,加强对网络、报刊的监控。网络、报刊的普及,为信息快速、便捷的传播带来极大方便,也给不良的思想文化的传播带来可乘之机。许多反映消费主义思想观念的文化制品,就是利用青少年对网络和低俗刊物的痴迷,通过建立网站、发行非法出版物进行传播的。因此,要紧盯媒体传播的动向,与其他职能部门紧密合作,加强对非法出版物的打击和取缔的力度。

其次,加强媒体对科学消费价值观的宣传。科学消费观的普及和深入,除政府制定相关的政策措施加以推行外,还要依靠媒体和舆论的力量。媒体对科学消费价值观的宣传,要结合时代发展的特点和受众的思想实际,以人民和青少年喜闻乐见的形式展现科学消费观的取向,使人们在不知不觉中接受先进消费观的指导。在传播内容上,要把体现艰苦奋斗、勤俭节约的优良传统,体现时代特点的拼搏、进取、创造精神的新闻信息作为传播的重点。在传播的主体形象上,要把艰苦创业、爱岗敬业、勤俭廉洁的先进人物作为传播的重点,形成对社会特别是青少年的榜样示范,引领他们在学习先进榜样的基础上,消除西方消费主义价值观的影响。

(三)加强党风廉政建设,树立勤俭节约的榜样示范

消费主义在中国的传播,除了西方国家强力推动和媒体的极力渲染外,先富群体和部分官员的消费主义行为起了直观的示范作用。特别是一部分政府官员,由于地位的特殊性,其消费行为的示范作用更强,辐射面更广,造成的社会消极影响更大。从某种意义上说,消费主义在中国的传播泛滥,与部分政府部门和一些工作人员存在的公款吃喝、钱权交易的不正之风密切相关。因此,加强党风廉政建设,树立政府和官员勤俭节约的形象,是净化社会消费风气、抵御消费主义侵蚀最重要的途径。

加强党风廉政建设,首先必须从严治党。从制度上对党员干部特别是党的领导干部的奢侈浪费和贪污腐化行为加以严厉制裁,以正党风。其次,要加强艰苦奋斗、勤俭节约的思想和作风建设。艰苦奋斗、勤俭节约既是中华民族的优良传统,也是我党的优良作风,是党取得革命和建设胜利、得到群众拥护的重要保证。当

前，坚持艰苦奋斗、勤俭节约的党风、政风、作风建设，需要着重做好干部的思想教育。第一，在党员干部中强化公仆意识，消除吃喝玩乐无大碍的错误认识。要求干部在工作和生活上严以律己，自觉践行吃苦在前、享受在后，艰苦奋斗、勤俭廉洁的党性要求，为社会特别是青少年树立自觉实践科学消费观的榜样。第二，充分挖掘在实际工作中出现的艰苦奋斗、勤俭节约的先进典型，在全党全社会广泛宣传，形成对全党、全国人民特别是青少年价值观的引导。第三，提倡行政节俭和公务节俭，坚决打击公款吃喝、公款旅游、公款玩乐，杜绝公务活动中讲排场、比豪华的奢侈浪费行为。2005 年的全国人民代表大会，务实、节俭的会风经媒体宣传在人民群众中产生了良好的社会反响，值得各级政府部门很好地学习借鉴。通过党风政风建设，在党内形成清正廉明、勤俭务实的良好风气，将对社会产生辐射、示范作用，从而形成抵御消费主义侵蚀的良好社会氛围。

（四）重视学校的消费观教育，构建抵御西方消费主义的稳固阵地

人总是以已有的思想观念为中介对客观外界的刺激和影响作出反应的，青少年对客观外界影响的反应也一样。他们是否受到或在多大程度上受到西方消费主义的不良影响，同他们已有的消费观念的状况密切相关。如果青少年具有比较正确的消费观，就能在一定程度上抵御消费主义文化的不良影响，反之则会加重西方消费主义的负面影响。青少年正确的消费观不是天生的，而是家庭和学校从小教育培养出来的。由于目前我国城市青少年绝大多数都是独生子女，加上社会消费主义风气的影响和升学就业的激烈竞争，绝大多数家长对子女的教育培养都主要放到了智能发

展上,消费观念的教育培养几乎处于缺失状态。作为青少年正确观念教育培养的主要阵地——学校,也因升学的压力,以致存在着忽略道德尤其是消费观念教育的状况。家庭和学校消费教育的缺失或忽视,使得青少年只能从现实社会的消费流行中、从大众媒介中获取整合消费价值观的信息,而这些领域里的消费主义倾向又是特别突出的,青少年形成的消费价值观也只能深深打上消费主义的印记。因此,加强学校对青少年的消费教育,培养青少年学生正确的消费价值观,是增强抵御西方消费主义对青少年思想影响最为重要的策略。

针对当前学校存在的忽略消费教育或教育效果不理想的问题,首先要求各级学校深刻认识消费教育在当代青少年人生发展中的重要地位。消费作为人生发展不可或缺的活动,每个人都需要一个正确的观念来指导,青少年正处在人生各种需要发展的高峰期,许多需要要求在消费活动中得到满足,他们同样需要正确的消费观念来指导。同时消费观念又与人生价值观密切联系,在青少年的人生发展中,消费观念取向往往决定着人生观的取向。因此,要把消费教育作为德育的一个基础性教育,放到突出的地位。认真研究消费教育的特殊规律,提高教育的实际效果。

其次,学校要坚持把科学消费价值观作为消费教育的主要内容,引导青少年消费价值观发展的方向。学校在对青少年进行科学消费价值观教育的时候,一定要结合青少年的年龄和身心特点,既要注重理论灌输教育,向学生正面讲解科学消费价值观的含义、内容和实践的重要意义;又要避免抽象的说教,避免用概念化的理论对学生进行灌输,为教育而教育。要紧密联系转型期社会纷繁复杂、不断变化的消费现象,引导青少年进行讨论、分析和价值判断,分清先进与腐朽、科学与愚昧、可取与不可取的性质。把科学的消费价值观教育融于形式多样的分析评判的活动之中。青少年学生的消费观教育,还必须同劳动教育、艰苦奋斗等美德教育结合起来,使学生在交叉性的教育活动中,深刻领会科学消费价值观的丰富内涵和价值意义。

再次,还要把科学消费观教育贯穿于学生的日常消费活动中,指导学生适度、健康、环保的消费实践。青少年学生的日常消费活动,是他们形成消费价值观的重要途径。因此,关注学生日常的消费活动,引导他们的消费行为,是学校开展消费观教育的重要途径。对学生的日常消费教育,更需要学校教育和家庭教育的互动,强化针对性。对家庭条件好的学生,要注意培养他们的自我创造意识,纠正坐享其成的思想,指导他们注重物质消费和精神消费的协调,优化消费结构,提升消费的质量。对条件艰苦的学生,要他们体谅父母,明白父母的艰辛,激发他们自我奋斗的热情。针对学生中出现的奢侈消费、攀比消费和品牌消费的现象,要及早发现,及时引导。通过在日常生活中倡导比学习、比本领、比素质,营造重学习、重创造、轻消费的校园文化氛围,使青少年在日常生活的教育和良好氛围的熏陶中,确立起科学的消费观念,养成高远的志向和勤俭奋斗的精神。

总之,只有根据转型期社会发展的客观趋势,从建构科学的消费价值观入手,加强媒体和舆论的导向作用,通过党风廉政建设,发挥党员、干部在消费生活中的榜样示范作用,促进社会适度、健康、环保的消费风气的形成,并在此基础上,结合青少年身心特点,强化青少年的科学消费观教育,培养青少年正确的消费观念和积极进取的精神,才能形成抵御西方消费主义对转型期社会和青少年侵蚀的整体防御体系。忽视其中的任何一个环节,都很难抵御西方消费主义这一现代怪物对我国社会文化和青少年思想带来的不良影响。

第 六 章

西方拜金主义与转型期青少年的义利观问题

拜金主义是资本职能及其运动目的在资本主义社会意识形态上的反映，是资产阶级利己价值观的核心内容，是资本主义社会重要的行为原则。我国经济转型以来，西方拜金主义伴随我国市场经济的确立，在社会各阶层形成扩散之势，对青少年思想形成明显影响。拜金主义思想观念不仅给我国经济、政治和文化建设带来诸多不良影响，而且对青少年的健康成长造成了危害。本章将对西方拜金主义的内涵、拜金主义在西方社会的形成发展过程、在我国经济转型期的扩散及对青少年思想与行为的危害等问题进行全面研究，在此基础上探寻抵御西方拜金主义对我国社会和青少年思想侵蚀的对策。

一、拜金主义是西方资本主义社会的普遍价值观

（一）拜金主义内涵及其形成根源

拜金主义是指像崇拜神一样地崇拜金钱——货币的一种思想和行为，又名货币拜物教，是一种把获取金钱视为人生最根本的生活目的和原则的思想观念，它集中表现为“金钱至上”和“一切向

钱看”。其内涵具体体现为以下几方面。

一是在金钱的价值判断和认识上，将金钱视为人世间惟一的最高价值物。拜金主义的核心是金钱万能，认为在人世间所有有价值的物中，钱的价值高于一切，对人最有意义，无论是良心、正义、荣誉、声望还是家庭、民族、朋友、爱情等，与钱比较起来都是次要的。当它们与钱发生冲突时，理所当然地选择金钱而抛弃后者，把金钱的作用无限拔高，视金钱具有无限的魔力。在拜金主义看来，钱是人间价值的最终表现，它可以购买、替代其他一切价值。有了钱什么东西都可买到，任何愿望都能实现，甚至单单有钱本身，就可使人获得巨大的满足，弥补缺少道德、知识、家庭等等的一切缺憾。正如马克思深刻讽刺的一样：“我是一个邪恶的、不诚实的、没有良心的、没有头脑的人，可是货币是受尊敬的，所以，它的持有者也受尊敬。货币是最高的善，所以它的持有者也是善的。此外，货币还使我不必为成为不诚实的人伤脑筋，因为我事先就被认定是诚实的，我是没有头脑的，但货币是万物的实际头脑，货币持有者怎么会没有头脑呢?”①

二是在获取金钱手段的认识和判断上，主张不择手段地捞钱。拜金主义信奉“饿死胆小的，撑死胆大的”，为了金钱可以无视社会公德和法律，只要能以最小成本换取更大的金钱回报，就可以什么都不顾，不惜出卖友情亲情，不惜损害人格国格，牺牲他人和国家民族的利益。为了金钱不仅可以敲诈勒索，行贿受贿，甚至可以贪污、盗窃、杀人行凶等等，是典型的惟利是图的逻辑。在拜金主义那里，“有50%的利润，他就铤而走险；为了100%的利润，他就敢践踏一切人间法律；有300%的利润，他就敢犯任何罪行，甚至

---

① 《马克思恩格斯全集》第23卷，人民出版社1995年版，第274页。

冒绞首的危险”①。甚至连“圣徒的遗骨”都可以商品化。

三是金钱成为评价一切的惟一尺度。拜金主义把金钱作为人生价值评价的惟一标准,作为人生追求的最终目的和全部内容,作为道德行为评价的最高准则。拜金主义嘲笑对完善人格和对崇高精神的追求,严重漠视道德、婚姻、友谊、艺术欣赏和健康等金钱以外的人生价值。将人生的价值用有无金钱和金钱的多寡来评价。人有钱就有价值,钱越多价值也就越大。赚到钱的人生是有意义的充实的人生,没赚到钱的人生是苍白的凄惨的人生。在行为追求上集中表现在两个方面:一方面表现为不顾一切地追求金钱来使自己增值;另一方面表现为不近人情地挥霍和浪费,以显示自己的“价值”。正如恩格斯对拜金主义批评的那样:“一切生活关系都以是否能赚钱来衡量,凡是不赚钱的都是蠢的,都不切实际,都是幻想。”②

拜金主义的形成从其历史渊源来看,是与商品经济密切相联系的,商品经济是拜金主义产生和存在的经济条件。在商品经济的发展过程中,商品价值形式的货币化表现,使货币的功能和价值凸显出来,形成了拜金主义的核心意识形态——货币拜物教,而货币拜物教又和商品拜物教有着不可分割的联系。对此关系,马克思在《资本论》中给予了深刻的揭示:“货币拜物教的谜就是商品拜物教的谜,只不过变得更明显,耀眼了。”③所以,探寻拜金主义产生的根源,首先必须从商品拜物教入手。

---

① 《马克思恩格斯全集》第23卷,人民出版社1995年版,第146页。

② 同上书,第829页。

③ 同上书,第111页。

商品拜物教是把商品加以神化来崇拜的一种思想。正像古代人由于缺乏科学知识把某种物神化加以崇拜的拜物教一样，马克思把这种现象叫做商品拜物教。在远古时代，生产力水平十分低下，劳动产品极为有限，维持生存都很困难，没有什么剩余产品，当然也不存在交换，也不会有商品拜物教这种现象存在。随着生产力水平的提高，出现了剩余产品，在生产资料和产品私人所有的基础上，出现了产品的交换。但私有制的出现并不意味商品拜物教的出现。譬如，欧洲中世纪的封建庄园。那里的物质生产、社会关系以及建立在其上的生活领域，是以人身依附为特征的。农民依附在封建土地上，以劳役为封建主耕作，所生产的产品则作为实物贡赋被征收。封建主和农民间复杂的生产资料与劳动交换关系，表现为实物间的直接的交换，所以没有商品世界的神秘性。商品拜物教的形成是和商品生产分不开的。所谓商品生产就是专为“卖”而进行的产品生产。在以私有制为基础的商品生产条件下，商品本身是商品生产者生产出来的东西，但商品的命运即能不能卖出和卖价的高低支配着商品生产者的命运，市场上的商品交易形成一种神秘的力量统治着商品生产者，这就造成商品生产者的幻觉，好像商品天然具有支配人们的命运的力量。

其实，形成这种状况的原因是由于生产商品的劳动是私人劳动和社会劳动对立统一的性质决定的。商品是彼此独立进行的私人劳动的产品，只有通过交换才发生社会接触，生产者之间才能取得对方的产品，私人劳动才能在事实上被证实为社会总劳动的一部分，私人劳动特殊的社会性质在这种交换中表现出来了。由于商品交换，进而使劳动产品之间、生产者之间发生了社会性关系，即商品生产中相互交换劳动的关系，实际上是以物与物之间的社会关系表现出来的。① 正是由于这种在商品生产和交换中出现的对生产商品的劳动的社会性质虚幻、颠倒的反映，商品获得了一种凌驾人、支配人的神秘性质，催生出人们对其神秘性的膜拜。

随着商品经济的发展，商品交换的价值形式发展为一般等价物形式，金银在商品交换中固定充当一般等价物的作用和地位得到巩固和确定，商品拜物教也就发展为货币拜物教。黄金不过是一种贵金属，它只有在一定的社会关系中才成为货币。黄金一旦成为货币，它就从人的劳动产品变成一种特殊商品，即作为一般等价物同任何商品相交换。这样，货币就获得一种购买一切、占有一切商品的社会属性。商品生产者的社会关系更加颠倒地表现为商品与货币的关系。这样，商品生产者的命运如何，商品价值能否得到补偿，也全看其商品能否交换成货币和交换多少货币。在这个转换过程中，商品支配人一跃而变成货币支配人。货币，而不是人的社会劳动，俨然成为商品世界中至高无上的权威。谁拥有它，谁就拥有一种社会权利，凭借这种权利，可以获得按照他的个性和能力本来不可能得到的东西，拜金主义也就此产生了。

从以上分析中不难看出，自从商品生产或商品经济成分在社会经济中存在以来，金钱万能的观点便不同程度地存在着。“钱能通神”、“有钱能使鬼推磨”这样的世俗观念，其历史可以追溯到很远。诸如《钱神论》这样的作品，在中国的出现也是很早的事。不过，古代经济（包括封建经济）的基本形态是自然经济，商品经济还处在简单商品经济阶段，货币（商品）拜物教的影响很有限，拜金主义虽然存在，但始终不能成为社会的普遍观念。这是因为，

---

① 《资本论》第1卷，人民出版社1995年版，第88页。

一方面，在古代农业社会中，自给自足的自然经济占主导地位，商业活动的范围很小，真正的商业民族只存在于社会的空隙中，作为商品经济衍生出来的货币拜物教，相应的也只在十分有限的阶层中（如中国封建社会的商人）存在；另一方面，古代社会是等级制的阶级社会，统治者以等级特权来维持统治。商品经济的发展必定瓦解自然经济，进而以“自由”、“平等”的人权取代等级特权，以非等级的阶级代替等级的阶级。因此，抑商轻利就成为等级制统治阶级抵御这种瓦解的最好武器和信条，商品—货币拜物教也难以在社会生活中占统治地位。所以无论在生产目的还是在人的价值上，封建社会很难看到拜金主义普遍而深刻的印记。在封建的等级制度下，门第的高低决定一个人的价值。这也是在我国这个封建制漫长的社会中，拜金主义始终没有成为社会主导价值观的原因。但是拜金主义没有成为社会主导价值观，并不等于它在社会中不存在。在以占有最大量的社会财富和炫耀富有为荣的统治阶级中，拜金主义始终是他们重要的意识形态。譬如，齐国的景公做了一双鞋子，鞋带是用金丝织成，鞋面与鞋口镶着白银和一串串珍珠，鞋头还缀着美玉，上朝时，由于鞋子太重，“仅能举足”。历代封建王朝的衰败和灭亡，都与统治者的贪欲和腐化有着直接的联系。

（二）拜金主义是西方资产阶级的根本价值观

拜金主义产生于私有制条件下的商品生产之中，但却是在资本主义制度中发育成熟，最终成为资产阶级的根本价值观念的。15 世纪末 16 世纪初，哥伦布远航美洲，绕过好望角到达印度，麦哲伦环球航行成功带来的地理大发现，不仅使正在崩溃的西欧封建社会内部的革命因素迅速地发展，也给当时处于萌芽状态的资本主义经济注入了新的活力，给新兴的资产阶级开辟了新天地。资本主义的产生和发展，除了要以生产力发展为基础外，还必须具备两个基本前提，即要有大批丧失生产资料的自由劳动者和巨额的货币资本，尤其是货币资本的积累，更是资本主义发展的不可或缺的关键性因素。为了使以货币为等价物的社会财富迅速集中到资产阶级手中，资产阶级往往用暴力手段使生产者和生产资料分离。英国的圈地运动就是最彻底、最典型的表现。这场羊吃人的运动，证明了资本主义发展的每一个铜板都沾满了被剥削者的血和泪。从资本主义生产方式确立的过程可以看出，资产阶级一开始就不可避免地沾满了铜臭气，具有了拜金主义的性格特征。在简单商品条件下，生产以个体私有制和个体劳动为基础，生产和交换的目的，是为了购买商品，以满足生产者本人及其家庭的需要。尽管交换者也会计较自身利益，但仅仅追求的是等量劳动的互换，对金钱的追逐是有限的。资本主义生产方式确立后，强化了商品经济发展的动力机制，商品经济获得前所未有的发展，成为普遍的和占统治地位的经济发展方式，生产关系的物化达到前所未有的地步。资本主义商品生产是以资本的私人占有和雇佣劳动为基础的，资本家生产的目的就是为了赚取剩余价值。资本及其运动是剩余价值生产的前提，而资本则是由货币转化而来的，在这里，货币不只是一般等价物，不只体现交换、支付等职能，而且还可以给资本家带来成倍的利润。资本家不过是资本化的货币的代名词，他们的灵魂就是货币资本。资本不断增值运动，强化了资本家对金钱无止境的追求，因此，“金钱至上”不过是资本主义剩余价值规律在资产阶级思想意识中的反映。资本积累、资本投入和资本获利活动中表现出来的货币资本的神奇力量，在资产阶级身上必然表现为赤裸裸的拜金主义，表现为贪婪、疯狂地追求金钱和财富。在资产阶级眼中，钱就是一切，人活着就是为了赚钱，除了快快发财，他们不知道还有别的幸福，除了金钱的损失也不知道还有别的痛苦。正如马克思揭示的：在资产阶级看来，世界上没有一件东西不是为了金钱而存在。资产阶级作为以赚钱为目的的阶级，与拜金主义有着天然的关联性，拜金主义也因此成为资产阶级的根本价值观。

不可否认，拜金主义作为一种意识形态，曾为资产主义商品经济秩序的建立提供过强大的世俗驱动力，对资本主义经济的发展起过积极的推动作用。拜金主义与拜神主义相比具有一定的历史进步性。因为金钱是人的劳动价值的货币化表现形式，对金钱的崇拜，将人的追求从对神的崇拜转变为对人的劳动创造物的崇拜，能在特定的社会关系下促进人劳动创造的欲望。金钱作为一般等价物，之所以有好恶之分，是由它所代表和反映的社会生产关系决定的。当恩格斯说金钱“臭”的时候，指的是金钱所代表的资本主义的剥削关系。在这种关系中，资本家的钱来自于对工人劳动价值的占有，是剥夺的代名词。这种拜金主义驱使资本家去追求利润的最大化，获取更多的剩余价值。为了掩盖剩余价值的来源，资产阶级总是极力宣扬“金钱至上”、“金钱万能”的观点，宣扬货币和资本自行增值的神话，因此拜金主义很快发展为腐朽的价值观。在资产阶级那里，不仅一切劳动产品都成为商品，甚至连人的良心、名誉等也成为商品。商品货币关系囊括了社会生活的全部领域和全部关系。人与人之间除了赤裸裸的利害关系，除了冷酷无情的“现金交易”，就再没有任何别的联系了。在资产阶级看来，金钱是生产的目的，也是人生价值评价的唯一标准和人生追求的全部，是道德行为评价的最高准则，其结果就是人成为金钱物欲的奴隶，资产阶级也由生产力发展的推动者变为了龌龊卑贱的“财迷”。资本家这种对资本——金钱的狂热追求，决定着资本主义生产方式的一切主要方面和主要过程。直至今天，西方资产阶级为了不断扩大商品销售的市场，获取更多的剩余价值，奔走于全球各地，到处落户，到处建立联系，只要他们的资本到达哪里，就将那里的淳朴的人际关系变为赤裸裸的金钱关系，将社会引入追求金钱而不顾一切的拜金主义泥潭。这也是当今以西方发达国家为主导的经济全球化，在为发展中国家带去发展资金、技术，使原有落后的生产力得到一定提升时，给市场制度还不健全的发展中国家带去的文化和观念上的灾难。

（三）拜金主义成为西方社会普遍价值观及其危害

拜金主义是西方资本主义发展的必然结果，因此，拜金主义不仅是资产阶级的根本价值，在其占统治地位的社会中，也必然成为人与人之间关系的根本原则，成为人们社会生活的原则和道德行为标准。

首先，获利欲望的普遍性是拜金主义成为西方社会普遍价值观的重要原因。资本主义生产方式的确立要求劳动力成为商品，这是劳动转化为资本从而实现剩余价值生产的前提。“商品是天生的平等派”，当农民离开土地成为自由民、获得自由出卖自己劳动力的同时，也有了获取更多利益的愿望。利益需要是激发人意识活动的基本动因，是价值意识的深刻基础，获利欲望就是利益需要转化为人的意识活动的一种欲求状况。获利欲望是具体人的具体的欲望，它直觉地、直观地表达主体的客观需要，受到获利主体所处的社会生活关系和原有文化心理结构的制约，具有一定的社会历史性。西方资产阶级为巩固和发展其资本主义的生产方式，将商品货币关系渗透到全社会各阶层，使生产关系的物化达到前所未有的程度；资本主义生产方式的特性，不可避免地将资产阶级的拜金主义的价值观深深渗透到社会生活的方方面面，让人随时感受到货币——金钱具有的主宰和左右人们的贫富、荣辱的神秘力量。在这种金钱左右一切的资本主义社会中，普通大众的获利欲望不可避免地受到拜金主义的影响，进而表现出对金钱的绝对崇拜和追求的。

其次，随着商品交换的范围日益扩大，货币使用的频率日益提高，从事钱币兑换、吸收存款和发放贷款的银行业应运而生也是拜金主义普遍化的一个影响因素。借贷业务的产生将银行的活动书面化了，支票和证券交易成为可能，货币进一步符号化了。人类在简单的商品经济时期所从事的具体的、生动的商品生产开始转化为了一种抽象的、蕴涵了大量投机因素在内的老谋深算的阴险活动。对各种各样有名有状的财富的追求演变为唯一的、抽象的货币量的追求。在市场上人们唯一认同的是货币金钱，货币成为全社会共识的价值之物，金钱拥有量成为处于经济活动中的人们的唯一的社会身份特征，金钱成为社会各阶层人们进行社会交往的通项，货币的经济效能被泛化到社会生活的各个领域，由此，拜金主义由统治阶级向社会其他阶层蔓延便成为了不可避免。

此外，西方的功利主义、实用主义等理论对拜金主义作的合理性阐述，从理论上强化了拜金主义的思想和行为的合法性。西方功利主义是一种把“功利”作为人的行为准则的伦理学说。这种学说从抽象的人性论出发，认为趋乐避苦是人的本性，个人利益是人类行为的基础，衡量人的行为善恶的根本标准是看该行为能否满足个人利益，能否给个人带来快乐。把注重实用、追求行为效果尤其是经济行为效果看成是采取行动的至关重要的因素，将是否有利可图作为判定行为是非善恶的标准。西方功利主义是和资本主义生产方式相适应的资产阶级意识,对资本主义经济基础的发展和上层建筑的巩固起了重大作用,但它明显地强化了全社会人们重利轻义的非道德倾向。金钱至上,便合理合法地成为人们生活的导航标。实用主义是适应垄断资产阶级贪得无厌地追求超额利润和推行霸权的需要而发展起来的意识形态,是一种从“存在就是有用”的主观唯心主义前提出发,不讲“主义”、“良心”,而是把“方便”和“有用”作为人生处世原则的理论。受其影响,资本主义社会中漠视道义和精神追求、只讲经济“实惠”的观念和行为大行其道,使得“一切向钱看,离钱玩不转”的拜金主义思想和行为越来越畅通地在社会上流行。西方功利主义和实用主义等理论的传播和流行,不仅给“一切向钱看”的拜金意识提供了理论上的支持,而且使西方社会的人们对自己追逐金钱和财富,斤斤计较个人利益得失的行为感到心安理得,拜金主义由此成为西方社会人们普遍遵循的价值观。

拜金主义作为一种在西方社会影响深远、过分夸大金钱作用的价值观,必然给人类社会发展带来极大的危害性。这是因为拜金主义以金钱多寡而不是以劳动、创造和贡献大小衡量人的价值,造成对人的本质的否定,对人的价值判断的颠倒,使创造价值与钱财的主人异化成为金钱的奴隶。拜金主义是以金钱的富足而不是以进步的社会理想作为人生追求的最终目标,造成人生观念的倒退、贬值,使人蜕变为只会图谋狭隘私利的庸人。拜金主义是以金钱的谋取而不是以对他人对社会的义务和责任作为善恶评价标准,造成道德观念的沉沦和溃决。拜金主义在西方国家的滋生和流行,打破了社会物质文明和精神文明追求的平衡,使社会追求的重心极端地偏向物质和金钱,给社会带来了“道德沦丧”的代价,造成了资本主义社会难以根治的精神危机和社会病。

二、西方拜金主义在我国经济转型期的扩散及其表现

(一)拜金主义在我国经济转型社会的滋生与扩散

我国古代社会主要以自给自足的自然经济为主。这种以家庭为中心的小农经济,交换有限,人与人的关系更多地表现为人情的关系,不具有拜金主义滋生和泛滥的土壤。另外,传统文化中儒家义利观给社会带来的长久而深刻的影响,也是拜金主义没有成为社会主导价值观的原因。在对待义利关系上,儒家以义为重,以义为先,以义为上,要求人们见利思义,重义轻利,以义制利。认为,义和利的作用各不相同,“利以养其体,义以养其心”。义是人的本质需要,比利更可贵,更重要,更根本。因此,“君子喻于义,小人喻于利。”孔子还强调“君子爱财,取之有道”,甚至在必要时“舍生取义”,认为“不义而富且贵,于我如浮云”,鲜明地表达出反对不义钱财的态度,这种义利观渗透着一种为公利而牺牲个人私欲的公利思想。东汉的马援临死时把朝廷的赏赐都分给“昆弟故旧”,说:“凡货殖财产,贵其能施账,否则守财虏耳!”当然,在社会的主流思想之外,也存在重利轻义甚至爱财如命的世俗观念和行为,历代的野史及市井小说对此现象都有大量的反映。有感于世人在金钱面前的丑态,东晋的鲁褒曾作《钱神论》,对拜金现象给予辛辣的讽刺与鞭笞。可见,在中国古代社会,“先义后利”的思想得到大多数人的认可,受到人们的推崇,而拜金主义的思想和行为总是受到社会的鞭挞和唾弃。处于正统地位的价值观总是强调人的精神价值和道德价值,并且要求人们淡泊名利,不要为金钱和物欲奴役。这种思想在私有制社会中,虽然不可避免的带有漠视

个人尤其是漠视下层人民正当利益要求的倾向,不利于商品经济关系的产生和生产力发展,但却增强了社会的稳定和以德治国的功效。因此,在中国,重义轻利,主张在名利面前,不争、不夺、不抢,忍让求和,安分守己,知足常乐的思想意识一直有着强大的文化势力。生活在社会下层的广大民众一方面迫于政权的压力和舆论环境的制约,另一方面更是由于小农经济条件下,广大人民不可能具有封建统治阶级那样的获利的机会,而与临近的人和亲朋好友和睦相处、相互帮助成为了生活的必须,生活快乐的重要组成部分,因而重义轻利的思想便成为社会上上下下都认同和推崇的价值观念,经过长期的潜移默化和历史积淀,变成了我国社会文化主导的意识形态。

传统计划经济体制是建立在单一的公有制基础上的经济形式,是按国家的指令性计划来进行资源配置,其中包括个人消费品的获得,国家经济生活和人与人之间的经济往来主要由行政权力进行分配,商品交换只在有限的范围内进行。加上强大思想政治教育攻势,意识形态上空想社会主义和平均主义几乎成为中国社会的主流。在个人生活领域中节欲、禁欲的观念始终占据主导地位。由于物质财富匮乏,在全社会形成了赞美贫穷,以苦为乐,视金钱为粪土的风气。商品意识、金钱观念相对淡薄,契约观、平等交换意识缺乏。所以,即使人们懂得金钱的重要,甚至在一些人头脑中存在拜金观念,但在完全的计划经济和意识形态的制约下也不会导致拜金主义的泛滥。

改革开放改变了延续30年的计划体制,极大地推动了我国社会商品经济的发展,尤其是经济转型以来,市场经济条件下的商品生产、商品交换活动成为社会生产力和经济发展的主要活动方式。市场体制将人放置到市场之中,变成了拥有个人特殊利益的市场主体，市场中最通行无阻、最有影响力的金钱货币的价值，一下子显现出来，拜金主义也随之从西方社会迅速地传播过来，在经济转型社会扩散，并在极短的时间里滋生蔓延，造成我国社会主导文化价值观的断裂和人们行为的极大混乱。拜金主义在我国经济转型社会快速的滋生和蔓延，究其根源主要是以下几方面因素的作用：

1. 商品货币关系的客观存在和发展是拜金主义滋生的经济基础。

马克思和恩格斯曾经设想，社会主义社会，“一旦国家占有生产资料，商品生产就将被消除”①。但实际上，今天我国社会主义的情况要复杂得多。由于生产力发展水平的有限，物质产品还没有丰富到各取所需的水平。我国社会主义当前的所有制情况是以公有制为主体、多种经济成分并存，还存在着个体的、合资的、股份的等多种非公有制经济成分，各种经济成分之间存在着利益上的差别性。所以，在社会主义初级阶段私人劳动和社会劳动的矛盾尚未完全消除，生产者的劳动具有直接社会劳动的性质，还只能是局部的。在绝大多数情况下，生产者之间相互取得对方的产品，以及企业的局部劳动转化为社会劳动，仍然必须通过商品交换，遵守以货币为等价物媒介的等价交换原则。这就无法取消货币在商品流通中所承担的各种职能，无法否定货币是一切商品的等价物和物质财富的象征。商品形式依然是生产关系借以实现的形式，生产关系的物化和物支配人的现象，并没有也不可能完全消失，劳动产品一旦作为商品来生产，就会带上商品拜物教的性质，就必然会出现拜金主义。加之，商品经济是人类不可超越的阶段，社会主义社会必须通过大力发展商品经济来促进生产力的发展。我国经济

① 《马克思恩格斯全集》第23卷，人民出版社1995年版，第679页。

转型的实质,就是进一步发展商品生产关系、提高社会生产力水平。今天,我国社会生产和人们生活中的劳动价值交换频率和范围,正在出现中国历史上从未有过的扩大趋势,而价值交换关系主要通过金钱货币来体现,因此,商品货币关系的存在和发展是我国经济转型社会拜金主义滋生的经济基础。

2. 经济转型和市场经济是拜金主义扩散的根本原因。

市场经济是商品经济的高级形式。发展市场经济就是利用商品货币关系来实现社会资源的合理配置,发展社会生产力。市场经济的运行机制,特别是支配市场经济的基本法则——价值规律,要求并允许企业和个人追求利润的最大化。物质利益机制的成功适用,分工的发展,利益的分化,生产和需要的相互依赖,极大地调动了人们参与社会实践活动的积极性,劳动价值交换更加普遍化和经常化,金钱开始全面渗入生产、分配、交换和消费的各个环节,形形色色的封建羁绊被无情地斩断,金钱的价值和意义被突出体现出来,人们的金钱意识空前高涨,相当一部分人在计划体制下蛰伏的金钱欲被呼唤出来。加上市场经济体制建立之初,制度还未健全,难免财富分配不均,一夜之间成富翁的神话成为现实,“大腕”、“大款”的摆阔斗富,造成人们心态失衡和情绪焦虑,人的谋利活动终因“抵不住的诱惑”而向金钱倾斜,使金钱在日常生活中的超常作用进一步得到扩展。

当然,市场经济不等于拜金主义,市场经济只是拜金主义扩散的诱因,是该现象产生的一种可能性。从可能性变为现实,还要有其他因素共同起作用。如果国家能够更好地利用政治的作用加以控制,拜金主义泛滥的现象是能在一定领域、一定程度上得到有效制约的。众所周知,新加坡是实行以私有制为基础的市场经济体制的国家。那里的精神文明状况被公认是搞得比较好的。不能说那里没有拜金主义现象,但至少好于它周边国家和地区。这与新加坡在发展经济的同时,非常重视制度因素和精神文明的建设密切相关。一般来说,拜金主义泛滥,是导致社会违法犯罪增加的一个重要因素。从新加坡与其他相邻国家和地区的犯罪率比较中可以看出,他们国家的拜金主义思想和行为受到更好的控制。据一份美国报纸报道:"在亚洲的许多大城市,如台北、香港和曼谷,经济迅速发展的同时,犯罪率也上升了,但是,新加坡一向不认为治安状况恶化是经济繁荣的代价。"①新加坡现在被公认为是世界上让人感到最安全的地方之一。可见,在政治廉明、市场规则比较完善、人们文化修养和道德水平较高的地方,拜金主义至少不至于成为威胁社会秩序、颠倒整个社会主导价值观的势力。我国经济转型社会正处于计划经济体制向市场经济体制转型的交替时期,人们获利的欲望被市场经济机制极大地激发了出来,而与市场经济体制相应的市场规则、法律制度、政治体制不可能一下建立和完善,并发挥有效的社会控制作用。这种经济转型环境无疑是拜金主义滋生扩散的根本原因。

3. 国家市场经济的管理体制不够完善是拜金主义扩散的重要原因。

进入经济转型期以来,我国进入了新旧体制交替的关键时期,旧的体制和规范已不适用,正常的社会主义市场经济秩序不能一下建立起来,这就必然会出现一些滋生拜金主义的空间。特别是旧的管理手段弱化了,而旧的管理结构未变,即每个公共职位点上的权力作用未变,势必对一些掌权者缺乏相应的约束和监督,这就给一些个人和企业用不正当手段谋取暴利提供了比过去更加方便

① 王锐生:《"拜金主义"论析》,《求是》杂志1995年第10期。

的“机会”。加之体制转型过程中,新事物新问题不断出现,用来规范社会经济生活的法律体系还很不完善,市场规则也不够健全,有些经济活动还没被纳入法律规范的轨道,为某些人追求不正当的利益提供了可乘之机。一些人利用不正当手段在市场经济中迅速富起来了,更加刺激了人们的“金钱欲”。以“撑死胆大的,饿死胆小的”为信条,铤而走险的拜金主义意识和行为因此获得了不少人的认同。另外,我国处于市场经济建设的初期,国家对市场经济的宏观调控经验还很缺乏,政府的组织功能和政策导向还不能一下到位,从而导致市场的调节仍然具有很大的盲目性,个别企业或生产者的产品因过剩或质量差等问题销售不出去,经济效益差甚至破产的情况必然频繁的发生。人们更加把自己的命运寄托于交换是否成功和由此体现的货币数量上,对货币的崇拜也就扩散开来。

4. 西方经济模式和文化的影响是拜金主义扩散的催化剂。

改革开放,国门大开,加强了与西方国家的经济和文化交流。特别是在经济全球化背景下,以美国为首的西方资本主义国家凭借其资本和技术上的优势,对全球进行资本与技术的垄断,向全世界输出其生产方式、生活方式和价值观。经济转型期以来,中外合资、中外合作以及外商独资企业增加很快。西方的经济模式的进入和合作带来了新的管理理念和管理制度,打破了过去职工吃企业的大锅饭、企业吃国家大锅饭的传统企业制度,建立了新的企业制度。但资本主义生产方式中的拜金主义和惟利是图,也随着开放的世界市场,借助经济全球化这个助推器袭入国门。特别是在信息全球化过程中,携带着西方各种价值观的西方文化制品和互联网信息在我国得到了强势传播,其中鲜明的拜金主义价值观不知不觉进入人们的视野,对人们正在建构的适应社会转型变化的价值观产生潜移默化的影响。无疑又极大地强化人们的金钱欲，加重了业已形成的拜金主义的倾向。

5. 思想政治工作的软弱无力，助长了拜金主义的扩散。

经济领域里的市场化发展对我国许多的传统价值观提出了挑战，其中计划经济时代形成的许多价值观念显然已经不能适应经济体制转型的要求，市场经济的确立和发展必然要求人们树立与之相适应的新的价值观。这时思想政治工作对社会正确价值观的建构和对广大人民的价值导向就显得尤为重要。然而，在人们对许多问题感到困惑的经济转型初期，思想建设却没有及时跟上。一方面，由于没有从理论上及时阐明市场经济条件下要求树立的新观念与原有集体主义价值观的关系，因而不能及时、主动地引导人们的利益观念朝适合社会主义市场经济发展的方向转变。人们在经济活动中自发形成的观念转变，往往从一个极端跳到另一个极端，导致大众社会心理由不敢言利急转至拜金主义。另一方面，思想理论界不仅对西方拜金主义思想缺乏有理有力的批评，而且还经常出现指导观念上的偏差。比如，面对市场经济确立和发展初期出现的一些钱权交易现象，一些所谓的理论家提出“腐败正常论”，个别人还对西方功利主义、实用主义等进行不正确的解读，为“人性自私”、“有用即真理”等错误观点进行所谓的正名，这种思想理论滞后与偏差，客观上助长了利己主义思想的膨胀和拜金主义思想的泛滥。特别是在经济转型初期，社会上不少人把社会主义市场经济等同于资本主义市场经济；将搞市场经济等同于允许人们“一切向钱看”；将市场交易规则扩大到社会生活的一切领域，把一切社会关系简单化为交换关系，出现了一系列错误的思想认识，而引导人们提高思想觉悟、端正认识的思想政治工作，由于经济转型的冲击，在不少地区和单位受到了不同程度的削弱，基本上处于说起来重要、做起来次要、忙起来不要的状态，对人们在市场经济中产生的错误认识，基本上没有能力进行系统而深入细致的思想引导，因而又进一步地放任了拜金主义的泛滥，使拜金主义的思想在社会上更加肆无忌惮地流行起来。

（二）拜金主义在经济转型社会的表现

经济转型社会的拜金主义已渗透到社会生活的各个领域和层次，成为一些人的价值取向和行为准则。拜金主义行为在当今社会集中表现在以下方面：

1. 部分市场主体的违规逐利行为。

进入经济转型期以后，我国社会最大的变化是，各种不同所有制性质的市场主体，在相对自由的市场上展开激烈的竞争。本来市场竞争的内容是多方面的，包括技术、质量、品牌、服务、市场占有等利润增长核心要素的竞争。这些因素的竞争无疑会带来市场的优胜劣汰，推动社会整个生产力的发展。然而，由于我国的市场经济是在单一的公有制计划经济的基础上由政府推动确立起来的，因而，市场各个要素的发育还处在初级阶段。一方面，市场的整个生产力水平比较低，由单一的公有制企业迅速发展到私人的、合资的、股份的等多种经济成分，自身的素质还远不能达到成熟的市场主体竞争的要求。另一方面，市场的竞争规则也还不可能一下子建立起来，规则的贯彻执行更难迅速全面的覆盖到位。经济转型期市场经济发展的这些不成熟的状况，使全面的市场要素的竞争，在不少市场主体尤其是一部分急功近利的经营者眼中成了单一的赚钱竞争。一些经营者为了在短期内赚到尽可能多的钱，不惜制假造假、以次充好、偷税漏税，有的甚至走私贩私、暴利经营，用违法的手段谋取不义之利；一些经营者无视国家确立的维护职工基本权益的法律法规，任意克扣工人工资，延长工作时间，不健全工人的各种劳动保障体系，甚至采用非人性的管理，侵害工人的利益。部分市场主体这种不顾道德良心、不管法律规范限制的惟利是图行为，不仅在经济上严重损害消费者和企业员工的利益，造成社会经济秩序的混乱，而且向世人演绎了拜金主义在经济转型社会的行为方式，刺激了拜金主义在社会的迅速滋生和蔓延。

2. 富人阶层的拜金主义消费示范。

经济转型和市场经济的确立，在整体提高人们收入的同时，也带来了社会阶层的急遽分化，社会出现了一批富有的阶层。他们中既有凭借自己的辛勤劳动、智慧特长和技术以及资本的合法经营等合法手段富起来的人，也有通过非法途径如化公为私、以权谋私、贪污受贿、制假贩假、走私贩私等不正当方式暴富起来的人。他们是经济转型以来形成的一个非常引人注目的阶层。这个阶层在我国经济转型期虽然人数还比较少，但控制的财富已达到相当的数量。据国家公布的统计数据，这一阶层的成员的银行存款大约占全部居民存款的三分之一以上，家庭收入估计也占全部居民收入的30%以上，个别家庭甚至达到几亿元甚至更多。富人阶层在获取高收入后，其中一些人开始高消费，希望以此来证明自己的价值和体现自己的社会地位。他们在个人消费上大多奢侈豪华，迎合最新的社会时尚。他们中有的用几百万、上千万元的钱购买豪华别墅、世界知名轿车、高档豪华的家具、发达国家知名的服饰等等，向社会展示有钱的与众不同；有的用三四十万元买一个所谓特殊车牌号，住12万美元一夜的总统套间，吃一顿饭花30万元，买一条狗38万元……。富人们的一掷千金的生活方式，对大众的社会心理尤其是对青少年思想意识形成了强烈刺激和示范，令不少人对这种以金钱为支撑的生活羡慕不已，金钱在日常生活中的价值与作用得到形象化的扩大，拜金主义的思想观念和行为取向，由此向社会各阶层蔓延。

3. 某些公职人员权钱交易的腐败行为。

公职人员是指代表国家和人民行使公共权力的国家机关工作人员，是用人民转让的权力公共事务进行管理的各级官员和权力阶层。这个阶层的行为观念、行为方式、行为作风决定着社会风气的发展方向。经济转型以来，这个阶层的绝大部分人员尤其是其中的党员领导干部，大多能够正确认识自己的地位和责任，按国家法律和职业道德要求自己，做好本职工作，其中涌现出了一大批廉洁奉公、全心全意为人民服务的优秀干部。但是，经济体制的新旧转型，难免会在一定领域里造成制度真空，形成权力使用的失范，这就为一部分公职人员带来以权谋私的便利。社会私营经济的迅速发展，带来了社会阶层的迅速分化，社会上富有的人成批的出现，又加剧了某些公职人员的不平衡心理。因此，在内外因素的作用下，一部分思想素质不良的公职人员，包括一些领导干部，受社会经济领域出现的拜金主义思想和行为的影响，产生了权钱交易、贪污敛财的行为，其中突出表现为：以权谋私、贪污受贿、生活腐败和转移黑钱。他们中的一些人，将人民赋予的权力当做谋取私利的筹码，把经济领域中的等价交换原则扩展到社会生活的方方面面，将他们手中的权力变成积聚金钱的“魔袋”，疯狂地侵吞国家财富，贪婪掠夺国家公共利益，借助“关系”、“批文”、“差价”，获取不义之财。而且，个别地方还出现了权钱交易活动已由个别行为向集体行为的转变，厦门远华案、湛江走私案便是证明。其中湛江走私案中的涉案国家管理人员达三百多人。不仅如此，这部分人还利用非法获取的钱财过着奢靡的生活：有的人一掷千金只为红颜一笑，有的人为了追求感官刺激在境外豪赌达亿元。由于金钱欲望的不断扩大，一些公职人员还参与了各种违法活动。他们的所作所为，给社会造成极坏的影响，是拜金主义在社会猖獗难以遏制的重要刺激因素。

（三）拜金主义对经济转型期社会的危害

拜金主义思想及其引发的种种行为，不仅使信奉金钱的个人浑身沾满世俗功利，而且还相互感染，腐化人的精神，败坏社会风气，给社会秩序和经济发展带来极大危害。拜金主义对我国社会的危害，概括起来主要表现在以下方面：

第一，扰乱经济运行秩序。社会主义市场经济不是挣钱经济，而是法制经济。但是，在拜金主义思想观念的作用下，一些市场主体不顾法律规范和社会责任的拼命赚钱，必然严重破坏社会经济秩序。经济转型以来，一些人乘市场制度还未健全之际，昧着良心制假作假，暴利经营，给广大消费者造成严重的利益损失，破坏了市场诚信；一些企业以钱谋取权力之助，强占资源和机遇，不通过公平竞争就轻易获得非法利润，破坏了市场经济的起点公平；一些企业偷税漏税，走私贩私，不法经营屡禁不止；一些企业为了获取最大限度的利润，在生产过程中不顾工人的生命安全和身体健康，不顾资源和环境的承受力，短期行为随处可见，对人民的生命安全和身体健康造成严重危害，对自然环境造成严重破坏。以上种种以赚钱为目的、不择手段的市场行为，往往造成社会竞争中“劣币驱逐良币”的现象，使市场的优胜劣汰机制在钱的作用下变成“劣胜优汰”，从而扰乱经济运行秩序，破坏市场经济运行的一系列法规制度，如财产法、企业法、公司法、公平竞争法、商标法、专利法等。拜金主义向经济以外的领域辐射，如教育这样的领域，也出现了违背国家规定非法招生谋取暴利的行为。拜金主义带来的以金钱代替权力、以金钱代替法律的做法,极大地破坏了社会效益、环境效益和生态效益,影响了经济的可持续性发展,最终影响到全社会的和谐发展。

第二,造成社会道德水平的下降。道德作为调整人们之间以及个人与社会之间的行为规范的总和,是人们在社会生产和生活中相互关系的直接反映。社会道德水平的高低变化,反映着一个社会精神文明的实际状况。毋庸讳言,拜金主义在经济转型社会的滋生与蔓延,已造成社会道德水平的明显下滑。具体表现为,不少人的价值观,正在由过去的重义轻利演变为重利轻义,甚至见利忘义。[①] 在拜金主义思想的影响下,一些人除了钱,什么都无所谓。只要有利可图,什么良心、亲情、爱情、人格都可以不要,如无利可图,即使见孺子落水也不相救;一些人已完全无社会理想和道德信仰可言。对金钱的崇拜,更是把不少人推进了无休止的、你死我活的争夺之中,为了赢得竞争,有些人不择手段地进行欺诈、垄断、剥削和掠夺。传统道德提倡的仁爱互利,强调的和为贵,被不少人淡忘,为了个人私利,不惜亲朋反目,坑害国家、牺牲别人的事到处可见。在社会生活中,许多事情没有钱就办不成,“门难进、脸难看、事难办”,本属职责范围的合理合法的事情,非要用钱去打通“关节”,以钱开通。正是社会上的这些金钱至上的思想和行为,把人与人之间的关系,变成了单一的金钱关系,破坏了社会主义“人人为我,我为人人”、互相关心、互相帮助、诚信、负责的道德原则,导致经济转型过程中明显的道德滑坡。

第三,败坏社会风气。社会风气是人们较为普遍的行为取向和价值评价倾向在社会生活中表现出来的一种存在状态,一经形

---

① 黄宜亮:《社会主义义利观》,河南人民出版社 2002 年版,第 29 页。

成,又会对生活于其中的个人形成难以违抗的同质性影响。拜金主义在社会各阶层的蔓延,无疑会像污水流泻一样污染和败坏社会的风气。这种不良社会风气最突出的表现,就是现实生活中不少人在价值观和行为取向上的一切向钱看倾向。比如,一些本是社会公仆的国家公职人员,对群众的疾苦漠不关心,醉心于功名利禄。一些部门以按价值规律办事为幌子,强迫群众接受"有偿服务",谁出大价钱就优先为谁办事;一些地方和部门,为了增加收入,向企业和农户乱收费,甚至连失业人员也未能幸免。在金钱的诱惑下,一些企业偷税骗税,走私贩私,欺行霸市。一些曾经绝迹的现象,如赌博、卖淫等,在不少地方死灰复燃。一些人一旦拥有了金钱,便大肆挥霍,纵情享乐,沉溺于灯红酒绿而不能自拔。还有一些人对暴富者羡慕不已,津津乐道,以"傍大款"为荣。受金钱的驱使,一些从事文化生产和传播的人,也大肆制造或传播包含暴力、色情在内的文化垃圾制品,满足人们的感官刺激需要,以谋取高额回报,将文化沦为赚钱赢利的工具。拜金主义的蔓延,往往造成社会各阶层"一切向钱看"思想和行为的相互感染,形成不良的社会风气,对社会的道德观念和正气进行潜移默化的侵蚀和消解,危害生活于其中的每一个人,尤其是人生观、价值观正在形成时期的青少年。

第四,腐蚀人们的精神。拜金主义蔓延的最大危害,莫过于对人们精神世界的腐蚀。物质与精神,永远是人类文明进步这架天平的两端,失去哪一端,社会都会出现倾斜。可是,拜金主义的盛行却使这架天平的精神一端发生倾斜。在拜金主义盛行的社会中,人们不喜欢追求精神的高尚、人格的完善、感情世界的丰富,最喜欢讲和讲得最多的是"实惠"、金钱和物质利益。这种漠视精神价值的做法,必然导致人的精神危机。现代人的精神危机,主要表现为社会理想和道德信仰的丧失。社会理想和道德信仰是支撑人从事有益于社会、他人进而也有益于自身价值实现活动的精神支柱和内在动力,是人的生活富有意义和价值的精神源泉。在人类社会中一些基本的价值观念,是人类精神的寄托和归宿,也是民族发展和个人生活充实、幸福不可或缺的因素。我国的传统文化历来是讲求道德人格的修养、精神境界的提高、精神生活的高雅与高尚。正是这种优良的文化传统,养育了无数"富贵不能淫、贫贱不能移、威武不能屈"的有义、有为、有志之士,使中华民族能够历经磨难而不灭,并不断的创造新的辉煌。然而,拜金主义的泛滥,却使人丢弃了这些人之为人的精神追求,转而追求金钱和物质享受、追求吃喝玩乐、感官刺激,用物质生活的舒适来取代对优雅的精神生活的追求,长此下去必然导致人们精神世界萎缩和人格的畸变。当人的人生观、价值观完全偏向了金钱和物质一边、偏向了个人私利一边以后,不用说指望这些人为国家、社会的发展、他人的利益牺牲个人利益,就是要求他们自觉遵守法规,不损人利己都很难做到。精神的空虚、低俗和迷失,常常会将一个社会拖入无序、混乱甚至自我毁灭的泥潭,造成难以医治的社会病。正是由于拜金主义的盛行会给民族、社会、个人带来如此大的危害,所以,必须坚决的反对它,制止它的流行和蔓延。

三、西方拜金主义对转型期青少年思想与行为的危害

拜金主义价值观在转型社会的滋生和蔓延,必然影响青少年的健康成长。转型期青少年生于改革开放的时代,成长于社会主义市场经济确立和发展时期,思想观念正随着社会经济体制的转

型而发生深刻的变化，极易受外界文化因素影响。因而，社会上出现的拜金主义现象，特别容易对他们形成不良刺激。从这次调查的统计数据看，拜金主义思想和风气对青少年观念和行为的发展，已产生了十分明显的不良影响和危害。

（一）阻碍青少年对社会主义主导价值观教育的接受与内化

社会主义社会的主导价值观是正确反映社会历史发展规律的观念体系，是主观与客观的统一，个人与社会的统一。它要求自觉地把人生活动与社会发展和人民群众的要求联系起来，实现人生的价值，其中的核心是社会主义的集体主义价值观。社会主义集体主义价值观，是用社会主义的集体主义原则对各种社会关系和现象进行价值认识和评价的基本观点，包括三方面的含义：一是坚持从社会主义公有制经济基础出发，确立个人与集体的利益关系。主张个人利益与集体利益的统一，提倡在两者发生矛盾时，坚持社会利益和集体利益优先的原则。二是坚持劳动创造价值的观点。认为在人类的社会实践中，劳动是创造社会一切价值物的源泉，主张用劳动和智慧创造幸福生活、推动社会文明，劳动伟大、劳动光荣。三是坚持在个人同社会集体的关系中认识和评价人的价值。主张个人价值在集体价值的形成过程中实现，主张评价人的价值标准应是对社会的贡献，个人为社会创造的物质或精神财富越多，为社会所作的贡献越大，个人价值就越大；这与夸大金钱的作用、把金钱作为人生追求的终极目标、作为人生评价唯一尺度的拜金主义价值观是截然不同的。

社会主义的集体主义价值观与社会主义社会的基本经济基础一脉相承，具有为社会主义发展服务的重要作用，具有将人从一己私利的狭小空间解放出来、提高人的精神境界、成就事业、为社会奉献的作用。用这一社会主义价值观教育青年,使之成为心系社会、志向高远、忠于祖国的合格公民,一直是社会和学校思想道德教育的主要目的。这种教育在解放后的五六十年代曾取得过显著的成效。进入经济转型期以后,由于社会经济体制已由单一的公有制,转变为以公有制为主体、多种所有制并存,社会价值观也出现了由统一的集体主义价值观向多样化发展的趋势,青年的价值观已不可能像五六十年代一样,与社会主导价值观保持高度一致。尤其是西方拜金主义在新旧体制交替、市场经济制度还未健全的缝隙中传播滋生,并在社会各领域扩散,恶化了社会主导价值观教育的社会环境,极大地冲击着社会和学校对青少年一代进行主导价值观教育效果。众所周知,青少年价值观的教育与培养离不开社会环境,离不开社会提供的教化条件,只有在良好的文化氛围和社会风气氛围中,才能顺利实施社会主义主导价值观教育。同时,青年正确思想形成和内化的另一个关键环节——实践,也是在社会环境中进行的。然而,社会上滋生和扩散的拜金主义思想和风气,不仅损害了社会的肌体,而且使社会主义主导价值取向在青少年成长的环境中难以形成一种气候。社会上种种拜金主义的表现,更是以形象、生动的事例冲击着学校的社会主导价值观教育,形成学校教育与社会现实的反差,使得青少年对学校提倡的主导价值观产生怀疑,极大地阻碍了青少年对社会主导价值观的接受和内化。这次课题调研中我们发现,在城市中的非重点小学和中学里,一些小学六年级学生和初中生,私下将“好好学习,将来成为国家的栋梁,为国家多作贡献”之类的正统话语和教导,扣上“假正经”的帽子加以讽刺和排斥,致使这类正规的话语难以在所在班级张扬并得到学生的认同。而在他们留给同学的生日祝词和毕业留言中,什么“祝愿你将来做大官,发大财”、“祝愿你腰缠万贯、泡小蜜、包二奶”等话语则比比皆是，并被认为很酷，很新潮，成为私下留给同学的最美好的祝愿。可见，社会上拜金主义思想的影响，已相当严重地造成部分青少年价值观的混乱。

（二）造成青少年价值观向金钱倾斜

青少年在人生活动中对各种事物、现象和自身价值进行认识、评价和取舍要受价值观的支配，有什么样的价值观，相应地就会有什么样的行为取向。青少年的价值观状况，集中地体现在价值评价标准上，具体表现为对社会现象的评价、选择的倾向性态度上。正确的价值认识和判断来自于正确的价值评价标准。社会存在决定社会意识。社会现实生活的状况、人与人之间的相互关系以及社会风气的状况，是影响青少年形成相应的价值判断标准的决定性因素。2004 年 10 月，课题组在重庆市中区分别选择了 1 所区重点中学和 1 所职业中学，对青少年学生价值观问题进行了多方面的调查。其中对初中 6 个班的 274 名初中生、职高 7 个班的 255 名学生进行了相关价值观倾向的问卷调查，下面是对 529 名初中生和职高生进行关于“金钱决定一切，有钱没有办不到的事情”观点所持态度的问卷调查后得出的统计数据。详见表一。

表一：青少年学生对“金钱决定一切，有钱没有办不到的事情”的观点的评价取向（%）

评价取向	初中	职高	平均
不赞成	34.4	31.4	32.9
可以理解	58.3	54.2	56.2
赞成	7.3	14.4	10.9
合计	100	100	100

表1的数据显示，在对“金钱决定一切，有钱没有办不到的事情”这一观点进行评价时，526名学生中，只有10.9%的学生对此持完全赞成的态度，32.9%的学生鲜明地表示了不赞成，持正确态度的学生数量远远高于态度出现明显偏差的学生。这表明，青少年学生对社会主导价值观的认同比对拜金主义思想认同，在数量上仍占多数，青少年价值观的主流是好的。但是，也应看到对“金钱决定一切，有钱没有办不到的事情”的观点表示可以理解的学生，已高达56.2%。这表明相当数量的青少年价值观处于矛盾与偏向的状态。这些学生知道金钱不应该决定一切，至少学校和老师是这样教育的，但社会方方面面的现象又让他们感到金钱的巨大作用，有钱确实好办事。如果再加上10.9%对“金钱决定一切，有钱没有办不到的事情”的观点表示赞成的学生，对“金钱决定一切，有钱没有办不到的事情”这种典型的拜金主义价值观持趋近态度的就高达67.1%。这表明，拜金主义的思想已对大多数青少年产生了影响，青少年的价值观确实有向金钱至上倾斜的趋势。尤应值得注意的是，对“金钱决定一切，有钱没有办不到的事情”的观点，持完全赞成态度的初中生仅有7.3%，而职业高中生就已达到14.4%。它表明青少年价值观在经济转型社会中变化的某些特点，即随着青少年年龄增大，随着他们对社会职业生活的更加接近、对社会更具体的了解，他们受社会不良因素的影响就越大，价值观出现的偏向也越严重。

深入的个别谈心使我们了解到，青少年学生价值观向金钱的倾斜，主要是社会上存在的拜金主义现象导致的。职业中学的一些学生说，从理论上和学校的教导看，我们是不应该对“金钱决定一切，有钱没有办不到的事情”持赞成态度的，我们也不愿意这样的事在生活中发生，我们更希望每个人凭自己的能力和劳动获得自己的发展。但是,我们看到的生活却是,有钱可以买分上好的学校,有钱可以买个好工作,一些干部凭借手中的权力之便大捞金钱,数额可达上百万、上千万,他们可以用钱供学习不好的子女去外国上学,可以住别墅。有钱的人家更是想干什么就干什么。你说我们能不赞成"金钱决定一切,有钱没有办不到的事情"这种观点吗?可见,社会上存在的拜金主义现象,是诱惑着青少年对金钱的作用和价值做片面夸大的认识、最终导致青少年价值观向金钱至上方向的倾斜的根源。

青少年价值观向金钱至上倾斜,必然导致他们只对金钱感兴趣,胸无大志,目光短浅,缺乏对智慧、道德以及美好情感和友爱人际关系的追求。座谈了解到,在一些信奉金钱至上观念的青少年学生身上,往往有着非正常的性格特点,比如对人冷漠、好吃懒做、对新潮和奢侈消费的极端羡慕、不关心集体、自我中心等等,可见拜金主义对青少年健康的成长危害极大。

(三)强化了青少年人生活动的功利至上倾向

青少年价值观向金钱至上倾斜,必然造成青少年的功利主义的行为取向,主要表现在以下几方面:一是学习上出现错位。不愿学习在现实生活中不能直接运用的理论知识,只愿意学习有实用价值、能直接产生经济效益的知识和技能。要求学有所用,这本是学生求实、务实的表现,但过于功利的学习态度,使得青少年在学习过程中轻视理论学习,对理论课不愿付出时间和精力。在这种思想影响下,一些非专业的理论课考试作弊的违规违纪现象,不仅未能受到来自学生的谴责,相反受到许多学生的宽容甚至支持与仿效,功利和实用主义的学习取向,已在一定的程度上影响了青少年学生素质能力的全面发展。

二是庸俗的金钱关系开始侵入他们的人际交往生活。有的青少年把商品经济中的等价交换原则不知不觉地运用于人与人的关系,努力结交有利用价值的朋友,讲求人际交往中的相互利用。传统的情谊为重的同学之交,出现了向有利可图的方向的倾斜。同学之间交酒肉朋友的增多,吃吃喝喝已经成为人际交往中不可缺少的活动。花钱的地方越来越多,如同学过生日,不仅要送礼物表示祝贺,在部分青少年中还出现了以礼物轻重判别同学关系的远近、情谊厚薄的现象。而过生日的同学也不能白收取别人的礼物,必须请上一桌,气派越大越够“意思”,偶有不请或不送者,则视为“小气”,遭白眼。同学之间比学习、比进步的风气,在一些学校和学生中演变成了比谁家更富,更有钱,致使一些贫困家庭的学生心理受到不同程度的伤害。师生之间,为了通过考试,为了不被处分,为了顺利毕业,一些学生向自己的老师送礼的现象也出现了,使本应最为纯洁的师生关系也被染上了金钱的色彩。

三是在职业和毕业去向的选择上,相当一部分青年大学生以挣钱为尺度。他们不是把是否有利于自己才能的发挥和发展作为择业的主要标准,而是把经济收入的高低作为考虑的首要因素,职业选择上尽量往中外合资企业和经济收入高的部门挤,一些收入不理想、不能以权换钱的无实权单位备受冷落。2002 年我们课题组在对北京、成都、重庆等城市 6 所高校的 864 名本科大学生所做的问卷调查统计数据显示,大学生在择业时首先考虑的重要因素依次为:经济收入(62.17%),出国深造(28%)。同 1998 年中国社会科学青年研究院所做调查的数据相比,首先考虑经济收入因素的人上升了近 9 个百分点(当时的数据是 53.7%)。这种过分注重就业的物质待遇、不考虑是否有利于自己兴趣专长的发挥、是否以利于国家和社会的进步的倾向,已成了阻碍大学生顺利就业的思想障碍。

（四）诱发青少年财物型犯罪率上升

当金钱和财富至上、享乐至上的观念不同程度进入青少年的个人生活价值领域，挤压甚至替代那些虽无直接功利，但却是青少年健全生活中非常重要的价值——诸如道德、责任等时，他们的基本观念和行为就会背离社会规范要求，严重时还会引发不择手段获利以满足物质需要的行为。青少年经济没有独立，来源有限，靠父母的收入支付各项开支。同学间互相攀比，穿要穿名牌，一双名牌运动鞋少则四五百块，多至一千多，还有不断涌现的新潮享乐对他们好胜心、好奇心的诱惑，这就必然造成他们膨胀的物质享乐需要与有限的支付之间的矛盾，当这种矛盾在个别道德意识薄弱的青少年心理上达到难以控制时，强烈的物质享乐和金钱需要就会导致他们走上犯罪道路。近年来，我国各阶层人民的收入都有不同程度的提高，但在社会上存在的较为严重的拜金主义思想和消费主义风气影响下，青少年财物型犯罪率却呈上升趋势。据统计，在南京市 2000 年—2002 年 3 年的未成年人犯罪中，71.3% 的犯罪是财物型犯罪。一些中学生以团伙形式在校外设卡，以武力强拿硬要低年级同学的钱，要到钱后就去网吧、酒店消费，就买高档的用品。① 近年来，高校大学生中的偷盗行为也有所发展。据报道，海淀区北京国际商务学院的女学生邓某竟然在 3 年求学生涯里，先后 9 次盗窃同宿舍同学财物，包括现金、手机、文曲星、衣裤、墨镜、图书、影碟，见什么拿什么。在法院受理的高校盗窃案件中

① 丛燕燕等：《南京市未成年人犯罪现状分析及对策研究》，《青少年犯罪》2004 年第 3 期。

大多数发生在学生宿舍，犯罪嫌疑人多为本校学生。中学生和大学生中不断增加的偷盗、抢劫、诈骗的犯罪行为表明，拜金主义对青少年思想行为的危害日益严重，已对社会的安定和青少年的健康成长构成严重的威胁。

四、抵御西方拜金主义对青少年思想侵蚀的对策

拜金主义的不良风气犹如精神病毒，侵蚀着我们社会，侵蚀着青少年思想，因此必须加强抵御拜金主义对青少年侵蚀的教育和引导对策研究。青少年价值观不是青少年头脑中自生的抽象概念，而是一定社会历史条件和社会关系的产物，是青少年在自己的人生实践中逐步形成的。因而，探索和创设抵御拜金主义侵蚀的对策，需要从影响青少年价值观形成的诸多社会性因素入手。

（一）加强市场规范和精神文明建设，遏制拜金主义风气的扩散

拜金主义对青少年的负面影响，是由社会上泛滥的拜金主义行为和风气造成的，而拜金主义的泛滥又主要是由我国市场经济体制还不完善、经济领域的法规不健全和执法不到位等体制规范的原因造成的，因此，抵御拜金主义对社会和青少年思想的侵害，需要首先从加强市场规范建设入手。首先，要尽快建立和健全社会主义市场经济的法规体系和各项规章制度，对市场主体进行必要、合理和有效规范，克服市场经济自发性、盲目性带来的拜金主义泛滥。其次，在腐败之风肆虐、各种经济犯罪活动猖獗的时期，要加大反腐倡廉和打击经济犯罪的力度。不管是什么

人，执掌多大的权力，只要与腐败有染堕落为腐败分子，就不能姑息迁就，要予以坚决的打击。特别是对那些贪污受贿的公职人员、非法经营获利数额大的硕鼠要严惩不贷，让违法取财的拜金主义者付出加倍的成本，以儆效尤，遏制拜金主义的泛滥。最后，要严格政企分开，把企业生产经营管理的权力交给企业，要严禁权力进入市场。政府的职能，主要是搞好统筹规划、掌握政策、信息引导、组织协调、提供服务和检查监督，搞好宏观调控。坚持社会主义市场经济体制规范的建设，不仅有利于从根本上铲除拜金主义产生的土壤，还可以有效地加快我国社会主义市场经济的建立和完善。

拜金主义思想属精神文化范畴，抵御拜金主义对青少年思想的侵蚀不仅要靠完善体制和规范，还需要在全社会形成鄙弃拜金主义，倡导义利并重，为国为民多作贡献的社会文化氛围，以抵消拜金主义思想的社会感染。为此，需要加强社会主义精神文明建设。首先要加强爱国主义、社会主义和集体主义教育。爱国主义教育就是要求人们树立以国家利益为重，对祖国的建设和发展的责任感和使命感。热爱社会主义是爱国主义的时代内容，集体主义教育是社会主义教育的核心内容。集体主义既是我国主流文化的价值观又是最基本的社会道德规范，其核心是正确对待集体利益与个人利益的关系，坚持国家和大多数人民利益为重的原则。一个人坚持集体主义的道德原则，就能正确处理个人与集体的利益关系，就不会为了金钱而坑、蒙、拐、骗，甚至出卖国格和人格。所以，加强爱国主义、社会主义和集体主义教育是抵制拜金主义的重要途径。其次，要优化社会舆论导向。社会新闻媒体对青年的思想观念的形成和发展起着不可忽视的作用。面对拜金主义的扩散，舆论界应担负起扬善抑恶的责任：不仅要揭露拜金主义的丑恶现象，还要旗帜鲜明地批判拜金主义思想，以启发全体社会成员的道德觉悟。一段时期以来，一些媒体对权钱交易、贪污腐化、大款斗富的现象进行了较多的抨击，但也不能否认在一些宣传中揭露之词较多而抨击之词较少，结果起到了一些副作用。此外，在揭露批判拜金主义思想和行为丑恶的同时，还要突出宣传那些具有高尚道德情操和境界的榜样，颂扬他们的优秀品质和感人的道德行为，造成“一味追求金钱可耻，为国为民奉献光荣”的舆论氛围。

（二）明确正当物质利益追求与拜金主义的区别，坚决反对拜金主义

拜金主义是对金钱的无限崇拜，它往往与极端利己主义结合在一起。而正当物质利益追求是应当肯定并加以保护和鼓励的。发展社会主义市场经济就是为了不断满足人们日益增长的物质和文化的需要，走上共同富裕的道路，不断提高物质和精神生活的水平和质量。但是，自社会主义市场经济体制确立以来，一些人就在个人正当物质利益追求的理由下行拜金主义之实，或将自己的拜金主义打上个人正当物质利益追求的标记，混淆两者的界限，导致青少年思想认识混乱。因此，抵御拜金主义对青少年思想的侵蚀，有必要从理论上对正当物质利益追求与拜金主义的界限作出界定，以认清两者本质上的区别，旗帜鲜明地反对拜金主义。

第一，二者所反映的利益关系的根本性质不同。在社会主义国家，正当物质利益原则的核心是兼顾国家、集体和个人三方面利益，它要求个人利益服从国家和集体利益，局部利益服从整体利益，在此基础上兼顾个人利益。国家、集体和个人三方面利益在总体上是一致的，但也有差别，在创造一定财富的情况下，归三者支配的财富会存在此消彼长的情况，正是这样，才使兼顾国家、集体和个人三方面利益成为社会主义正当物质利益追求的主要内容，也是社会主义市场经济发展的重要动力。拜金主义的思想和行为则是以追求个人或小团体的利益为唯一目的的，把个人尽可能和最大量的占有物质财富和追求金钱作为人生的唯一宗旨，因而在现实生活中常常损公肥私、损人利己，以损害国家、集体和他人利益来满足个人的金钱欲望和财富追求。

第二，二者对金钱作用的认识不同。正当物质利益追求并不排斥金钱的作用，认为金钱作为财富的象征，是满足个人生存、发展、提高生活质量的必需的物质条件，是国家和社会发展的重要物质基础，具有重要作用。对国家来说，有了钱可以加快现代化建设和提高综合国力，对个人来说，可以获得更多的自由发展的空间和条件。但金钱的作用是有限的，人类生活中的许多东西不是商品，也不是用金钱就能买到的，人的一生除了追求个人的金钱和财富以外，还应有对精神情感生活、道义、正义的追求，还应履行自己应尽的义务、责任。金钱的作用是在人们的生产活动和经济交往中产生并加以利用的，是受人的支配和控制的，人是金钱的主人。拜金主义则任意夸大金钱的作用，视金钱具有无限的魔力。在拜金主义者看来，金钱不仅可以买到一切、替代其他一切价值，甚至可以使黑的变成白的，丑的变成美的，错的变成对的。甚至单单有钱本身，就可以使人获得巨大的满足，弥补一切缺憾。金钱无所不能，金钱决定和支配一切，人成为了金钱的奴隶。

第三，二者在实现的途径和手段上的不同。正当物质利益追求体现的是勤劳致富，遵守国家的各项政策法令，通过劳动和科学的经营手段等正当的途径和手段赚钱。拜金主义则是不择手段，见利忘义,为了钱财,敲诈勒索、制假贩假,走私贩私,甚至用贪污、杀人盗窃等疯狂手段,大量地捞取不义之财。这一点是正当物质利益追求与拜金主义最根本的区别。

(三)加强学校对青少年金钱观和功利观的教育引导

培养青少年正确的金钱观和功利观,澄清在金钱价值认识上的模糊认识和深层次疑问,消除拜金主义的负面影响,学校思想教育是关键。学校思想教育作为引导青少年树立正确思想观念的主要渠道,具有导向性、系统性和正规化的特点。应在总结以往道德教育的基础上,着重加强以下几方面的教育:

1. 加强社会主义市场经济理论的教育,预防拜金主义思想的影响。

经济体制模式的变化必然带来人们思想观念的变化。当前,社会许多人对社会主义市场经济体制的本质存在不少错误的认识。比如有人简单地把我国市场经济等同于"以个人为主的自由赚钱经济",认为搞市场经济就是允许人们赚钱,允许搞拜金主义,市场主体不拜金就赚不了钱,就会被淘汰,将拜金主义看做是社会主义市场经济难以幸免的合理存在。社会上对市场经济的这种错误认识对青少年的负面影响相当大。而在当前的学校思想教育中,大多只注意对青少年学生进行政治思想和道德教育,结合社会主义市场经济发展的现实和特点进行的经济学方面的知识教育还很欠缺。有的学校为了应试,更是对青少年非常关心的这些现实问题,采取回避的态度,使得学校思想教育从理论上引导学生抵御经济转型环境下拜金主义思想影响的功能难以充分体现。而脱离社会经济转型现实的大而空的道德教育,不仅难以让学生信服、认同,还会导致逆反心理。因此,在学校思想教育中有针对性地开展社会主义市场经济的理论知识教育，对于引导青少年学生抵御市场经济环境下出现的拜金主义思想就显得尤为必要。

首先，应让青少年明白社会主义市场经济并不是“个人为主的自由的赚钱经济”，而是依靠产品质量和服务的优良性、优胜劣汰合理配置资源的经济。在市场经济条件下，生产和经营肯定要通过市场竞争优胜劣汰，经济效益高、赢利多者才能继续存在和发展；经济效益差、亏损多者只有破产倒闭，被淘汰。但是，这并不是说赢利、赚钱就是唯一目的，为了赢利、赚钱就可以不择手段。我国是以生产资料公有制为主体的社会主义制度，决定了我国发展市场经济的目的是满足人民日益增长的物质文化需要。对每个商品生产者和经营者来说，只有为社会、为市场提供物美价廉、适销对路的优质产品和优质服务，才能赢得顾客，赢得市场，获得较好的利润回报（赚钱）并在激烈的市场竞争中立于不败之地。这里的赚钱靠的是产品的优良、服务的周到和对顾客需要的满足以及利益的保障，其本质仍然是靠生产和销售广大人民群众满意的商品或创造的服务来取胜。这和那种坑蒙拐骗、弄虚作假、损人利己、巧取豪夺、不顾一切赚钱的拜金主义行为，是完全不同的。目前，我国市场经济中存在的不顾损害顾客利益而赚钱的拜金主义，是由我国市场经济发育还不成熟，各项法律、法规、制度还很不健全、执法力度也不够严格造成的，而完善健全的社会主义市场经济体制，恰恰需要人们遵纪守法，以满足人民群众的需要为出发点，货真价实，诚信无欺，服务周到，从优质产品、合理价格及优质服务中求得经济效益。让青少年明白那种不择手段捞取金钱的拜金主义思想和行为，同社会主义市场经济的特质是背道而驰的，是注定不可能获得长久利益的。

其次,要让青少年明白,市场经济的等价和有偿原则只适用于市场交易,不能当做社会生活的普遍准则。在市场经济条件下,各生产经营者都有自己的经济利益,只有按照等价交换原则进行交换,才能补偿其劳动消耗并得到相应的赢利,因而,等价、有偿原则是市场经济的普遍规律。但是不能把这一原则推广应用到社会生活的所有领域,作为社会生活的普遍原则或准则。因为,在社会生活中人们之间的关系并不都是经济关系、物质利益关系,还有政治、法律、伦理道德、教育等各种关系和生活领域。在这些领域,是不能以等价交换的原则和是否赚钱作为行为原则的。不能把等价交换和有偿原则扩展到所有的社会生活领域,在一切领域都斤斤计较个人利益,"一切向钱看"。把有着丰富社会关心和情感需要的人变成纯粹的"经济人"。通过以上社会主义市场经济理论的教育,帮助青少年正确认识社会主义市场经济的本质,摒弃社会上拜金主义的错误观念。

2. 针对青少年对金钱价值认识的误区,加强正确的金钱观教育。

拜金主义对青少年思想的负面影响,是通过误导青少年的金钱观,使思想简单、长于直觉思维的青少年认同被拜金主义扭曲的金钱价值观实现的。因此,学校必须及早加强青少年学生对金钱这一人生重大问题认识的教育和引导。对青少年金钱观的教育要坚持唯物主义的求实原则,既要教育青少年正视金钱在经济和社会生活中的重要职能,又要教育青少年科学地认识金钱的有限作用,对金钱采取正确的态度。这种教育可集中阐释清楚以下观点:其一,金钱的多少不是衡量人生价值大小的唯一标准。金钱所反映的商品价值和人的价值是两个概念。商品价值是经济学概念,人的价值是伦理概念。商品价值是指凝结在商品中的人类劳动。

通常情况下,货币是商品交换中普遍采用的价值尺度。钱越多,表明商品的价值越大。人的价值是指人与社会的关系,不能把商品价值和人的价值这两个概念混为一谈,用金钱作为衡量人的价值尺度。衡量人的价值应以人对社会进步和文明所作的贡献为标准,一个人对社会贡献越多,他的价值就越大。不同职业的人的价值,实现方式也不一样。从事物质产品生产的人,他们的价值就在于为社会直接创造财富;从事精神产品生产的人,他们的价值就在于为人民提供健康向上的精神产品。考察一个人价值的大小,只能以其对社会的贡献大小来确定,而不能以这个人拥有多少金钱来衡量。一些为富不仁的人,即使拥有很多的金钱,社会也不会认为他是有价值的;相反,一些人并不拥有多少金钱,但却将自己的一切甚至生命贡献给了社会,如抗击侵略者的英雄;每月只有几块钱津贴,但却将帮助他人作为自己行为准则的雷锋;为发展祖国军事科技,长期奋战的科学家。他们为社会作出的巨大贡献,使他们的人生价值得到社会的肯定和赞赏,他们的生命也永垂不朽。其二,钱多并不等于幸福。在现实生活中,人们的工作和生活离不开相应的物质条件,不承认这一点不是唯物主义的态度。但是,幸福是指人们在物质生活和精神生活中,由于实现了自己的理想和目标而得到的精神上的满足。物质享受是幸福的一个重要方面,但不是幸福的全部。真正的幸福是物质生活和精神生活的统一,创造和享受的统一,个人幸福和人民幸福的统一。精神生活的满足感,是金钱买不到的。其三,金钱不是万能的,不是什么东西都能用钱买到的。有的青少年看到按政策办不成的事,却用金钱办成了,认为钱是神通广大的东西,一切东西都可以用钱买到。其实货币作为一般等价物,可以买到一切商品,但不属于商品的东西,它是不能买到的。正如一篇散文所写的:“金钱买得到高级化妆品,却买不到妙龄青春；买得到贵重的药品，却买不到健康的身体；买得到豪华住房，却买不到温馨的家庭；买得到高档服装，却买不到高雅的气质；买得到人类生存的一切物质必需品，但永远买不到真实的人生。”①实际上，世界上还有许多比金钱更宝贵的东西，如高尚的道德、真挚的爱情、无私的奉献、崇高的理想等都是无法用金钱来度量的。

3. 结合中国传统美德进行教育，帮助青少年确立正确的义利观。

传统美德是中华民族生活智慧的结晶，是中华民族精神的精华，作为文化传统中的一笔经历实践考验的精神财富，对人们的心理习惯、道德观念、价值选择和行为方式，具有深远的影响，即使在当代社会，其影响仍余韵悠长。其中的合理、精华部分如果融入到现代人的生活，可以帮助青少年作为思想武器抗击拜金主义。如孔子主张“见利思义”，“以义谋利”，“义以为上”，认为“见义不为，无勇也”，“君子爱财，取之有道”；荀子提出的“先义而后利者荣，先利而后义者辱”。这些崇尚道义的论述，显现了中华民族对待个人利益和国家利益关系，对待金钱和道德关系的正确认识，它告诉人们义和利的作用各不相同，义是人的本质需要，比利更可贵，更重要，更根本。这对于引导青少年正确认识物质利益追求与坚持道德的密切关系有重要作用。今天，青少年的金钱观正在发生深刻的变化，不再把谈论金钱和追求金钱看做是庸俗低级的表现，但带有拜金主义色彩的思想意识也普遍存在。通过传统美德教育，可以端正青少年的义利观，引导他们朝着社会道德要求的方向发展。

---

① 朱书刚：《拜金主义辨析》，《理论探讨》1997 年第 2 期。

（四）引导青少年参加道德实践活动，培养抵御拜金主义侵蚀的道德品质

道德品质又称为品性、品格或德行，是人们处理个人同他人的社会利益关系的行为习惯或习性，是社会道德现象在个体身上的反映，是个人依据一定的道德原则和道德规范在行为时所表现出来的、比较稳定的倾向和特征。① 只有将社会要求的道德原则和规范变成青少年内在的道德知识系统和内心信念化作人的品质时，才能达到在无人监督不会被人发觉的时候，仍然能坚持自己的道德信念，不做任何坏事。当青少年拥有这种内省外求的道德涵养功夫时，就能自觉抵制外界金钱的诱惑，正确处理义与利的关系，更加主动地追求道德需要的满足，用崇高的理想追求去抵御金钱诱惑。青少年的道德品质的形成不是一蹴而就的，而是一个长期的、曲折的过程，其中包括道德知识的传授、道德情感的培养和道德的践行。因为道德问题不仅仅是认识问题，更重要的是行动问题。孔子说："君子耻于言而敏于行。"可见，道德品质是不能从课堂和书本上学会的，需要在道德生活中养成，要把道德知识转化为个人的道德品质，还得经过实践的体验和锻炼。为此，需要调动多方面的教育力量，引导青少年在日常生活中实践"五爱"的道德要求，积极参加课外的各种社会公益服务活动，在服务社会和他人的道德行为中体验道德的价值，发展积极的道德情感。特别是近年来在社会兴起的"志愿者行动"，更是为青年道德品质的形成提供了一个良好的实践平台，鼓励尽可能多的学生积极参与，可以收到积极的道德实践的效果，逐步培养应有的道德品质。除了外在

---

① 孙抱弘：《现代社会与青年伦理》，学林出版社 2003 年版，第 6 页。

的制度和法规约束，良好的环境熏陶和丰富的实践活动以外，还要积极推动青少年的自我道德修养。鼓励和调动他们思想和人格中的积极因素，自觉同拜金主义的诱惑作斗争。道德修养中的道德自觉精神，不仅是培养青少年形成良好道德品质的内在动力，更是增强抵御拜金主义侵蚀的内在因素。

第七章

西方文化制品对转型期青少年思想的影响与文化引导对策

西方文化制品是指以美国为首的西方国家运用现代科学技术生产出来的文化商品,是当代西方文化的重要组成部分和表达载体,具有满足大众精神文化需求和审美娱乐需求的意识形态性和在市场上进行交易的商品属性。美国作为当代西方文化制品的生产强国,其文化制品在经济全球化的环境下出现了向他国单边倾销的状况,被世界各国看做美国文化霸权的重要表征。进入经济转型期以来,西方文化制品通过多种渠道和多种形式在我国的销售不断扩大,对我国人民尤其是广大青少年进行着广泛而深入的视听覆盖。本章将从青少年接触西方文化制品的调查入手,了解青少年消费西方文化制品的特点和途径,分析西方文化制品对青少年思想的多面性影响,针对其负面影响提出对策建议,以应对西方文化制品对青少年精神文化生活带来的挑战。

一、西方文化制品及在我国转型期社会的销售状况

(一)西方文化制品的含义及发展历史

西方文化制品是指以美国为首的西方国家运用现代科学技术

批量化制作的、旨在通过满足大众精神文化和审美娱乐需要而获取商业利润的文化商品，主要包括印刷制品、音像制品、游戏、动画、漫画制品等。它有广义和狭义之分。广义的西方文化制品泛指涵盖所有文化类型在内的制品。狭义的西方文化制品主要指以文学艺术为主要内容，满足大众审美和娱乐需要的西方大众文化制品。本项研究主要针对的是狭义的西方文化制品。

西方文化制品是西方文化工业的产物。文化创新首先是一种创造性的精神活动，起初并不是为了赢利，但一旦社会对其有大量需求时，以赢利为目的的文化生产和销售就出现了。西方文化制品则是资本主义进入垄断阶段后文化创作与商品生产相结合的产物。文化产品要进行大规模的生产，必须具备一定的市场需求和进行批量复制生产的科学技术。资本主义在19世纪末20世纪初进入垄断阶段，具备了文化制品生产所需要的条件。首先，科学技术的发展形成了进行批量化生产的技术条件。电子工业提供的快速和移动摄影；录音和无线电广播技术的发明与运用；信息保存、复制和传播技术的突破等先进文化生产技术的诞生，为文化制品的形象化制作、跨时空传播和大规模复制提供了技术条件。使得曾经只能为少数人欣赏的文化作品可以转化为大众享用的商品。其次，资本主义生产关系的发展，具备了旺盛的市场需求。随着生产力的提高，社会财富的增加和社会必要劳动时间的减少，有更多的人有能力、有时间并乐意在文化消费上投入，文化制品的消费者队伍日益壮大，文化制品的市场前景广阔。资本受到这一巨大市场的吸引，积极加盟文化制品的生产和销售，以期获取高额的利润回报，这样相当规模的文化工业得以形成，资本从此控制了文化的生产和消费。到第二次世界大战前夕，资本主义社会已经出现了比较系统的文化工业体系。

文化工业的飞速发展是在第二次世界大战以后。战后第三次科技革命拉开序幕，以信息技术为核心的科学技术突飞猛进，为文化工业的飞速发展提供了有利的条件。信息技术的每一次进步都推动着文化工业的发展。20世纪50年代彩色电视机问世，大量电视节目的制作和播出，为西方文化制品增添了新的成员。在随后的六七十年代又取得了计算机集成电路化、光导纤维批量生产等信息传播技术的突破。特别是20世纪80年代通信卫星的使用，使得电视节目的播出突破了时间和空间的限制。20世纪90年代中期信息高速公路开通、互联网扩展到全球，多媒体技术广泛运用，西方文化工业的发展更是如虎添翼，其文化制品多种类并进地向外倾销到世界各个角落。由此，电视、网络两大传播平台拓展了西方文化制品向世界进军的广阔通道。到20世纪90年代冷战结束，随着社会主义国家的改革以及全球化新一轮的发展，西方文化制品获得了向原来的社会主义世界推销的广阔自由。

在当代西方文化制品的对外倾销中，美国无疑处于霸主地位，成为文化工业制品的最大生产国和输出国。根据国际版权联盟1998年的报告，在1977年—1996年之间，美国的版权业增长速度是同期美国经济年增长率的3倍，1996年取得了出口601.8亿美元的成绩①，占了美国各行业出口总额的第一位。《财富》杂志每年推出的全球500家最大企业排行榜中，有许多是从事文化娱乐的跨国公司，其中大部分是美国公司。据联合国进行的一项调查表明，全球每周近25万小时的电视节目播出时数，美国就占9万

① 张小明、胡惠林、章建刚：《2004年：中国文化产业发展报告》，社会科学文献出版社2004年版，第93页。

多小时,为最大的电视节目输出国。[1] 美国控制了世界75%的电视节目的生产与制作,电影的生产总量只占世界电影产量的6%—7%,却占据了世界放映时间的一半以上[2],1997年仅一部好莱坞影片《泰坦尼克号》就在国际文化市场上为美国赚取了18亿美元的利润。1998年,美国好莱坞电影出口收入为68.7亿美元,而2002年竟达到120多亿美元。[3] 现在,全世界上映的电影大约有85%是好莱坞制造的。[4] 在流行音乐和音乐剧方面,美国在全球市场上几乎没有对手,其音像制品占全球音乐市场份额的1/3。电子游戏方面,美国2002年的游戏出产量占全球的40%。[5] 进入21世纪,随着世界市场联系的进一步加强,以美国为首的西方文化制品的全球倾销呈现出更加强劲的发展态势。

(二)西方文化制品的基本特性

1. 根深蒂固的商品特性。

西方文化制品从一开始就是作为专门的交换品生产出来的。[6] 也就是说,西方文化产业的生产目的从一开始就是追求商业利润。这就使得西方文化制品的生产和传播内在地受到商品生产规律的支配,具有商品生产和市场化销售的商业特性。从生产

---

① 徐梅:《跨国传播:本国文化的破坏者》,《世纪评论》1998年第1期。
② 李希光、刘康:《妖魔化与媒体轰炸》,江苏人民出版社1999年版,第156页。
③ 祁述裕:《中国文化产业国际竞争力报告》,社会科学文献出版社2004年版,第146页。
④ 同上。
⑤ 张小明、胡惠林、章建刚:《2004年:中国文化产业发展报告》,社会科学文献出版社2004年版,第262页。
⑥ 谢名家等:《文化产业的时代审视》,人民出版社2002年版,第83页。

目的看,西方文化制品不只是创造一种文化,更是为了给投入的资本赚取利润。因此,只要有市场需求,制作者就可以根据需求迅速把它生产出来。文化作品怎么写、怎么制作,常常并不是因为这样做最具有艺术性或最能表达作者的思想情感,而是因为这样做最能为消费者接受,最能占领市场,最能获得利润。为了满足并刺激消费者的需要,扩大或巩固市场占有份额,出资人不仅要求创作人和生产人员把握消费者的需要,不断选择新的题材以吸引消费者,而且不断更新制作技术,以丰富人们的感官感受,降低生产成本,获得更多的消费者。西方文化制品的商业特性由此凸显了出来。从文化的传播过程看,西方文化制品也像其他商品一样,特别注重对市场的占领,注重市场的扩张,因而,其传播和销售也完全市场化和商业化了。西方国家近年来不仅将新兴的信息技术大量的运用于文化制品的生产,而且广泛运用于广告宣传和产品销售。他们利用全球化造成的世界经济一体化的商业贸易体系,利用如计算机、网络、卫星、光纤通信等新兴的信息传播技术的全球普及,建造了一个销售和传播西方文化的帝国。2000 年联合国教科文组织出版的《文化、贸易和全球化:问题与答案》一书的统计数据显示,美国的文化产业产值已占 GDP 的 20% 左右,其音像制品占据国际音像市场 40% 以上的份额。正是西方文化制品的商业性,使其获得了比传统文化生产与传播更快速、更广泛的现代性,为美国推行文化扩展和霸权主义奠定了不容动摇的基础。与此同时,西方文化制品的生产受商品价值规律的支配,往往追求投资少、见效快。由此造成许多文化制品简单粗糙,缺乏思想性和艺术性。一些格调低下、趣味低级的色情、暴力的文化制品被生产出来,大规模地复制,广泛地销售到世界各地,使不少国家和地区成为西方国家文化垃圾的倾销地。

2. 大众化特性。

西方文化制品追求尽可能多商业利润的商品化特性,必然发展出大众化的特性。因为,一个文化制品只有吸引最大量的大众消费者,才能具有尽可能广阔的市场,有了尽可能大的市场,才能获取最大的商业利润。这就要求文化制品的投资人和制作人把传统的少数人理解和接受的精英文化,改变成为大众都能接受理解并喜欢的大众文化,以满足并刺激大众的欣赏和娱乐需要。西方文化制品的大众化特性由此显现:即,以轻松愉快和刺激感官的形式,满足人们休闲放松、愉悦身心的需要,缓解人们现实生活的压力,使人们获得在现实生活中无法经历的多样性体验,并通过大批量的复制,使其价格便宜从而进入大众的日常生活,成为大众文化学习和娱乐的消费品。西方文化制品的大众化特性,一方面带来了西方文化制品的题材和表现形式与大众娱乐需要的贴近,推动了文化制品类型多样化的发展和创新;另一方面也使其追求感观刺激的特性日益突出。大众愿意花钱购买和消费文化制品,除了利用文化提高自己的文化学习和发展需要外,不少人还存在丰富体验、猎奇补偿的文化娱乐需要。为满足大众的这种娱乐化需要,凡是大众未曾经历的情景,都成了西方文化制品特意表现和追求的内容。近年来好莱坞投资巨大的各种"未来型"、"科幻性"题材的制品,就与大众这种欣赏需要密切相关。值得注意的是,西方大众文化制品在刻意满足大众的娱乐性需要的"票房"追求中,虽然也创造了一些大众喜爱、思想性和艺术性高的优秀制品,但也制造了不少缺乏思想性、一味追求满足大众低俗口味的平庸浅薄之作,甚至出现故意用充斥色情、暴力的文化制品来刺激或满足人们低层次生理享乐需要的现象。在当代西方国家,虽然不少具有良知的人们对生产单纯刺激人们感官的色情、暴力制品的问题提出了批评,但在一些欣赏品位低俗的大众娱乐需求的刺激下,色情、暴力的文化制品仍被源源不断地生产出来,并获得市场销售的合法性。而这些低俗有害的文化制品在大众中的流行,又反过来将大众的思想感情和审美娱乐追求引向更深的庸俗和低级。由大众化特性带来的后一种生产状况,已成为西方文化制品难以克服的痼疾。

3. 意识形态特性。

西方文化制品不管具有多么强烈的商品性特征,但它毕竟不是满足生理和物质需要的一般商品。作为满足人们精神文化和娱乐需要的文化产品,意识形态性还是最根本的特性。所谓意识形态性就是指,西方文化制品在商业化和大众娱乐化的表象下,总是或直接或间接地反映着西方国家主导的政治思想、社会理想、价值观念,具有意识形态的倾向性。虽然,西方文化制品为了获得广泛的世界市场,实现经济和文化扩张的双重利益,经常宣称淡化意识形态,反映人类共同的情感和价值,但是,西方文化制品毕竟是西方文化的主要载体,不管它使用的是哪国哪地的题材,西方文化的思想、观点、态度和价值判断总是会反映到制品中的人物、情节乃至场景中来。尤其是美国文化中心主义的传统和文化霸权主义的动机,更会支配着美国的文化制品将美国文化看做是世界上最先进的文化,将美国自由主义的价值观和美国的经济政治制度、生活方式看做是普世文化,形成借文化制品输出之机输出意识形态的强烈动机。实际上,以美国为首的西方国家,十分善于借助文化制品尤其是形象生动的大众文化制品,向社会主义国家和非西方国家输入西方社会的价值观念、思想道德、情感倾向、生活方式、行为方式,使其中包含的意识形态内容在进口国人们自觉自愿的文化学习和审美娱乐中,不知不觉地进入其认识结构,成为构成其思想观念、价值评判的认识元素，将文化制品的消费过程变成接受其承载的意识形态的过程。正是因为西方文化制品具有这种明显的意识形态渗透性，各国才将限制和抵御西方文化制品的活动，看做是维护国家文化安全的重要举措。

（三）西方文化制品在我国经济转型期社会的销售状况

西方文化制品的以上基本特征决定了它们必定会像其他商品一样向外倾销，哪里有市场就会渗透到哪里。考察西方文化制品在我国的销售状况可以追溯到解放前。20 世纪三四十年代，美国等西方国家的影片、唱片、书刊就曾在上海等大城市风靡畅销。当时，好莱坞影片几乎垄断了我国电影市场，到解放前夕，在我国电影市场上所占的份额就已达到 75% 以上。新中国成立以后，由于国内外的政治原因，西方文化制品被挡在了国门之外。从 1951 年到 1976 年的 20 多年的时间里，我国内地公映的只有一部从第三国购入的被称为进步影片的美国电影——《社会中坚》。

直到改革开放，西方文化制品才开始逐渐进入我国。改革初期进入我国的西方文化制品主要是学术著作，传播场所主要集中在大学校园，接受对象也主要是大学生。电影电视等西方文化制品由于受到国家开放程度和播放水平的限制，当时进口很少。到了 20 世纪 80 年代中后期与 90 年代初期，随着经济领域市场化改革的深入，我国开始打破计划经济条件下文化生产和销售的垄断体制，大力发展社会主义文化市场，伴随文化市场的日益开放，西方大众文化制品尤其是美国文化制品开始较大量地进入我国文化市场。这一时期，除印刷制品外，随着电视机和录像机在我国的迅速普及，电视台和电视频道的增多，西方影视制品、音乐制品也开始进入我国百姓的文化学习和娱乐生活之中。进入经济转型期以后，经济全球化和信息全球化的发展，使以美国为主的西方文化制品在我国的销售出现了前所未有的扩张性局面，其销售的状况表现出以下特点。

首先，西方文化制品的销售品种日益丰富，娱乐消遣性品种大幅增加。自1995年我国引进第一部美国大片《亡命天涯》后，美国大片热就在我国燃起了燎原之势。由此开始的几年内，影院卖座的影片几乎都是美国大片。从《亡命天涯》到后来的《侏罗纪公园2》、《泰坦尼克号》、《珍珠港》、《哈利·波特》、《黑客帝国》等大多都在中国取得了较好的票房。如好莱坞大片《泰坦尼克号》，在我国上映取得的总票房就达3.2亿元人民币，位居该片海外票房榜的第9位，占了当年我国电影总票房的1/5。与此同时，美国的音乐制品也大举进军我国，不仅将其在国内制作的唱片、磁带、激光唱碟等销售到我国，一些音乐制作公司还直接把复制拷贝的工厂迁到了我国，以便降低成本，在我国文化市场上拥有了更多的消费者。加上传统的印刷制品和新兴的游戏软件、动画漫画制品等的不断涌入，美国文化制品在我国转型期的文化市场上的倾销品种日益丰富，娱乐性品种大幅增长。

其次，西方文化制品的销售数量成倍增长。20世纪90年代中后期随着我国文化市场的发展、社会开放程度的增强以及人们精神文化需求的增长，西方文化制品在我国销售的数量大幅攀升，其中娱乐性的大众文化制品的销售数量更是增长迅速。1998年我国进口图书、杂志、报纸分别为112.53万册、37.47万册和55.47万册①，1996年—1998年我国共发行进口影片112部，其中

① 刘继南：《大众传媒与国际关系》，北京广播学院出版社1999年版，第256页。

美国片62部占55.3%;1994年—1998年,我国引进的外国有线节目共426部2533集,其中美国节目269部1238集,占全部外国节目的63.1%和48.9%;1990年—1998年,我国引进外国无线节目共657部6892集,其中美国占266部2348集,占全部外国节目的40.5%和34%①;另据中国社科院新闻研究所对北京地区电视儿童节目的调查,1994年—1998年播放的全部电视动画片中,从西方国家进口的卡通片占66.7%,其中迪斯尼系列卡通片占50%。② 1999年中国的电视观众占了世界电视市场的1/4,占亚洲市场的44%。中国中央电视台和为数众多的省市电视台每年大约需要500万小时的电视节目。在所有的节目当中,每年要播出大约8000多集电视剧,其中1/4需要进口。中央电视台的节目大约30%需要从国外购买。各省级电视台只有能力制作播出节目的20%。③ 这样,对外国节目的需求大大增加,外国的纪录片、科学技术文献片、动画片和儿童节目、商业和经济节目、表演艺术及故事片,都成了中国电视台引进的主要品种。由于美国的影视节目在其国内已基本收回成本,其在国际市场上的价格就可以具有非常强的竞争力。电视台出于经济方面的考虑,大都将美国的影视节目作为进口的首选对象。此外,由于计算机、互联网在我国的迅速发展,截至2002年年底,我国上网计算机数量为2083万台,网站数量达到37万个,上网用户总人数为5910万人,占全球网民的9%④,通

① 刘继南:《大众传媒与国际关系》,北京广播学院出版社1999年版,第259、260、262页。

② 晓闻:《较量》,江苏经济报1998年4月22日。

③ 张小明、胡惠林、章建刚:《2003年:中国文化产业发展报告》,社会科学文献出版社2003年版,第95页。

④ 《中国新闻出版报》2003年5月公布的数据。

过互联网进入我国的西方文化制品更是急剧增长。另外,一些未进入统计数据的盗版走私的西方文化制品更是以其低廉的价格、庞大的数量在社会上形成倾销的状况,以至有学者认为进入经济转型期以来,中国老百姓消费的美国文化制品大大超过了消费的其他美国产品。

第三,西方文化制品的销售主体出现多元化,销售的制品内容更为复杂。进入转型期以后,由国家统一进口、发行和销售西方文化制品的计划模式被文化市场的发展或明或暗的打破。文化市场的销售主体出现多元化的新动向。所谓"明",即指随着文化市场的开放度增加,国家允许多种资金进入文化制品的发行和销售渠道,销售西方文化制品的市场主体从国家统一的一元主体发展到了多元主体。上世纪 90 年代中后期开始,国家批准的有权发行境外文化制品的公司就由一家增加到多家,从事文化制品销售的批发或零售商更是不计其数。特别是我国加入世界贸易组织后,根据 WTO 有关文化制品贸易的协议条文,必须履行我国在 2001 年 12 月 11 日正式加入世界贸易组织的文件中的承诺。这些承诺主要涉及音像制品、电影、书报刊等领域的生产、进口、销售。明确规定了:"自加入时起,在不损害中国审查音像制品内容的权利的情况下,允许外国服务提供者与中国合资伙伴设立合作企业,从事除电影外的音像制品的分销";"加入后 1 年内,允许外国服务者从事图书、报纸和杂志的零售";"加入后 3 年内,允许外国服务者从事图书、报纸和杂志的批发"。① 国外投资者也可成为我国进口和销售境外文化制品的市场主体。所谓"暗"则指未经国家批准的

① 张小明、胡惠林、章建刚:《2004 年:中国文化产业发展报告》,社会科学文献出版社 2004 年版,第 75—76 页。

非法存在并非法进行境外文化制品引入、盗版和批量发行、销售的市场主体。在我国文化市场制度法规不够健全，尤其是监管能力和手段还十分有限的情况下，这些暗中存在的市场主体的非法销售活动还相当活跃。文化市场主体的多元化必然带来进口与销售西方文化制品内容的复杂化。除国家投资，受国家相关部门控管的市场主体外，在转型期市场规范和监督还难以十分健全的情况下，一些文化市场主体为获取高额利润，不惜铤而走险，非法走私、盗版、批量发行和销售西方文化制品、尤其是国家禁止的含有思想反动和色情暴力内容的西方文化制品。一些在西方国家都被称做"级片"、严禁向未成年人传播的色情暴力制品，主要通过这些非法的销售活动流向市场，传到青少年手中。此外在国际互联网开通的情况下，西方国家的某些网站，通过国际互联网直接挂网销售西方文化制品；国内一些不法网站也隐蔽地在网上销售国家禁止的西方文化制品，加剧了我国文化市场上西方文化制品内容良莠混杂的复杂状况。当前，西方文化制品在我国文化市场销售的趋势大致可以概括为：严肃的精英文化制品逐渐减少；娱乐消遣类的大众文化制品日益增多；大张旗鼓地宣传西方意识形态、思想反动的制品时有出现；淫秽色情、暴力文化制品则暗中充斥于市场，并屡禁不止。

西方文化制品在我国经济转型期的销售状况表明，西方文化制品在当前我国的文化市场中，不仅品种齐全、数量众多、购买方便，而且在内容上非常复杂。这种情况不仅会造成本国文化资金的大量外流，对我国本来还不发达的文化产业构成冲击，最主要的是恶化了我国文化生态环境，对我国广大人民群众尤其是青少年的精神文化生活产生了不可忽视的负面影响。

二、转型期青少年消费西方文化制品状况的调查与分析

经济转型期品种丰富、数量众多、良莠混杂的西方文化制品尤其是美国文化制品，通过多种渠道进入我国文化市场成为人们文化消费选择的对象，必然会对正处于文化学习、文化娱乐需求的高涨期的青少年的文化消费选择带来巨大影响。为了了解青少年消费西方文化制品的状况，我们于2002年10月份对北京、广州、成都、重庆、深圳等5个大城市的605名中学生和861名大学生分别进行了“西方文化制品品种消费选择倾向”的调查，下面就是这次调查的相关结论和分析。

（一）青少年对西方文化制品品种的消费选择倾向

1. 对西方尤其是美国影视制品的消费意愿强，认同和评价比较高。

影视制品是西方文化制品中现代化程度高、视听冲击力和娱乐性最强的品种，因而成为青少年消费西方文化制品时的首选。表一的数据显示，青少年学生在回答“你选择和接触得最多的西方文化制品是哪些”的问题时（可选三项），有62.5%的青少年把西方影视作品作为第一选择，有16.1%的青少年将其作为第二选择，9.7%的青少年将其作为第三选择，这三个选择的平均值是28.4%，居于第一位。与将其他西方制品品种作为第一选择的人相比，高出40多个百分点，居于绝对的第一位。

表一:青少年对西方文化制品种类选择的倾向(可选三项)(%)

品种	第一选择	第二选择	第三选择	总计/平均
电影片、电视片、录像片	62.5	16.1	9.7	88.4/29.4
卡通、动漫、游戏	16.4	34.0	37.6	88.0/29.3
书籍、报纸、杂志	13.9	38.3	13.2	65.4/21.8
音乐	7.2	11.6	39.7	59.5/19.5
总计	100	100	100	300/100

调查还显示,青少年不仅对美国电影电视片的选择意愿强,而且喜爱强度也比较高(见表二)。

表二:青少年喜欢并经常观看的电影电视片的比例(%)

影视制品分类	中学生	大学生	总体
国产片	16.0	18.5	17.3
港台片	23.3	23.2	23.2
美国片	21.3	22.9	22.1
欧洲片	10.4	9.0	9.7
日本片	11.4	14.7	13.0
新加坡、韩国片	17.6	11.7	14.7
总计	100	100	100

青少年学生在回答"你喜欢并经常观看的电影电视片是什么"时,选择"美国电影电视片"的有22.1%,而选择国产影片的只占17.3%。表明青少年在选择影视作品时,对海外影视片的选择意愿仍然强于大陆国产片。这与我们同青少年学生座谈时了解到的情况基本一致。从调查问卷的数据分析和座谈讨论了解到,青少年喜欢和认同西方国家的影视片,尤其是美国影视片,主要有以下原因:

第一,美国影视作品种类丰富,视听效果好,娱乐性强。从美国影视片的种类看非常丰富。动画片、科幻片、生活片、灾难片、爱情片、战争片、纪录片应有尽有,适合于不同年龄、不同审美爱好的青少年。这些影视片情节曲折,画面切换快,人物形象个性鲜明、场面宏大、制作新颖,加上明星表演,因此视听效果好,感官冲击强烈,满足和迎合了青少年求新、好奇、希望了解世界的心理,尤其是其变换快速的画面非常符合他们的欣赏口味。这次调查显示,青少年在回答"喜欢观看美国影视作品的原因是什么"时(见表三),选择"情节惊险刺激、好玩、有明星"的,中学生达到66.1%,大学生达到43.4%。两者都居于原因选择之首。

表三:青少年喜欢观看美国影片的原因的比例(%)

原因	中学生	大学生	总体
情节惊险刺激、好玩、有明星	66.1	43.4	54.7
喜欢其反映的生活方式、价值观	21.0	36.6	28.8
受电影广告的影响	5.1	13.4	9.3
大家看我也跟着看	3.7	3.9	3.8
没有原因	4.1	2.7	3.4
总计	100	100	100

我国引进的好莱坞大片,一般都能取得较高票房收入。在同时有国产和美国影片上映时,青少年选择美国影片的几率更大。美国影片中的剧情、电影中主人公的名字等等都会受到青少年的极大关注,演员的动作、服饰也会成为青少年学生模仿的对象。最近几年,哈利·波特、指环王、蜘蛛侠等等美国电影中的人物,在中学生中成了无人不知的影视明星。

其次,美国影片往往通过大规模的宣传造势制造社会轰动,刺激青少年的观看兴趣。美国大片在我国举行的上映式,大多按他们熟悉的市场化销售方式运作。他们在拍摄之前就利用多种宣传手段大造舆论,先声夺人;在影片拍摄过程中,会制造各种明星热点,吸引人们的目光,为上映做好准备;电影上映之时更是利用各种途径,如首映式时明星的亲临,巡回时与观众的零距离接触等展开新一轮的宣传攻势。此外,还利用多媒体的立体式广告轰炸以引起人们的注意和兴趣,造成群体趋同的时尚和流行。这种宣传造势,对注重时尚和同辈群体认同的青少年往往造成很大的选择吸引力。调查表明,青少年在回答"喜欢观看美国影视作品的原因是什么"时,13.4%的大学生选择了"受电影广告的影响",有3.7%的中学生和3.9%的大学生选择了"大家看我也跟着看"。

再次,观看美国电影电视片的途径便捷、成本低廉。当前计算机在大学生宿舍的运用非常普遍,城市中学生的家庭不仅大多拥有计算机,且影碟播放设备也相当普及。青少年一方面可以足不出户地利用计算机互联网在网上观看,另一方面,可以自由地在居住的社区或校园周边的影碟出租与出售摊点上,以便宜的价格方便地得到由美国电影电视片录制的光盘,进行低成本的文化消费。此外,全球主要跨国集团所属的名牌频道在中国有很多,如MTV音乐台,在青少年中有很高的收视率。

这次调查的情况还表明,青少年学生在对美国影视片选择意愿强的情况下,观看欣赏的感受和评价倾向有一些新的变化,理性的评价有所增强。面对"对美国畅销的影视片的看法和态度"的问题(见表四),青少年学生总体上选择"有很强的艺术性和观赏性,给人艺术上的享受和深刻的思想启迪"这一完全肯定态度的,占24.4%,位居总体第二。其中中学生为19.9%,大学生为

28.8%。大学生对美国影视持完全肯定倾向的,比中学生高出9个百分点,位居大学生选择的第一。总体上选择"作为休闲的一种娱乐方式,只觉得好看和刺激,没什么深刻的感受"这一中性偏肯定态度的,占31.6%,位居总体第一。其中中学生为34.5%,大学生为28.8%,中学生比大学生高出7个多百分点,位居中学生选择的第一,中学生明显高于大学生。两项比率相加,青少年学生对美国影视片总体上持肯定态度的达到56%,认同的比率仍占大多数。但是,同20世纪90年代初相比,现在的青少年学生对美国影视片进行理性欣赏和评价成分有所加强,在这次参加调查的青少年学生中,认为美国影视片"商业味太浓,暴力色情的内容太多,不少影片平庸浅薄,不值得一看"的占11.8%,认为"在艺术性和娱乐性的包裹下,美化其社会制度,宣扬其价值观"的占12.9%。能够认清美国影视片存在的商业性和暴力性问题,透彻其意识形态问题的青少年学生达24.7%,已占到了总数的1/4。表明进入新千年以后,在我国主导文化加大文化建设和文化引导力度的环境下,青少年学生对美国影视片盲目肯定和崇拜的情况,有了明显的改变,审视和理性成分有明显的增强。

表四:青少年对美国畅销电影电视片的看法和态度的比例(%)

看法和态度	中学生	大学生	总体
给人艺术上的享受和深刻的思想启迪	19.9	28.8	24.4
好看、刺激,没有什么深刻的感受	34.5	28.8	31.6
暴力色情的内容多,平庸浅薄,不值得看	11.3	12.3	11.8
美化其社会制度,宣扬其价值观,反感	11.5	14.3	12.9
其他	22.8	15.8	19.3
总计	100	100	100

对表三和表四所列数据的进一步分析，还可以得出两个重要的结论。第一，中学生和大学生对西方影视制品的选择是有差异的。中学生喜欢选择富有视听刺激的美国影视片，而大学生更偏好选择具有思想性和艺术性的西方影视制品。在回答“喜欢观看美国影视作品的原因是什么”时，有66.1%的中学生选择了“情节惊险刺激、好玩、有明星”，比选择这一项的大学生多了近23个百分点。而选择“喜欢其反映的生活方式、价值观”的中学生只有21.0%，比选择这一项的大学生少了近16个百分点。两者的选择差异非常明显。第二，中学生和大学生对美国影视制品的欣赏感受存在较大差异。问卷统计显示（见表四），在回答“对美国畅销电影电视片的看法和态度”时，选择“给人艺术上的享受和深刻的思想启迪”的大学生有28.8%，中学生只有19.9%，大学生比中学生高出9.9个百分点。而选择“好看、刺激，没有什么深刻的感受”的中学生高达34.5%，大学生却只有28.8%，比中学生少5.7个百分点。这一数据表明，由于中学生对艺术欣赏兴趣和水平还集中在直接的感官刺激上，对作品艺术性、思想性的理解能力有限，对西方影视制品的感受和理解较为肤浅，因而更注重作品的视听效果和画面刺激，西方影视制品中意识形态性的内容对他们思想的影响不如大学生深，但影视中的人物形象、行为方式和情节对他们影响却更直接。美国影视中的暴力犯罪等等行为化的内容更容易引起他们的关注和模仿。大学生欣赏能力和思考能力比中学生强，欣赏更为投入，欣赏的体验更为深刻，西方影视作品中包含的价值观念对他们思想的影响更为深刻。

2. 西方游戏、动漫制品后来居上，成为低龄青少年消费选择的新热点。

西方游戏制品进入我国相对较晚。在计算机游戏进入我国之前,风靡一时的是各种类型的电子游戏,这类游戏可以在专门的游戏机上进行,也可以在普通电视机上进行,非常方便。它在20世纪80年代末90年代初一登陆我国就受到青少年尤其是中学生的热烈欢迎,当时多数的城镇青少年或多或少地玩过这种游戏,有些青少年尤其是中小学生甚至为之痴迷,荒废学业。直到90年代中后期,计算机在我国普及率提高,计算机游戏代替了电子游戏,计算机游戏分为单机游戏和联网游戏(网络游戏)。当前,《反恐精英》、《盗墓迷城》、《魔兽世界》等美国游戏软件在青少年中有较大的市场。但是这些游戏中大多含有大量的暴力、色情内容。通俗地讲动漫制品就是动画和漫画。从最初的美国动画片《米老鼠和唐老鸭》、《蓝精灵》、《猫和老鼠》到上世纪末的《狮子王》、《玩具总动员》再到本世纪的《怪物史莱克》、《海底总动员》,一直深受我国青少年的喜爱,并且这种热情有增无减。近年来,随着文化娱乐日趋多元化以及数码特效技术的不断创新,西方动漫在形式上更丰富,制作更先进,视听效果强大,出现了FLASH动画、三维动画、全息动画等崭新的动漫形式,让人目不暇接,青少年欢欣鼓舞地接受它们、欣赏它们。西方游戏、动漫制品虽然进入我国文化市场的时间不长,但却以后来者居上的姿态发展成为青少年尤其是中学生消费选择的新热点。这次大规模的调查显示,中学生回答"你接触的最多的西方文化制品是什么"时(见表一),选择"卡通、漫画"的占29.3%,超过了印刷制品21.8%和音乐制品19.5%,居于第二位,仅次于电影、电视、录像。不仅如此,与西方动漫形象有关的日用商品,如用唐老鸭、米老鼠、加菲猫、凯蒂猫等卡通形象作外形和装饰的玩具、服饰、文具都受到青少年的热烈欢迎。据有关权威机构的调查统计,仅北京、上海、广州三大城市,每年城市青少年所完成的相关动漫消费总额即超过13亿元。可见西方动漫制品在青少年文化消费中占有相当大的比重。

总的来说,游戏、动漫制品的消费人群主要集中在低龄青少年——初高中学生。分析原因主要有:首先,西方(主要是美国)计算机游戏善于想象和虚拟,很容易让青少年或者产生身临其境的感觉,或者进入一个在现实生活中不可能进入的世界,并且这些游戏或者惊险刺激或者生动有趣,对社会阅历浅、喜欢追新奇求刺激的青少年具有极大的诱惑力。其次,西方动漫制品中的人物形象一般都生动活泼、个性鲜明并且情节丰富有趣,制作水准从画面到音乐都相当高,符合低龄青少年的欣赏口味和稚气未脱的身心发展特点。再次,这个年龄阶段的青少年身心发展处于较低阶段,思想与处于青少年晚期的大学生相比还有较大的差距,以虚幻为主要内容的西方游戏制品往往能够满足他们超现实体验的审美需要和兴趣。第四,这个年龄阶段的青少年处于社会化的早期或中期,社会角色不丰富,社会关系和社会交往较单纯和简单。他们更容易在西方游戏、动漫制品创造的虚拟世界中,获得现实生活中无法实现的体验和无法满足的情感需要。

3. 对西方印刷制品的消费依旧保持旺盛。

印刷制品是西方文化工业的传统制品,主要包括书籍、报刊等。印刷制品主要以图片和文字为载体,虽然在电子媒介盛行的信息时代受到电视、电影、游戏动漫的极大挑战,但是这类制品仍旧吸引着大批的青少年受众,青少年对其的消费意愿仍保持旺盛。这次问卷调查显示,在回答"你平时接触的最多的西方文化制品是什么"时(见表一),选择"西方国家的书籍、报纸、杂志"的青少年学生比例为21.8%,虽然只占到第三位,但与第一位和第二位的影视制品和游戏、动漫制品相差并不大,表明青少年对西方印刷制品的消费仍然保持相当旺盛的势头。问卷调查显示(见表五),

青少年在回答“你喜欢并经常阅读的印刷制品是什么”的问题时，有41.2%的青少年选择了包括中国古典名著、大陆当代作家畅销书、各类休闲娱乐杂志等在内的本土印刷制品；有38.1%的青少年选择了包括欧美经典名著、学术著作、欧美当代作家畅销书和各类休闲娱乐杂志等西方印刷制品。喜欢并经常阅读西方印刷制品的青少年学生，仅比喜欢并经常阅读本土的少3个百分点。这一数据表明，经济全球化和我国经济转型的特殊环境下，我国青少年喜欢并经常阅读印刷制品，主要是本民族与西方国家的，两者的影响几乎势均力敌、平分秋色。

表五：青少年喜欢并经常阅读的印刷制品种类比例（%）

印刷制品种类	中学生	大学生	平均
中国古典名著	20.2	18.7	19.4
大陆当代作家畅销书	20.7	22.8	21.8
港台言情和武侠小说	15.1	19.0	17.0
欧美经典名著和学术著作	21.3	22.8	22.1
俄罗斯名著	4.1	3.3	3.7
欧美当代畅销书和休闲娱乐杂志	18.6	13.4	16.0
总计	100	100	100

此次调查还反映出，不同年龄的青少年对西方印刷制品内容的选择偏好是不同的。对西方印刷制品接触最多的是大学生。在与大学生的座谈中，我们了解到大学生中的一部分人不仅接触翻译成中文的西方著作，一些英语水平较高的学生还直接阅读英文原版的西方印刷制品。西方的一些文字印刷品如《时代》、《时尚》、《读者文摘》等杂志，由于知识涉及面广，观点新颖，往往是新观念、新思潮的传播的载体，因而尤其受大学生的喜爱。年龄较小

的中学生则主要选择以消遣娱乐为主的西方大众文化制品（见表五“欧美当代畅销书和休闲娱乐杂志”一栏），中学生对此的选择为18.6%，大学生为13.4%，中学生高于大学生5.3个百分点。这类休闲娱乐类西方印刷制品，尤其是一些卡通连环画，造型现代，制作精美，图文并茂，通俗易懂。像《心灵鸡汤》这类充满幽默和笑料的通俗读物，虽然内容往往是大杂烩，也没有什么知识性，但由于其有较强的娱乐性，因而能吸引生活单调、学业负担沉重的中学生的眼球，受到他们的追捧。英国女作家罗琳的充满神奇色彩的《哈利·波特》系列小说，更是在中学生中引起轰动，大家争相传阅。

从对调查问卷的分析和座谈讨论了解到，青少年之所以对西方印刷制品保持旺盛的选择意愿，原因主要有：首先，携带和阅读比其他的文化制品更方便，更容易获得。其次，编译精美，内容丰富。随着现代印刷工艺的数字化发展和印刷材料的改进，西方印刷制品被制作得越来越精美、内容越来越丰富、表现形式越来越多样，对追求轻松、刺激和视觉效果的青少年具有很大吸引力。第三，选择性大，特别适合学习需要。青少年作为在校学生，文化学习的内容主要从书本上获得，这就使得青少年们消费西方印刷制品的意愿更强，加上近年来，对青少年学生学习英语等要求提高，许多学生可以通过阅读西方印刷制品如英语的卡通、小说、杂志、报纸来提高自己的英语水平，因此西方印刷制品成为他们各方面需要兼顾的重要选择对象。

4. 音乐制品的消费选择意愿呈上升势头。

西方音乐制品是指磁带、唱片、MTV光碟、MP3等承载西方各种音乐形式（包括歌剧）的制成品。在改革开放初期，港台的流行音乐是青少年们最喜欢和经常听的音乐，西方音乐制品还很少进入青少年们的消费视线。然而,进入经济转型期以来,青少年学生消费西方音乐制品的意愿呈现明显的上升趋势。2002 年 10 月的问卷调查显示,青少年在回答“你喜欢并经常听的音乐是什么”时(见表六),首选西方音乐制品(包括欧美经典音乐、欧美流行歌曲和摇滚音乐)的青少年占 48.5%,超过了中国民歌民乐和大陆流行歌曲的总和 27.9%,也超过了港台流行歌曲 23.6%,这说明西方音乐已成为青少年最为经常和喜欢听的音乐。

表六:青少年喜欢并经常听的音乐比例(%)

音乐类型	中学生	大学生	平均
中国民歌民乐	7.4	15.7	11.5
大陆流行歌曲	16.5	16.3	16.4
港台流行歌曲	24.0	23.2	23.6
欧美经典音乐	19.5	19.4	19.5
欧美流行歌曲	21.8	15.7	18.8
欧美摇滚音乐	10.8	9.7	10.2
总计	100	100	100

在与青少年学生的座谈中了解到,多数学生不仅听过西方音乐,而且能够说出西方歌手和他们作品的名字。在学生宿舍里,经常可以听到西方音乐,在他们的磁带、音乐光碟、MP3 中,有很多是西方音乐的产品。西方音乐对青少年学生已经产生了广泛的影响。在如今的音乐制品市场上,可以说西方音乐制品占据了相当大的市场份额。如果逛音像商店,会发现货架上至少有 1/3 的音乐制品是西方音乐制品,包括欧美古典音乐、流行音乐、乡村音乐、摇滚乐、HIP－HOP 音乐、R&B 以及歌剧等形式的音乐制品,数量和品种繁多。而购买者中多数是青少年学生。这也说明青少年消

费西方音乐制品的意愿已经比20世纪八九十年代有了明显增强。

从对调查问卷的分析和座谈讨论了解到,青少年消费西方音乐制品的意愿增强的原因是多方面的,主要有:首先,青少年尤其是大学生的英语水平有了很大的提高,对英文歌词的理解能力有了很大进步,这在很大程度上减少了听英文歌曲的语言障碍。其次,英语是世界通用语言,对青少年来说,学好英语非常重要,而听英文歌无疑对英语学习有很大帮助。再次,西方音乐形式多样,其制品种类非常丰富,音乐家及其作品数量非常多,音乐本身在制作上优良,不乏上乘制作,并且宣传和造星的手段非常高明。第四,随身听、MP3等可以随身携带的音乐播放工具在青少年中比较普及。

西方音乐历史悠久,不管哪种音乐形式都有好的作品,它们或者能给人以美的享受和情感的陶冶,或者使听者能够放松情绪,能够对青少年产生积极影响,但是也有很多作品内容非常不健康、品位低级,尤其是一些西方摇滚音乐中透露出来的颓废和色情的信息对青少年的思想是一种腐蚀。

(二)青少年消费西方文化制品的途径

1. 消费正规渠道进入文化市场的西方文化制品。

所谓正规渠道主要是指通过进出口部门严格审查、由正规出版社翻译发行、正规电影院引进放映、正规厂家复制生产、正规市场出售等渠道。在我国,各级电视台、电台、各种报刊都是国家的主流媒体,它们由各级政府的相关部门和宣传部主管,受人民的监督,是西方文化制品进入的正规渠道。这次大规模的问卷调查显示,青少年消费正规渠道进入的文化制品还是最主要的途径(见表七)。青少年在回答"你观看西方电影电视片的主要方式是什么”时，选择“收看中央台和地方台播放的节目”占30.4%，居第一位。选择“收看港澳地区电视台播放的节目”占19.7%，虽然是港澳地区的电视台，但是毕竟受到港澳地区法律的控管和舆论的监督，这种途径总体上还是比较正规的。选择“去学校电影院或录像厅观看”的占18.4%，这种途径受到学校管理的限制，应该说也是比较正规的。选择这三种途径的青少年的比例一共是68.5%，超过了一半。

表七：青少年观看西方电影电视片的主要方式的比例(%)

方式	中学生	大学生	平均
收看中央台和地方台播放的节目	31.7	29.1	30.4
收看港澳地区电视台播放的节目	24.2	15.2	19.7
去学校电影院或录像厅观看	11.2	25.6	18.4
租光盘在家里或寝室观看	29.2	24.0	26.6
去校外电影院或录像厅观看	3.7	6.1	4.9
总计	100	100	100

从对调查问卷的分析和座谈讨论了解到，青少年更多地选择消费正规渠道进入文化市场的西方文化制品的原因主要有：首先，从数量上来看，通过这些正规渠道进入我国文化市场的西方文化制品是最多的。其次，从质量上来看，通过正规渠道进入我国文化市场的西方文化制品经过我国文化管理部门的严格审查，从内容上应该说大多都具有思想性、艺术性、欣赏性较高的特点，并且制作较为精良。再次，从获取方式上来看，这些文化制品的获得是合法的和容易的，一般可以通过在正规商店购买、收看电视台播放的节目、去电影院或音乐厅欣赏等方式获得。通过正规渠道进入文

化市场的西方文化制品经过有关文化审查部门的检查过滤，并且随时受到社会舆论和群众的监督，积极健康是主流，它们为广大青少年提供了了解西方文化、生活方式的良好平台，有利于青少年的文化学习，对他们增长见识，扩展视野有积极意义。

2. 购买、租借非法入境和盗版的西方文化制品。

所谓非法入境，是指通过走私，避开我国文化管理部门和海关的审查进入我国文化市场。所谓盗版，是指不支付版权税，运用现代复制技术将他人获得知识产权的文化制品进行复制生产、销售以获取暴利。这两种销售行为都是不法分子为获取高额利润不惜铤而走险、躲过市场监督的不法行为。由于我国文化市场发展时间不长，制度法规特别是监督力度还存在薄弱环节，因此经济转型初期的文化市场盗版猖獗，存在着大量盗版的西方文化制品。据媒体披露：全国每年出版图书 10 万至 12 万种，被盗版图书近万种。除新华书店和少数守法经营的个体书店外，大部分个体书摊、书店的图书品种有 60% 以上是盗版书。① 影片走私在一些地方也很猖獗，从 1997 年到 1999 年的 3 年间，全国共收缴走私电影 544 部，共 2000 多个拷贝。② 2002 年年初，中国音像协会组织新华社、人民日报、中央电视台等新闻单位的记者，对 5 个省市的音像市场进行实地调查，发现除由政府部门主管的音像商店相对容易集中控制外，流动性的路边小摊和居民区、学校附近的音像制品出租出售店由于其流动性和隐蔽性，很难对其监控和打击。盗版制品由于市场利润高，不法分子已经建立了一整套生产和销售网络，通过这

① 赵乾海：《盗版：新世纪无法避绕的沉重话题》，《新闻出版交流》2004 年第 5 期。

② 谢名家等：《文化产业的时代审视》，人民出版社 2002 年版，第 309 页。

一网络进入我国文化市场的盗版制品数量庞大，扩散到社区、街道和农村的各个角落。走私盗版制品价格上的优势对基本无收入、购买力弱但又是各类光盘和图书的主要消费者的青少年来说具有相当大的诱惑力，因此购买这类制品的很多都是青少年。他们用很低的价格在音像出租出售商店租借、购买各种类型的盗版影视、音乐制品（其中主要是境外的）。在校大学生，更是盗版或走私的西方文化制品的主要消费者。1999 年、2002 年、2003 年中国出版科学研究所组织对全国 262 个城市进行了三次“阅读与购买倾向”的大规模抽样调查（见表八）。三次结果表明，年龄越小的消费者，购买盗版的比例越高。18 岁—29 岁的人购买盗版率超过了 60%，是最高的人群，这个年龄段的人群（包括大学生）是盗版的主要购买群体，超过其他年龄阶段的人。从变化趋势上看，在 18 岁—19 岁年龄段，购买盗版出版物的比例不断攀升，5 年间上升了 8.5 个百分点。①

表八：按年龄划分的购买盗版出版物的比例（%）

年龄	1999 年	2001 年	2003 年
18 岁—19 岁	59.2	64.9	67.7
20 岁—29 岁	64.4	65.1	63.9
30 岁—39 岁	41.2	46.7	48.2
40 岁—49 岁	34.9	41.0	29.6
50 岁—59 岁	27.6	24.6	35.0
60 岁—70 岁	13.6	17.6	18.3

非法入境或盗版的西方文化制品未经过国家文化管理部门的

① 赵乾海：《盗版：新世纪无法避绕的沉重话题》，《新闻出版交流》2004 年第 5 期。

审查,其质量和内容良莠混杂,是西方反动思想、淫秽、色情、暴力文化制品销售的主渠道。青少年经常消费来自这种渠道的西方文化制品,特别容易接触到西方文化制品中的腐朽、反动的文化垃圾,负面影响极大。

3. 通过上网尤其是网吧消费。

20 世纪 90 年代中期以来,随着互联网在我国的飞速发展和日益普及,互联网这种没有地域局限,能够包容文字作品、电影电视、音乐、游戏、动漫等文化制品,且能自主点击、拉出所需信息的传播媒体成为了西方文化制品的新载体,为人们接触和消费西方文化制品增添了一种新的便利化的途径。截至 2004 年 6 月 30 日,我国国内互联网用户已达 8700 万户,上网计算机数继续增长已经达到 3630 万台。青少年是网络的最大用户群,是上网的主力军。在上网已日益成为青少年学习、休闲娱乐的方式和重要内容的今天,上网在线接触或下载观看成为他们消费西方文化制品的重要方式。

青少年上网接触和消费西方文化制品的方式又可分为两种:一种是在家和宿舍上网。对于有电脑的中学生来说,电脑一般放在家里,他们多在家中上网。对于有电脑的大学生来说,电脑一般放在宿舍,他们多在宿舍上网。所以,以这种方式上网消费西方文化制品的青少年在数量上有一定规模。由于这种上网方式会受到父母或学校管理以及同学监督,通过这种方式点击的西方文化制品相对来说比较正规和健康。西方垃圾文化制品如色情、暴力等制品相对较少。另一种是通过网吧上网。虽然我国计算机互联网的普及率有所提高,但是,在广大农村和城市贫困家庭中拥有计算机比率还非常低。这部分家庭中的青少年上网多半是在网吧上网。此外,还有许多青少年为摆脱家长和学校的限制经常去网吧上网。所以,通过网吧上网消费西方文化制品的青少年在数量上是最多的。对网吧的经营活动,虽然国家对低龄青少年制定有"未成年人禁止入内"等方面的限制,但网吧的赢利的性质,使之执行起来难度很大。开设在学校和居民社区附近的营业性网吧数量最多,效益也最好,而光顾这些网吧的绝大多数是青少年。这些营业性网吧为了招揽青少年,专门投其所好地安装有不少西方影视片和游戏软件,个别网吧还专门提供浏览西方暴力和色情文化制品的网络路径,对上网青少年形成浏览诱惑。

无论是在家或宿舍上网,还是在网吧上网,青少年通过互联网络接触到的西方文化制品的质量都不容乐观。这次调查显示,青少年学生接触不良西方文化制品如色情淫秽、充满暴力画面的影视、游戏和动漫制品,大多是通过上网,尤其是在网吧上网获得。在营业性网吧可以发现不少青少年在浏览西方面孔的色情、暴力画面或玩西方色情、暴力游戏。营业性网吧已成为西方不良文化制品在青少年中传播泛滥的主要场所。

(三)青少年消费西方文化制品的特点

1. 普遍性。

这一特性首先表现为,转型期接触和消费西方大众文化制品的青少年群体更为普遍,更具广泛性。经济转型期消费西方文化制品的青少年群体,不再像20世纪80年代那样主要集中在大学生这样的具有较高文化水平的少数群体上。随着西方文化制品在经济转型期向大众娱乐层面的延伸,青少年消费群体出现了向低龄化发展的趋势。文化水平不高,数量更庞大的中学生群体成了西方大众文化制品的主要消费群。其次,表现为消费数量和时间的普遍性。青少年在休闲娱乐之时,选择消费西方文化制品的时间普遍增加。在他们看的电影电视、卡通漫画、影碟,听的音乐广播,阅读的书报杂志,登陆的互联网络、玩的电脑游戏等品种中,总会发现西方大众文化制品的踪影。再次,表现为消费地域的广阔性。虽然由于我国东部和西部、城市和乡村还存在较大的发展差异,大中城市的青少年对西方文化制品的消费,不管是种类还是数量,都大大高于生活在教育和文化设施落后的边远农村的青少年。但是随着经济转型期现代传媒和交通在各地的高速发展,无论是身处繁华的城市还是在偏僻的农村,青少年都能不同程度地接触到西方文化制品,甚至在偏远的乡村小镇上也能听到西方音乐,看到美国的电影录像。

这种普遍性表明西方文化制品已形成了对青少年全方位的包围和影响,渗透到了他们文化学习和娱乐的各个领域,对青少年的视听进行大规模的覆盖,且在时间上保持持续性影响。从而使青少年或自觉或不自觉的与西方文化制品保持着普遍性的接触。

2. 自由性。

这一特性主要指,经济转型期的青少年对西方文化制品的消费具有较大的自主选择空间。由于整个社会对西方大众文化制品总体上所持的宽松的态度,进入我国的西方文化制品在种类、数量上与日俱增,青少年消费西方文化制品可以像消费普通商品一样,根据自己的喜好、购买能力等自由决定消费的品种和数量。伴随现代大众传媒设备的普及化,青少年还可以根据自己的需要选择消费西方文化制品的时间和方式。从印刷媒介的书籍、报纸、杂志到电子媒介的电影、电视、网络等等都是他们选择的方式。

这种过分宽松的自由性对青少年来说是一把双刃剑。它一方面有助于青少年了解更多的西方文化的内容,接触一些优良的西方文化制品;另一方面有很大的负面影响。青少年的世界观、人生观、价值观还没有完全定型，辨别能力、自控力较差，很多时候喜欢凭兴趣和感觉行事，缺乏理性思考，因而，过度的自由非常容易使他们低俗化兴趣演化为选择的支配力量，出现对西方文化制品中色情、暴力内容的选择偏好，从而对青少年形成严重的负面影响。

3. 时尚化、从众性。

时尚化、从众性是指青少年在消费西方文化制品时容易受时尚和流行的影响，从众跟风的特点突出。一方面，青少年对各种新思想、新观念非常敏感，偏爱“另类”、追求时尚，对新事物总是抱着好奇的态度。因此，社会上新出现的或者广泛宣传和议论的西方大众文化制品也就是所谓的“热门”制品，总是特别容易引起青少年的关注，引发他们不可遏止的探究心和好奇心，形成跟风欣赏的动机，从而使青少年消费西方文化制品呈现出时尚化、流行化的特点。另一方面，青少年是一个非常重视群体归属感、容易受到同辈群体影响和感染的群体。他们往往通过追逐流行的西方文化制品来显示自己的新潮、开放和才能，以获得群体的认同，满足自己的归属情感，这就使得青少年消费西方文化制品时表现出强烈的跟风从众的特点。20 世纪 80 年代，我国青年中流行西方摇滚乐热、霹雳舞热，90 年代中后期至现在流行的美国影片热和上网冲浪热，无一不是青少年消费西方文化制品的时尚化和从众性特点的表现。这种时尚化、从众性的特点，也使青少年对西方文化制品的消费选择表现出多变性、短暂性等转换快速的特点。

认识青少年消费西方大众文化制品的时尚化、从众性特性具有重要的价值。一方面，可以发现时尚化、从众性给青少年带来的负面影响。很多青少年以为消费西方大众文化制品是时髦和新潮的表现，在这种心理的作用下，西方大众文化制品不仅特别容易进入青少年的消费视线，成为青少年文化消费的首要选择，出现盲目的追求行为倾向，而且特别容易驱使他们产生不加选择和分析的盲目崇拜，遭受在新奇外表包裹下暗中流行的不良西方大众文化制品的侵害。另一方面，青少年消费西方文化制品的时尚化、从众性特点，也为主导文化消除西方大众文化制品的不良影响，提供了有效控制的思路。这一问题将在对策部分“坚持社会主导媒体对西方文化制品传播的理性态度和策略”中作进一步的阐述，这里就不再赘述。

三、西方文化制品对转型期青少年多向影响的分析

从经济转型环境下西方文化制品在我国文化市场的多渠道销售以及青少年学生普遍而自由地购买和消费看，西方文化制品对青少年思想的影响是明显和突出的。这种影响与单一的西方政治意识形态影响相比，不管是影响的向度还是程度都更为复杂，且在不同的青少年个体身上有不同的反映。下面根据调查获得的信息数据，对这种复杂的影响状况作一趋势性的分析。

（一）优良西方文化制品对青少年思想的积极影响

西方文化制品作为人类文明的重要组成部分，其中存在不少反映和表现人类高尚情感和正确认识世界的优秀作品。这里所谓的优良制品，是指反映了人类高尚情感和道德理想追求、且有较高艺术价值的作品。这类作品大多是西方文化制品中的经典与上乘之作，包括对世界文明进程产生重大影响的经典名著，有世界性影响的文学、影视和音乐制品等。这些西方文化制品对青少年思想情感的影响，积极方面是主要的。

第一，对青少年的文化学习有积极影响。青少年处于文化学习

的重要阶段，他们渴求多方面的知识，希望能与西方发达国家有更多的信息交流，希望更多地了解世界。优良的西方文化制品尤其是西方经典文学和学术著作具有较高的思想性、艺术性、欣赏性，反映了西方优良的文化传统、先进科技、风土人情。青少年学生学习欣赏这些西方文化制品，显然可以提高审美情趣，开阔认识视野，丰富文化学习的内容，对他们的文化学习有很好的促进作用。

第二，对青少年思想观念有积极影响。优良的西方文化制品所体现的思想文化观念不少是带有全人类性的，许多现代观念与当代中国的发展主题具有内在的一致性。比如西方优秀文化制品中表现的忠于职守、讲求效益、锐意进取开拓、崇尚智慧等思想观念有利于促进青少年现代意识的发展。西方文化制品中反映的竞争精神、独立意识、民主意识、环保意识，追求自由、平等等思想观念是我国传统文化比较缺乏的，青少年通过接触优秀的西方文化制品，可以感受和了解到其中值得学习的内容，对他们的心智发展无疑有积极作用。

第三，对青少年情感有积极影响。不同国家的文化制品会因为文化传统和社会制度的不同呈现出不同形态，但是其中仍然有一些共同的地方，那就是反映人类的美好情感。比如忠贞的爱情、深厚的友情、善的道义以及忠诚、责任、对弱者的同情等等。这些人类美好的情感在西方优秀文化制品中往往有震撼人心的表现。一些西方优秀经典文学名著和影视作品，如《巴黎圣母院》、《魂断蓝桥》、《居里夫人》、《辛德勒名单》，一些西方喜剧电影，如卓别林的系列电影对培养青少年高尚的道德、美好的情感有着明显的积极作用；一些西方音乐如《友谊地久天长》、《寂寞之声》等历久弥新，世代传扬。这些作品既有娱乐价值又有艺术价值和社会价值，对青少年情感的丰富和情操的陶冶能起到良好的熏陶作用。

虽然优良的西方文化制品能对青少年的思想道德和情感产生以上积极的影响，但由于当代西方文化制品尤其是优良的影视制品的发行，往往伴随着大规模的广告造势，以增强轰动性，扩大观众面，因而大都以轰动、新潮的强劲态势出现。这就难免在青少年的思想上产生一些潜隐的负面影响。首先，对西方这些优良文化制品的过度宣传和社会追逐，会无意识地在青少年心理造成西方文化制品好，中国的文化制品远远不如西方文化制品的看法，进而产生看不起自己民族文化的民族虚无主义心理。这一点，从20世纪90年代中期青少年对西方影片（尤其是好莱坞大片）的狂热追逐、对国产片不屑一顾、对优秀的主旋律影片的态度淡漠的表现中可见一斑。其次，一些西方文化制品（主要是美国好莱坞制作精良的一些大片），经常将西方国家描绘成一个充满了友爱、平等、自由与善良的理想世界，对西方社会现实不了解的我国青少年，很容易将艺术家为补救现实缺陷而创造出来的理想化的虚构典型，当做西方国家的真实事实，将艺术化的"应有"审美形象当做现实生活中"已有"的事实，形成对西方社会政治、经济制度的盲目认同，并以此作为标准，同处于转型期的我国社会现实作比较，产生对我国社会制度的不满和怀疑情绪。《拯救大兵瑞恩》、《西雅图不眠夜》等类影片，就曾在大学生中产生过这种潜移默化的负面影响。可见，即使是对西方一些优良文化制品的欣赏，也需要对认识和审美能力还不高的青少年学生进行欣赏的引导。不然好的西方文化制品也可能在青少年的自由了解中出现一些不该产生的负面影响。

（二）娱乐消遣性西方文化制品对青少年思想的影响

西方文化制品中虽然有高雅、优秀的作品，但大量的是将文化与娱乐结合在一起的产物——大众文化制品。由于其根深蒂固的商业性，因而，缺乏思想深度、搞笑逗乐、调侃诙谐、离奇夸张、平庸通俗，是这类西方文化制品最常见的特性。西方的肥皂剧、卡通片、流行音乐、摇滚音乐等大众文化制品大多属于这一类型。青少年天生喜欢娱乐玩耍，文化欣赏水平又不高，这类娱乐消遣类制品对他们具有很强的吸引力，因而自然成为这类大众文化制品的主要消费者。从表面看，这类西方文化制品可以在某些方面排遣青少年成长过程中的烦恼，娱乐身心，缓解学习生活的紧张，不少作品无直接明显的害处。但是，西方消遣娱乐类文化制品从总体上看，大都内隐着当代西方文化的深层矛盾和空漠化的特性，这就是不少文化娱乐制品直接反映出了西方世俗化、物欲化、享乐化等腐朽的思想意识，对长期接触此类文化制品的青少年，形成许多潜隐的负面影响。

首先，西方娱乐消遣性的大众文化制品内含的西方世俗化、物欲化、享乐化的价值观，对青少年造成生活理想低俗化和生活方式享乐化的消极影响。西方大众文化制品大多是为了迎合与满足大众世俗化的欲望而生产出来的。其中惟妙惟肖地展现强者欺负弱者，掠夺弱者财富后洋洋得意的强权心态；弱者利用自己的小聪明打败强者，获得财富或自己喜欢的东西后的喜悦与骄傲，几乎是美国卡通片通用的主题，《猫和老鼠》是其中的典型代表。一些电影或者电视剧为了满足西方大众对富人生活向往的心理需要，不惜花费巨额资金、调动多方面的制作手段，竭力去描写剧中主人公从一无所有的穷光蛋，在个人奋斗中获得许多意外的机会，尤其是偶然的机会而发财致富的经历，极力地渲染这类人物跻身富人行列后拥有鲜花、美女、财富；精心地表现美国豪华的别墅、高档的小汽车、体面优雅的衣着，在家庭游泳池、高尔夫球场、跑马场中休闲锻炼的生活方式。可见，西方大众娱乐消遣性文化制品创造出来的吸引大众眼球的艺术场景，基本上是美国世俗化、物欲化、享乐化的生活价值观和社会方式的完美演绎。正如法国学者马特拉在分析了迪斯尼卡通片的现象层面和文化内含后所指出的那样：美国的卡通片内含着一系列意识形态主体：拜金主义、消费主义、享乐主义、个人英雄主义和冒险到落后地方发财的成功及其惊喜、弱肉强食规则和对落后地区、种族、国家有意识的嘲讽等等。① 西方娱乐性的大众文化制品包含的以上西方式的价值观和思维方式，用青少年喜闻乐见的大众化形式生动形象地表现出来，无疑会使长期接触并喜欢这类制品的青少年，在喜欢剧中人物形象的过程中，在关注故事情节发展和学唱其中歌曲的过程中，不知不觉地认同其中所表现的生活态度和价值取向。这次调查显示，青少年的人生理想和追求正在向世俗化的“挣钱——高水平消费（豪华汽车、别墅）”倾斜，解决矛盾的方式越来越倾向于强权武力。这种变化的原因是多方面的，但与其较大量地接触和消费娱乐消遣性的西方大众文化制品，潜移默化地受到其中包含的西方生活方式和价值观的影响是有密切相关性的。如果任由这类西方文化制品大量、经常地抢占青少年的视听和休闲娱乐空间，势必会给青少年接受和认同我国主导文化所倡导的生活价值观带来障碍，而西方生活价值观则会伴随这些娱乐消遣性的文化制品走近青少年视听，进而走进他们的心灵。这种状况正如著名的文化研究者所言：“大众文化使被输入国的受众产生这样的观念结果，美国人的生活方式正是我们所想要的。”②

① A. Dorfman and A. Mattelart, *How to Read Donald Duck*: *imperialist iaeology in the Disney comic*. ny. 1975, 97.

② 汤林森：《文化帝国主义》，上海人民出版社 1999 年版，第 81 页。

其次,西方一些情趣低俗化、情感消极的大众文化制品对青少年的情感情操有明显的负面影响,不利于青少年健康心理和高尚情操的发展。文艺作品总是要表达和宣泄人的某种情绪情感,并以此打动和感染欣赏者的心灵。优秀的文艺作品往往从对人、社会、自然的终极关怀上,去表现平凡人从事有益于他人、社会、自然的有价值的活动中的高尚情感情操,以此带给人情感上的震撼、心灵上的洗礼和道德上的升华。然而当代不少娱乐消遣性的西方大众文化制品在市场竞争和利润的驱动下,远远背离了以上优秀文艺作品的创作宗旨。为了制造出新奇刺激、满足大众好奇心、能获得大量利润的文化制品,现代西方大众文化制品的题材已发展到上天入地的境界。所谓"上天",就是竭尽科幻想象之能事,艺术化的描绘人类社会未发生过的情景。美国很多科幻电影,如《侏罗纪公园》、《黑客帝国》系列、《魔戒》系列等都是其代表。所谓"入地",则主要以现实社会的犯罪为主要题材。前者如美国科幻片《生化危机》,追求视觉和心理上的惊险刺激,充盈屏幕的是奇形怪状的机器人、基因变异人产生和活动的场面。这些"非人"本身就无情感可言,有的只是破坏性行动以及由此造成的城市、河流、山体甚至整个地球被摧毁的场面。强烈的感官刺激之后,人们感受到的只是科学技术的威力,人类美好的情感和理想的追求在这些科学的控制力面前变得微不足道。这类制品可称为情感空漠化制品。它除了留给青少年强烈的视听刺激和对科学的崇尚、恐惧抑或排斥以外,几乎不可能有道德或情感方面的积极感染。后一类题材的制品虽然回到了现实社会,但活跃在其中的是一群与社会的道德、规范和法律背道而驰的犯罪人和"社会变异人"。为了达到满足大众猎奇的目的,一些娱乐消遣性制品在表现离奇凶残的犯罪行为的过程中,还淋漓尽致地"揭露"其变态的心路历程和变态的情绪情感，比如美国著名恐怖片《沉默的羔羊》等类影片，就对不惜生命、不择手段地追求个人变态心理需要满足的反社会的情绪、残忍、嫉妒、报复等负向心理进行了细致的表现和大肆渲染，年龄较小的初中生经常接触这类影片，非常容易受到其中不良心理和情绪情感的感染，致使一些道德意识和道德情感薄弱的青少年出现情绪情感上的畸形发展，极不利于青少年的情绪情感向充满爱心、责任、同情的积极方向发展。这次调查发现，当前文化市场上出售或出租的西方影视制品，绝大多数是这类惊险、科幻、恐怖、动作影片。这类看似无大害的西方文化制品，对年龄偏小的青少年心理和情感形成的负面影响，特别需要加强进一步的研究和控制。

（三）政治意识形态明显的西方文化制品对青少年政治观的影响

西方文化制品普遍蕴涵着西方国家意识形态的内容，只是在不同类型的文化制品中表现的程度和方式不同而已。一些西方文化制品的意识形态性较为隐秘，而一些则相当露骨。以美国为首的西方敌对势力一贯将社会主义国家视为眼中钉，从未放弃对社会主义国家的西化、分化的图谋，不遗余力地对社会主义国家进行政治意识形态的渗透和扩张。所谓带有明显政治意识形态的西方文化制品，就是指那些露骨的宣扬西方政治文化观念，直接或间接地攻击其他国家和民族，特别是社会主义国家的意识形态，扰乱"异己"国家人民的政治思想和信念的制品。比如美国影片《空军一号》、《白宫动员令》、《决战中的较量》、《红色角落》等，都把与美国政治意识形态相左的国家当成了打击和诋毁的对象。其中《决战中的较量》、《红色角落》尤为突出。

《决战中的较量》,是一部以第二次世界大战中斯大林格勒保卫战为背景的美国战争"大片"。该片描述了苏联红军战士瓦西里与一名德国枪手之间进行的较量,同时也展示了苏联军官与士兵之间的冲突。影片一开始所展示的就是一群"戴大盖帽"的苏联军官的形象,他们在战场上手持铁皮喇叭,声嘶力竭地驱赶着士兵,许多刚刚入伍的新兵一下火车即倒在炮火中。影片还表现了一个苏联指挥官——丹尼洛夫的世界,他最后以自己的牺牲为瓦西里赢得了获胜的机会。然而影片给人的感觉却是他的所作所为似乎更多地是为了自己的升迁,为了自己的爱情,他与瓦西里之间并不是党员与战士的同志情,而是利用与被利用的关系,他的死看起来更像是对失去爱情的绝望。事实上,没有苏联共产党的出色组织和领导,没有共产党员的牺牲精神,要赢得斯大林格勒保卫战的胜利是不可能的。但这部影片不仅没有表现这个事实,反而出于西方国家对社会主义和共产党的偏见,把共产党的领导塑造成了一群面目可憎的虚伪的人。《红色角落》则是一部彻头彻尾的反华影片。它讲的是一位美国商人在北京遭到陷害,被我国公安部门逮捕,判处死刑,求救无门。一位中国女律师深入调查为其辩护,洗清不白之冤,两人便由此相爱。影片出于对我党、我国政府的敌视,以"人权"、"自由"、"民主"为幌子,虚构瞎编、无中生有,极尽对我党、我国政府及司法制度恶毒攻击和诽谤之能事。此外,在电子游戏里也有一些充满敌视我国的游戏软件如《F－22 猛禽》玩的是空袭中南海,《红色警戒》中则充满了对社会主义的仇视,2004 年 3 月被追缴的非法游戏《秘密潜入 2》中的部分内容恶意损害我国、我军形象。这类带有明显政治意识形态倾向的美国文化制品,对我国青少年政治思想具有极大的危害性。首先,这类文化制品充分利用现代高科技手段,在带给青少年猝不及防的感官震撼和视听快感的同时，其中形象化、艺术化展现的政治态度、倾向及对“异己”国家社会制度的偏见，容易使青少年在迷醉状态中无抵抗地接受。其次，这类制品对共产党和社会主义国家政治制度的妖魔化表现，会冲击青少年接受的政治思想和理想信念的教育，引起青少年对党的历史的误解，对国家政府的不信任。少数青少年还会对西方国家的政治文化观念，不加分析地肯定和认同。在这次调查的座谈讨论中，就有少数大学生用《拯救大兵瑞恩》的故事情节作比照，批评我国政府（主要是区县级政府）对一般百姓，尤其是弱势群体人们生命和基本权利的漠视；以影片中的情节为依据，对西方国家的人权给予积极的肯定。由此可见，这类具有比较鲜明的政治意识形态倾向的影片，对青少年政治思想产生的潜移默化的影响是明显的。

（四）西方有害文化制品与青少年精神颓废和行为失范存在正相关

西方有害文化制品主要指露骨宣传色情淫秽形象、宣扬色情、淫秽思想、刺激人们性欲望的色情淫秽制品以及肆意渲染、美化暴力行为的暴力文化制品。这些制品以宣传和展现千奇百怪的性行为和暴力行为为目的，毫无艺术可言。对生理发育已基本成人化、而心理和社会性发展还很不成熟的青少年来说，一般会刺激他们生理本能欲望的膨胀，加剧他们简单模仿的兴趣，故将其列为有害文化制品。由于这类制品能满足一部分成人的娱乐需要，有一定的市场，因此在一些西方国家是允许在法律规定的范围内制作、销售、放映的，也就是说在一些西方国家是合法存在的。虽然他们对这类影片和电视节目有严格的分级制，对青少年接触这些制品有严格的限制，但这种有害制品的合法性存在本身就是一种文化堕落的表现,就是只顾赚钱,不顾青少年健康成长的行为。当一个社会合法地存在着这类制品的时候,就很难控制这类制品不被青少年接触。这也正是西方国家精神文化危机的重要表现。我国是社会主义国家,政府历来禁止进口此类文化垃圾,并不断对这类文化制品进行严厉的打击和清除。但是,在走私、盗版这类音像制品能获取丰厚利润诱因的作用下,我国经济转型期的文化市场仍不同程度地在暗中存在着这类西方文化垃圾。它们一般以隐蔽的状态出现在一些个体经营的书刊音像出售店和出租店,品种主要集中于电影电视光碟、电脑游戏软件、图书杂志、漫画,给青少年接触这类制品创造了条件。尤其是互联网的普及,大量在线观看或参与的西方色情、暴力制品(包括音像制品和图片)或游戏动漫,更成为好奇心强、经常上网的青少年点击的重点。这类西方有害文化制品给青少年带来的负面影响最为严重,轻则扰乱心境、腐蚀思想,重则成为一些青少年精神颓废、行为失范甚至走上违法犯罪歧途的重要文化诱因。

1. 西方色情文化制品对青少年精神的毒害。

西方色情文化制品最开始以形形色色的纸张印刷品比如裸体照、书刊以及通俗读物出现。在出售、出租给学生们的部分西方卡通读物中,赤身裸体、男欢女爱的淫秽、色情画面比比皆是,充斥着带有诱惑性的情节、暴露的画面、煽情的对白,随着信息技术的发展,转而以音像制品为主。在我国,青少年虽然通过正规渠道很难接触到直接描写、展示性行为的西方淫秽录像、影碟光盘和电脑游戏,但通过隐蔽的手段与这些有害色情制品的接触还是存在的。这次调查显示,我国青少年接触这些西方色情文化制品的渠道主要有两条:一是瞒着家长和学校,偷偷购买或租借走私、盗版的这类制品。西方各类级别的色情文化制品被一些不法分子走私进来并制作成价格低廉的光盘、游戏软件暗地里发行、销售，不法商贩只管卖出去从而获利，根本不管购买对象是谁。《广州信息时报》2004年7月的报道就称，在广州市的几大电脑城发现，许多封套不堪入目的色情游戏软件，适逢学生放假，买卖异常火爆。一些游戏多以卡通美女的裸露图片作封面，在玩游戏的过程中经常出现色情画面。像《臭作2003》、《官能教官》、《电车之狼》、《尾行3》、《性感沙滩排球2》等多款游戏都是西方国家制作、原版拷贝过来的，内容刺激而且画面极具挑逗性，情节比较刺激。二是通过上网自由点击、访问相关网站接触西方有害文化制品。互联网技术的飞速发展，为西方文化制品中色情、淫秽以及纵欲享乐主义、“性解放”、“性自由”等腐朽观念渗透和蔓延提供了捷径。色情网站已成了方便的“窥淫窗”。网络上有许多专门提供色情服务的网站，如世界上著名的色情刊物《花花公子》、《好色客》、《藏春阁》等，就以合法的形式在美国进入国际互联网。史密森学会博物馆在美国是一个著名的博物馆，他们在电脑网络上开设了一个网址，一周的访问者不到30万人次，而《花花公子》的网址一周的访问者达到470万人次，是前者的16倍，其中青少年占了相当大的比重。这次调查数据显示，在参与调查的2500名大中学生中，46%的人表示曾有意或无意地浏览过色情网站。其中有一半以上的青少年是无意中接触到网上的黄色信息的。一些低龄青少年，正处于性生理的发育期，对性知识想了解又羞于启齿，他们往往会出于好奇或冲动心理刻意地去四处搜寻色情网址。而网络的匿名性、即时性正好为一些青少年的“窥淫”心理提供便利，使一些青少年轻而易举从色情网站中看到低级庸俗的色情内容。《中国教育报》2002年公布的数据显示，每天约有2万张色情图片进入互联网；网上60%的青少年会有意无意地接触黄色信息。我们曾在某大学附近的一家网吧里做过观察，在网吧里上网的全是青年人，其中不少人或阅览网页上的黄色图片，或观看色情电影，或玩色情游戏。而在相邻的一家网吧，则发现大多数电脑上都留有色情网站的访问记录，有的甚至上网观看黄色影片一次长达两三个小时。青少年尤其是年龄偏低的中学生，频繁地接触西方色情文化制品，对其身心的健康发展毒害极大，其负面影响主要表现在以下方面：

第一，加剧青少年性规范意识与性本能冲动之间的不平衡性，淡化青少年的性道德意识。科学研究表明，目前我国青少年性成熟期普遍提前，女孩平均提前到12岁左右，男孩平均提前到13岁左右。然而，这个年龄阶段的青少年的性意识不健全、性心理不成熟。如果大量接触和浸泡在淫秽文化制品传递的不良性信息中，他们的性心理和性需求会受到极大的刺激，对性的好奇和探求欲望会变得更加强烈甚至难以抑止。这势必加深青少年业已存在的性规范意识与性本能冲动之间制约的不平衡性，导致他们将关注点放到性的问题上，放大青春发育中的烦恼和困惑。特别是在频繁接触西方国家色情制品中包含的对性行为所持的自由主义的宽容价值观之后，还会形成对我国社会的性规范要求的漠视，产生对不符合社会规范要求的性行为的宽容心理。这次调查结果显示，城市中学的高中生中已有47.8%的学生，对同学中的同居行为表示可以接受和理解，而大学生中对这一问题表示可以接受和理解的则高达73.6%。可见，西方色情文化制品对青少年性道德观念形成的不良影响，是最普遍存在的。

第二，导致一些青少年精神颓废。青少年长期沉迷于此类文化产品，会形成一种低级的精神需求和嗜好，甚至被其宣扬的纵欲主义、性解放等不良思想观念所俘虏。出现情趣低俗，精神委靡不振，只对色情的内容感兴趣，对高雅的活动无兴趣的精神境界。西方色情制品对青少年精神境界产生的低俗化影响，在一些意志薄弱的青少年身上表现得特别突出，严重制约这部分青少年身心的健康发展。

第三，诱发少数青少年行为失范。一些青少年受到西方色情淫秽制品的吸引而沉迷，将兴奋点集中在寻求性刺激、性需要的满足上，使本该适当控制的生理需要，在色情制品的刺激下过度膨胀，难以控制的驱动自控力弱的青少年产生过分关注异性、无心学习、早恋等行为，导致这些青少年学生，尤其是中学生成绩下降。在黄色、淫秽情节的刺激下，个别青少年还发生了轻率的同居行为。

第四，刺激极少数青少年性犯罪。西方色情淫秽制品宣扬的性自由和性放纵，很容易使分辨能力不高但模仿能力很强的青少年受到误导和暗示，使他们对不法性活动见怪不怪，甚至不认为卖淫嫖娼是可耻的、违法的行为，进而不自觉地涉足卖淫嫖娼、色情陪侍等违法活动。一些西方色情淫秽制品，直接向青少年描绘展示性爱场面、传授了大量的性方法，使得许多长期处于性禁忌约束的青少年，在性意识受到刺激后产生性联想，不由自主地作出与自己身心发展阶段不适合的失范行为，在试图摆脱性压抑的过程中仿效和扮演不良性角色，误入性歧途，甚至性犯罪。这次调查的结果显示，经济转型期青少年犯罪中的性犯罪持续增长，仅次于财产犯罪，排列第二。性犯罪的动机、方式和手段，大多是受淫秽影碟、画报、色情网站等表现色情情节的影响。据一些省、市未成年犯管教所反映，少年犯中有70%以上受到过不良文化的影响；暴力型和奸淫型少年犯中，有90%以上看过凶杀、暴力、淫秽录像和黄色书刊。尤其是网络“黄毒”对青少年的毒害更大。① 司法部门的一

① 《光明日报》2003年8月26日。

组统计数据显示,湖南省少管所,收押的200多名青少年性犯罪者,其中受"黄流"毒害的占90%,平均年龄14.5岁;福建省第一少管所,目前收押的70名奸幼犯,其中受"黄流"毒害的占91%。[①] 2005年2月19日,中央电视台《焦点访谈》播放了被安徽警方破获的来自境外的庞大淫秽网站——情色论坛。在点击和参与论坛活动的中国网民中,90%是青少年,其中最小的版主只有13岁。这些青少年版主,不仅参与网站上色情制品的下载转贴,而且自己拍摄制作相关色情淫秽制品挂在网上,供人点击观看以赚钱。

2. 西方暴力文化制品是青少年暴力犯罪的重要文化原因。

西方暴力文化制品,是西方暴力文化特性的具体体现。西方早在古罗马时期就在张扬人的体力体能的文化心理的作用下,形成了崇尚武力解决问题、用武力征服世界的价值观,并在不断的扩张和征服世界的过程中形成了特有的暴力文化心理。所谓暴力文化心理,指的是深信武力或暴力是解决一切矛盾和问题最有效的手段,以至崇尚暴力、动辄用武,并将这种价值观深植于社会成员的品质之中而形成的心理。正是由于这样的文化心理的原因,西方文化制品有相当部分是形象化表现暴力的制品,并且它们的票房收入或销售量还不俗。随着改革开放和文化市场的发展,经济转型期以来进入我国的境外暴力文化制品的数量呈上升态势,除中国香港制作的以外,数量最多、影响最大的就是西方暴力文化制品。一方面,一些普通的、娱乐性的、带有少量暴力成分的西方电影电视片、书刊大量存在于我国文化市场。比如受青少年喜欢的好莱坞战争大片,它们虽大部分不属于暴力影片,但为了反映战争

---

① 孙召路:《文化传媒对青少年的负面影响及其防治措施》,《连云港教育学院学报》2000年第1期。

的残酷性,同样充斥着血肉横飞的场面。比如1998年的《拯救大兵瑞恩》,就被美国电影协会定为“极度渲染战争暴力”的影片。另一方面,含有大量血腥杀戮镜头的西方暴力文化制品尤其是影视制品和游戏制品也随处可见。美国影片《天生杀人狂》就是一部被多个国家禁映的典型暴力影片。影片的主人公是一对喜好血腥和暴力的夫妇,他们最大的乐趣就是杀人。他们的举动引起了一位新闻工作者的注意,并且在自己的节目上加以报道。这一来,杀人狂夫妇的知名度很快地又被提高了。即使是在他们被捕之后,记者的报道仍然没有停止。影片不仅展现了这对杀人犯杀人手段的离奇和杀人场面的血腥,而且揭示了一种新现象,一切暴力犯罪在媒体的眼中似乎都不是犯罪,而是吸引人们注意力的话题而已,暴力的犯罪性质在公众的关注中也被淡化了。像这样的暴力片,在美国文化制品中可谓数不胜数。还有大量美国暴力影视作品如《天生杀手》等,大量美国暴力游戏如《反恐精英》、《雷神之锤》、《毁灭公爵》、《喋血街头》、《侠盗飞车3》、《恐龙危机》,还有集暴力与色情于一体的游戏《GTA》等,在国际文化市场上销售很好,被一些不法分子走私进来后,也在我国文化市场公开叫卖。此外,互联网夹带许多西方暴力文化信息,如暴力文化特质的影碟、游戏软件中枪战、暗杀、绑架、武装走私贩毒、武功打斗、帮派行会、有组织犯罪等等已经形成泛滥之势。我国对文化制品中的暴力没有分级,也没有因为其中有暴力内容而严格限制青少年观看。因此,青少年通过购买、租借相关书刊或VCD、DVD光碟阅读或观看,通过上网浏览观看影片、玩游戏等多种途径,非常容易接触西方暴力文化制品。我们在与部分青少年学生座谈时发现,一些中学生尤其是男生喜欢并接触过暴力文化制品的较多,尤其喜欢看暴力电影和玩暴力游戏。我们在某高校附近的一家网吧中观察发现,40多位上网学生中有一半都在玩以CS为代表的反恐精英射杀游戏。CS是一个已经流行了多年的极度血腥的暴力游戏,至今仍“魅力”不减,成为网吧里最为热门的多人对战游戏,许多省、市还为此举办过对抗赛,CS的玩家们也已把口头禅改成了“小心我把你杀掉”。在游戏过程中,血肉横飞的画面不时出现,而且还伴随着逼真的爆炸声和惨叫声。一位玩家还向我们介绍了这款很受欢迎的游戏:丰富的场景设置,逼真的音响效果和血腥的射杀场面都是引起玩家兴趣的兴奋点。当我们和网吧老板闲聊时问:“为什么现在的游戏里到处充满暴力和血腥?”网吧老板直言不讳地说:“现在男孩子都喜欢这个,甚至还包括一些女孩子。益智类游戏我们也装过,但玩的人太少,也弄不清现在的孩子为什么这么热衷射杀类游戏。”西方暴力文化制品的泛滥无疑会对青少年产生不同程度的消极影响,它不仅会导致青少年对暴力形成错误认识,加重一些青少年的暴力意识和暴力倾向,而且,在特定的场合下,还会成为少数青少年暴力犯罪的直接诱因。

第一,一些大量接触西方暴力文化制品的青少年,容易产生对暴力习以为常、麻木不仁的心态。大量接触西方暴力文化制品,经常沉浸在其营造的强烈刺激视听的语言、画面和故事情节中,会使大部分青少年对暴力的反应变得迟钝,让他们产生暴力是可以接受甚至是无所谓的和不足为奇的看法,并会逐渐地习以为常、麻木不仁。他们对暴力的态度也由最开始的恐惧、反感转变为接纳、喜欢,甚至发展到对暴力受害者缺乏最起码的同情心。

第二,导致部分青少年认同暴力文化价值观,形成暴力行为倾向。暴力有两种,即正当暴力和不正当暴力。正当暴力有正当的缘起和目的,比如竞技、自卫、执法、见义勇为、惩恶扬善、反击侵略者直至反帝反封建革命都是正当暴力;不正当暴力则相反,如仇杀、抢劫、侵略、迫害乃至发泄情绪等等。正当暴力一般具有受控于理智和道德的特征,其要达到的目的是积极的、有益的以至无私的。而不正当暴力正相反,追求的是一种不负责任的感官刺激,以伤害、破坏为乐、为荣,而且理智上容易失控,并基本上都会伴随着明显的自私自利的动机和目的。在西方的暴力文化制品中,正当和非正当的暴力绝大多数时候是交织在一起的,是很难分清哪些是正当哪些是非正当的,非正当的暴力不用说是未曾经历的刺激、惊心和血腥的,即使是正当暴力,也会由于表现过度,给受众带来潜在的消极影响。比如,好莱坞作为英雄歌颂的影片《拯救大兵瑞恩》,由于其战争的残酷和血腥,也使具有英雄壮举的暴力行为,在部分缺乏是非分辨力的青少年眼中演变为"英雄必须能够杀人,杀人越多越有英雄气概"的错误的认识。青少年大量接触西方制作夸张的暴力文化制品,容易被感官刺激带入认同暴力价值观的意境中去,在不知不觉中认同暴力是解决冲突和达到个人目的的最有效办法的观念,以至解决矛盾的方法简单化,形成暴力行为倾向和使用暴力的冲动。

第三,极少数青少年直接模仿其中的暴力场面,诱发严重暴力犯罪。西方暴力影片常常大肆渲染暴力、血腥场面,细致入微地拍摄搏击动作伤害人体的方式和效果。青少年善于观察和模仿,西方暴力文化制品中的这些暴力细节的展现,无疑等于为青少年提供着生动形象的暴力犯罪的示范。好莱坞在20世纪70年代拍摄了一部名叫《飞行末日》的暴力影片,描绘三个劫机歹徒携微型炸弹混进飞机,威胁地面警察按要求将几千万美元放到指定地点,否则将炸毁飞机。影片详细地展现了劫机的全过程。影片在欧洲上映后,法、德、意等国相继发生了多起类似的青少年犯罪案件。20世纪90年代以来,我国青少年犯罪率明显上升,以团伙抢劫为主的青少年暴力犯罪案件不断出现,中学生暴力犯罪问题日趋严重。仅以北京宣武区人民法院少年法庭为例,1996 年,该庭共判处未成年案犯 82 名,其中不满 16 岁的 15 人,占 18.5%;1997 年至 1998 年 8 月,该法院共判处未成年案犯就达到 110 人,16 岁以下 22 人,占 20%,其中在校生 34 人,占 31%。令人惊讶的是,这些青少年犯罪者不少人都谈到自己的犯罪动机和犯罪行为方式曾受到过境外和西方暴力文化制品的影响。这次课题组为深入了解西方暴力文化制品与青少年犯罪相关性的问题,多次走访了重庆市少管所,在与其中的管教干部和犯罪青少年座谈中了解到,青少年团伙性暴力犯罪的居高不下,原因是极其复杂的,既有家庭、学校教育缺陷的因素,也有社会历史与现实的诸多原因。但是,暴力、恐怖电影、电视、图书刊物等对青少年暴力犯罪仍起着直接诱发作用。青少年辨别是非的能力弱,智力不成熟、阅历浅,但有强烈的好奇心,模仿能力强,常常抑制不住内心的冲动,将虚拟的审美体验变成现实的践行体验。西方暴力文化制品的泛滥与青少年团伙暴力犯罪存在着明显的相关性。

四、抵御西方文化制品对青少年负面影响的对策

青少年对西方文化制品的接触与消费日益增多和西方文化制品对青少年思想隐蔽性的多方面的影响日益加大,是经济转型环境下西方文化借助全球化进程强势影响我国社会的重要表现之一。随着加入 WTO 后,我国在文化制品贸易方面承诺的履行,这种状况还会有发展的趋势。面对这种前所未有的文化挑战,需要根据青少年消费西方文化制品的以上情况,动员全社会的相关力量协同作战,进一步完善多元文化交汇中的文化引导机制,在加强

与西方国家文化制品的交流中，减少西方有害文化制品对青少年群体思想的侵害。

（一）强化阻断西方有害文化制品销售传播的长效机制

从前面的分析看，西方有害文化制品对青少年思想的毒害、精神的腐蚀和行为的误导，是从青少年能够方便地购买和接触观看其作品开始的。因此，加强我国文化市场的监管，动员文化管理部门和国家专政机构协同作战，阻断西方有害文化制品的销售与传播的源头，净化文化市场，是抵御西方有害制品侵害青少年思想的基础性措施。

首先，要进一步强化打击走私、盗版和非法销售、传播西方有害文化制品经常化工作机制，切断其传播源头。走私和盗版是西方有害文化制品侵入我国文化市场的主渠道，也是广大青少年接触有害文化制品的主要源头。因此，严厉打击走私与盗版、坚决禁止和取缔销售传播西方有害文化制品的非法活动，是经济转型环境下抵御西方文化有害制品对青少年形成负面影响的重中之重。为此，公安部、工商局、检察院、法院以及文化管理部门相互配合，已经建立了打击走私和盗版的工作体制，也颁布并实施了《报纸管理暂行规定》、《音像制品审查办法》和《互联网信息服务管理办法》等行政法规和《未成年人保护法》、《预防未成年人犯罪法》等法律，开展了一系列打击走私、盗版的大规模行动，取得了一定成效。特别是近几年来全国组织了几次大规模打击行动，取得了较好的效果，文化市场上猖獗的走私盗版和销售的不法行为得到了遏制。据有关资料显示，1999 年 10 月 13 日开始的打击盗版 VCD 行动在全国各大城市铺开，这次行动共收缴盗版 VCD 316 万多盘；2000 年在打击以盗版盗印为主题的专项斗争中，全国各地收缴各类非法出版物1.1亿多件,破获案件6051起,查缴非法光盘生产线25条(历年查缴总数已达113条)。

虽然打击走私和盗版的机制以及采取的行动取得了一定成绩,但仍存在一些亟待解决的问题:第一,相关部门之间的配合不够默契和谐,打击力度不够,尤其缺乏经常性的常规检查机制。相关部门大都只在采取严厉打击行动时才会相互配合,严厉打击行动一结束,则就成了缺乏相互配合的经常性的日常打击活动。这就常常出现严厉打击之后,走私盗版和非法销售迅速出现反弹的现象。第二,对居民社区、农村的一些暗中出租、出售走私、盗版西方有害文化制品的小商店的打击还存在漏洞。这些小规模的商店往往是"藏污纳垢"的场所,从这些地方流到社会上的西方有害文化制品占了很大部分。这些小店经营分散,隐蔽性强,经营者出租、出售西方有害文化制品的行为非常谨慎,一些限制级的制品一般很少放在货架的明显位置,甚至很多是不上架的,租借或购买通常需要顾客暗中向他们要求,所以对这种小店的打击比较困难,成效也不高。第三,对互联网上销售传播西方有害文化制品的行为管理不善、监督不力。网络是青少年接受西方文化制品最便捷的途径,但又是最具隐蔽性和最难控制的媒介,很多青少年都是通过互联网接触到西方有害文化制品的。尤其是一些营业性网吧,已经成了西方有害文化制品的主要传播源。但是不管是对网上信息还是网吧的营业情况,我国对此都还存在监管滞后、技术管理和行政不到位的情况。

为此需要进一步完善宽覆盖、长效性的工作机制。在这方面,除了提高文化市场管理部门和人员的行政和技术监控的素质外,关键是要根据我国文化市场发展的特殊规律,建立文化管理部门和执法部门密切配合的、常规性的检查惩罚的长效工作机制,对文化市场进行不定期的经常性检查。特别是要明确人员配备、保障物力支持,建设对学校周边和社区的音像出租出售店和录像厅等文化场所随时的暗访制度,对非法经营者坚决取缔和严厉惩罚。此外还可以建立举报重奖制。西方有害文化制品危害青少年身心健康,广大人民群众对走私、盗版、销售、传播西方有害文化制品的行为深恶痛绝。因此发动广大群众对文化市场进行监督,鼓励群众对不法行为进行举报,对举报有功的群众给予重奖,也是打击走私盗版和销售传播西方有害文化制品行动的重要工作机制。

其次,建立对西方文化制品(主要是影视制品)的分级制度,减少青少年接触西方大众娱乐性制品中有害内容的机会。我国对文化制品没有分级制,大量通过正规渠道进口的对成年人无害但对青少年不适宜甚至有害的西方文化制品,无限制地在文化市场上一视同仁地由观众、尤其是年龄偏低的青少年自由选择和消费,更是在无形中放纵了这些制品的负面影响。比如美国大片《拯救大兵瑞恩》,由于其中有表现战争残酷性的血腥、暴力镜头,这部影片在影视制品有分级制度的不少国家里是做了分级限制的,不允许青少年单独入场观看。我国进口播放时反而没有限制了,未成年人可以随便进电影院观看,有些地方的学校甚至包场组织学生观看。我国《预防未成年人犯罪法》第三十二条明确规定:广播、电影、电视、戏剧节目,不得有渲染暴力、色情、赌博、恐怖活动等危害未成年人身心健康的内容。面对加入 WTO 后,进入我国的西方文化制品数量更多,内容和形式更为复杂,良莠交织的现状,我们迫切需要建立对西方影视制品的分级制度,尽可能地减少青少年接触不适合他们健康成长的影视制品。对此,可以借鉴西方国家和港台地区的经验。美国电影是这样分级的:G 级(大众级)适合所有年龄段的人观看;PG 级(辅导级)一些内容可能不适合儿童观看;PG—13级(特别辅导级)13岁以下儿童尤其要有父母陪同观看,一些内容对儿童很不适宜;R级(限制级)17岁以下观众要求有父母或成人陪同观看;NC—17级:17岁以下观众禁止观看。而日本、加拿大以及中国的香港、台湾,则把影片划分为三级。以香港为例,第一级是适合任何年龄人士观看的电影;第二级分为A类和B类,A类为儿童不宜,B类为青少年和儿童不宜;第三级只准18岁或以上人士观看,而且法律规定销售商不得售卖三级电影录像带及光盘给未成年人,未成年人也不能进入影院观看此类影片。对影视制品分级以后,家长和学校可以及时地了解到哪些影视作品适合青少年观看,哪些作品不适合青少年,青少年也能及时了解到哪些影片不适合自己,进而最大限度地减少青少年接触西方大众娱乐性影视制品中的色情暴力内容的机会。此外,对互联网上经营性网站、网页上销售的电子文化制品,也要经常进行技术和行政方面的检查,对其中销售传播的反动、淫秽、暴力的内容及时屏蔽和取缔。此方面措施将在下一章展开。

(二)增强本土文化制品对青少年文化消费选择的吸引力

由于我国文化产业发展的时间不长,文化市场体制建立还不到20年,与西方发达国家相比还有不小的差距。近几年来,我国本土文化制品的质量和数量虽然有了飞跃性的发展,在与西方文化制品的抗衡中取得了明显的进步,差距正在逐渐缩小,一些影视作品也取得了巨大的市场成功,但是仍存在较多问题。一是我国本土文化制品种类发展不平衡,影视制品和印刷制品较多而游戏、动漫制品严重缺乏。二是艺术形式的创新相对滞后,题材相对单一。一些大众娱乐性文化制品既俗气又平庸,一些作品说教有余而艺术表现力不足,缺乏吸引力。以上几种问题都使我国本土文化制品还不能满足青少年的文化需求,还未赢得与西方大众文化制品抗衡的竞争力。因此,通过创新,构筑了我国自己强大的文化产业,创造出种类丰富、形式多样、既有思想性又有艺术性和吸引力的本土文化制品,吸引青少年的自觉选择的目光,是经济转型期抵御西方大众文化制品对我国青少年负面影响的最为根本的措施。从前面青少年消费西方文化制品的情况看,经济转型期增强本土文化制品对青少年消费选择吸引力的文化建设战略,需要注意解决以下问题:

第一,加强青少年喜欢而目前又比较缺乏的文化制品种类的开发与制作,打破西方文化制品对这些种类制品市场的垄断,增强青少年选择本土文化市场的范围。随着市场经济的发展和社会的不断开放进步,追求新、异的青少年对文化的需求日趋多样化、丰富化和多层次化。当前本土影视制品的收视率逐步提高,音乐制品在数量和制作质量上也提高较快,印刷制品的制作也更精美,内容更丰富,吸引着越来越多的青少年。但是青少年尤其是低龄青少年喜欢的、制作又比较复杂、科技要求高的游戏和动漫制品的开发与制作则相对滞后。尽管近年来国家相关部门已开始重视这两种制品的创新和制作,出台了一系列改革和扶持措施,并取得了一定成绩。比如中央电视台的少儿频道制作了一系列动画片,如《西游记》、《宝莲灯》、《哪吒传奇》等,在满足年龄偏低的青少年的文化娱乐需求上作出了尝试和努力。国家也加大了对游戏软件的开发力度,但是从数量和质量上看,与美国的游戏软件相比,无论是在制作的科技含量,还是画面、情节的娱乐性和生动性都还有比较大的差距。致使青少年在消费网络游戏时,大多还只能选择西方的。这就特别需要国家进一步加大对这类本土文化制品开发制作的多方面支持。一方面,设立这方面的创新基金,推进动漫、游戏制品的高水平开发,另一方面,对生产文化制品的国内企业进行减税,扶持它们在市场上的占有率等,保证有本土的高质量的动漫和游戏制品供青少年选择,以打破西方这类文化制品对青少年文化选择和消费的垄断。

第二,本土文化制品要将题材的中国化与表现形式、手段的国际化统一起来,制作具有国际竞争力的本土文化精品,增强本土文化制品对青少年的吸引力。今天的青少年涉猎的文化制品广泛而多样。我们的调查显示,西方、港台娱乐消遣性文化制品占了大部分空间。在这种大众娱乐制品和快餐文化的熏陶下,青少年养成了喜欢节奏快、娱乐性强、感官冲击强烈的欣赏口味,很难欣赏和体会节奏缓慢、画面单一、情节拖沓、细腻表现人物内心世界的制品。如果本土文化制品一定要执著于这种中国化的含蓄细腻的传统表现形式,就会远离青少年的选择和喜爱,将他们进一步推向西方文化制品。因此,本土文化制品的制作者应放下"自我",了解青少年的欣赏口味和兴趣,将具有重要思想价值的题材(包括反映青少年生活的题材)用充满时代气息的形式表现出来,赢得青少年的认同和喜爱。这既是提高我国本土文化制品对青少年吸引力、抵御西方文化制品的强势进攻和渗透的最有效途径,也是提高我国文化生产能力和水平、使我国文化制品走向世界的根本途径。

第三,借鉴西方国家宣传推销文化制品的有益经验,通过营造本土文化的市场轰动效应吸引青少年的注意和选择。文化制品的商业性使其像其他商品一样也需要通过宣传、制造轰动效应来扩大知名度,刺激消费者的消费选择意愿。西方文化制品在这方面有很多经验值得借鉴。美国好莱坞电影的市场营销大多采取了以下的广告营销策略:一是多媒体的宣传造势,先声夺人。在影片拍摄前或拍摄中就开始采用欲盖弥彰的广告手段对人们好奇心的刺激;在上映前更是利用多媒体进行全方位、立体式的广告轰炸,电视的、广播的、报纸的、期刊的广告铺天盖地而来,对人们的视听进行大范围的覆盖,诱发公众的观看热情。二是利用明星演员的知名度和感召力,掀起观看的流行和时尚。演员在电影拍摄前就开始露面,拍摄结束后演员在全球各地的首映式上巡回亮相,并借助媒体的报道掀起轰动效应。三是在其他一些比较畅销的电影前面“免费”提供电影的片段,吸引观众的好奇心,激发观众的欣赏兴趣。正如花建、于沛在《文艺消费学》中描述的那样:(西方国家的电影)“往往在一部电影公映之前六到八个月就展开宣传攻势,方式灵活多样。或利用电影和电视反复介绍该片的风格、演员阵容、导演名声、耗资巨大等,或‘先声夺人’一再播放该片的主题歌和主题音乐,给观众造成先入为主的印象;或利用首映式上请主要演员组成宣传表演团去各地扩大影响;或利用电视事先向人们提供有关电影新片的信息,播放其中精彩的镜头、强大阵容等,影响观众选择。”①任何商品都需要广告吆喝以扩大知名度。我国本土优秀文化制品必须进一步树立广告意识,大力借鉴西方国家文化制品的广告经验,更巧妙地对我国的主旋律影片进行广告包装,吸引更多的青少年选择本土优秀文化制品。

(三)坚持社会主导媒体对西方文化制品传播的理性态度与策略

社会主导媒体指我国中央政府或各级政府主管的文化信息传播单位,包括各级电视台、各类报纸、出版社等。社会主流文化信息和文化制品大多由他们制作和传播。社会主导媒体左右着社会

① 花建、于沛:《文艺消费学》,安徽文艺出版社1989年版,第92页。

舆论，制造众多的文化热点和文化娱乐、休闲的时尚，对人们的文化消费选择具有重要的影响作用。从前面的分析中看到青少年消费西方文化制品具有时尚化和从众性的特点，而社会主导媒体又是时尚和流行制造的重要文化元素。如果电视、广播、报纸等多种媒体一起对某一西方文化制品同声称赞、甚至竭力宣传的话，特别容易在社会上造成一种消费选择热点，就容易制造出时尚和流行，影响甚至左右青少年的选择。20 世纪 90 年代中后期美国大片热在青少年中的风行，就与社会主导媒体对美国大片上映过程的集中关注、多方报道而形成的舆论焦点有直接的关系。因此端正社会主导媒体对待西方文化制品（包括对西方优秀的文化制品）的理性态度，减少本土媒体对新登陆的西方文化制品“惹眼”、“轰动”的集中报道，对于抵御西方文化制品对青少年思想的负面影响，有积极的策略性作用。

首先，主导媒体应对西方文化制品和文化时尚采取“冷处理”态度和策略。西方文化制品在青少年当中有这么大的消费群，可以说与近年来我们的主导媒体对西方文化制品和流行时尚的过分渲染分不开。一方面主导媒体对西方文化制品和文化时尚不宜盲目跟风，做多媒体、全方位的介绍和宣传，更不要做群体轰动式的焦点报道，让西方文化制品和文化时尚平静地来，与我国文化制品一样平等地面临青少年的消费选择。否则很容易对青少年的文化制品选择和欣赏造成误导，使他们误以为西方文化制品和流行时尚都是好的，而我国本地的文化制品都是差的，导致他们对西方文化制品的狂热和盲目追求，对我们自己的文化制品不屑一顾。主流媒体对美国等西方文化制品的发行、放映和在电视上的播放都应平静地进行。同时，对西方电影电视片在公共电视台的播放时间可以做一些调整，尽可能不在青少年休闲娱乐的黄金时段播放。

这样不仅可以减少青少年对西方文化制品的关注，降低他们对西方文化制品的消费热情，还可以减少青少年接触西方文化制品的机会和时间。

其次，主导媒体对已经形成的“热点”或青少年已经普遍关注的西方文化制品要积极介入，组织权威性分析与评价，引导青少年发现和吸收“热点”西方文化制品中的精华和有益的思想内容，避免其不良思想内容的影响和扩大。热点或已经受到青少年普遍关注的西方文化制品对青少年思想的影响最大，但在自发形成的某种西方文化制品的流行和热点中，有不少是不利于青少年身心健康成长的东西，社会主导媒体要主动担负起正确的文化选择的指导职能，采取客观的、辩证的、历史的态度分析和评价青少年普遍关注的西方文化制品热点或时尚，对积极内容要肯定和宣传，对不健康甚至有害的内容要及时展开批评，引导青少年正确分析西方文化制品包含的文化价值观，做到吸收其精华，远离其危害。近年来，一些主流媒体已积极采取了这样的措施，如中央电视台电影频道就设立了《佳片有约》这样的栏目，不仅向广大电视观众推荐了大量的优秀西方电影，还对它们的故事背景、人物情节、思想内容、艺术优劣进行了客观的分析和评价，为观众尤其是青少年观众提供了很好的审美导向，对青少年正确认识和欣赏西方影视作品，抵御其负面影响起到了积极作用。各地电视台可以在此基础上，开辟一些更具创造性的媒体引导方法。

(四)发挥学校对青少年选择和欣赏西方文化制品的积极引导作用

学校既是对青少年学生进行文化传播和社会教育的专门机构，又是青少年文化学习、文化交流的集中场所。青少年大多数时间是在学校里度过,学校能在较长时间内对青少年进行系统的思想教育和行为引导,在抵御西方文化制品负面影响的防御体系中处于前沿地位,因此,特别需要发挥学校教育在引导学生正确选择和欣赏西方文化制品中的优势作用。在经济转型期多元文化环境下,学校可以充分发挥班级对学生行为了解及时、引导有效的优势,注意青少年学生接触和选择西方文化制品的具体动向,特别是要注意青少年网上选择西方文化制品的情况,有针对性地加强学生文化选择的引导。

第一,学校要加强青少年学生选择西方文化制品的正确引导。我国的大中学校在应对西方文化制品对青少年学生强势影响的实践中创造了许多引导方法,概括起来主要有三方面的方法:其一,学校关注并及时了解西方文化制品被社会引进和传播的大致情况,结合西方文化制品的最新销售情况,利用学校的广播、板报、网站和班级墙报,积极主动地向青少年学生推荐文化市场上最近销售的既具思想性又具艺术性的西方文化精品,鼓励学生接近和选择优秀的有益于心智健康发展的西方文化制品;其二,利用学科教学,向学生推荐本学科优秀的西方文化名著,并对其中的重点制品进行全面深入的评价,引导学生开阔选择视野,掌握正确的认识和欣赏方法;第三,积极组织丰富多彩、具有强烈时代气息和吸引力的校园文化活动或班级活动,有效地疏导青少年学生的剩余精力,把他们文化娱乐活动纳入正规的组织活动之中,减少他们在自由放任状况下接触和选择西方有害文化制品的时间和机会。我们这次走访调查发现了一个带普遍性的现象,即凡是对青少年学生文化选择和文化娱乐活动高度重视,想方设法对学生的文化娱乐进行有组织安排和满足的学校,尤其是以班级为主、学生参与率高、文化娱乐活动搞得扎实和丰富的中学,学生接触和选择西方文化制品的状况总体上比较正常，接触有害文化制品的学生和发生越轨行为的问题学生相对较少。相反，不重视研究学生的闲暇文化娱乐需要、甚至压抑学生闲暇文化要求、学生的闲暇文化活动基本上处于暗中进行和完全自由放任状态的学校，学生对西方文化制品的选择大多存在较大的问题。可见学校对青少年学生文化选择和闲暇文化活动积极引导和组织，对抵御西方不良文化的影响具有突出的作用。

第二，学校的德育和美育要主动追踪和把握西方文化制品在学生中流行变化的趋势，主动作出迅速的反应，预防不良西方文化热点在学生中的流行。西方有害文化制品主要是通过校园周边的音像制品出租出售店、录像厅和网吧传播，并通过班级的同学、相熟朋友扩散到较大范围的学生中去的。这种传递方式非常隐秘，并且速度是非常快，群体感染的危害性也很大。学生辅导员或班主任应该注意对学生闲暇文化娱乐活动的细微观察，还可以通过学生干部、宿舍管理员、学生非正式群体的中心人物了解其中的具体情况，发现西方有害文化制品坚决没收，防止其在校园内的扩散。对接触有害西方文化制品的学生要耐心教育、引导，讲明其危害性的理由，做好思想工作。此外，学校还应在发现情况后，及时向公安部门和文化管理部门报告，要求他们及时清理学校周边出售和传播西方有害文化制品的书店、网吧和光盘出租店，阻断向青少年学生提供西方有害文化制品的通道。

第三，积极提升青少年学生的审美情趣和欣赏品位，引导青少年学生的审美情趣和欣赏品位由自然状态的低级层次向文明高雅的层次升华。面对数量众多、丰富多样的西方文化制品，社会的调控和学校的引导都是外在的，对西方文化制品的选择和接受最终要受到学生欣赏需要的支配，而欣赏需要又是由个人的审美情趣和欣赏品位决定的。因此，提升学生的欣赏品位是抵御西方文化制品负面影响最重要的途径，最基础的工作。提升学生的审美情趣和欣赏品位，是一项综合性渗透性强的教育活动，需要多项人文和道德教育活动的有机配合，但最主要的是通过开展对西方高雅文学艺术制品的审美和欣赏教育，引导学生自主进行文明指导下的文化选择和欣赏的实践来实现。调查走访了解到，目前一些学校已着手研究并进行了这方面的探索，比如聘请专家向学生作"怎样欣赏西方交响乐"、"怎样欣赏西方现代主义文学名著"、"怎样理解和评价西方后现代主义"等系列讲座。组织学生交流、介绍、讨论欣赏西方时尚化的大众文化制品的体会和感悟。通过引导和组织青少年学生开展欣赏西方高品位文化制品的实践活动，实现审美情趣和欣赏品位的提高。其次，还需要通过加强人文知识教育和道德情操的培养来提高。一些青少年对优秀的西方文化制品视而不见，而对色情和暴力的文化制品情有独钟，一些青少年即使在欣赏具有较高艺术水平的西方文化制品时也会吸收内化其中低俗化的内容，其主要的原因在于自身的欣赏选择需要和倾向还处在自然的低级状态，有什么样的欣赏选择需要和倾向，就会有什么样的欣赏选择行为。而要改变青少年生理状态下自然本能的选择欣赏需要和倾向，必须借助道德及其他人文科学知识的教育来实现。当前我国中学在应试教育硬指标的左右下，这方面的教育整体处于相对薄弱的状态；高校在技术性教育取向的社会心理影响下，人文道德教育的投入和实效也受到很大的影响。学校教育需要在指导思想上切实端正对人文道德教育重要性的认识，切实加强这方面的教育，通过培养学生高尚的道德文明意识、强烈社会责任感和人类美好情感，推动青少年学生审美情趣和欣赏品位由自然的本能层次向文明高尚层次发展，进而主动选择西方优秀文化制品，远离西方有害文化制品，并在这种良性循环中，实现对西方文化制品中有害文化制品及内容的自觉抵御与优秀知识成果和道德文明主动吸收的统一。

第八章

西方网络文化对青少年的负面影响及抵御对策

互联网作为20世纪末席卷全球的崭新信息技术和信息传递平台,在我国经济转型期与中国人不期而遇了。网络及网络文化是经济转型期特有的新事物,当这个由西方人发明创造的“Internet”在我国落脚生根并以极快的速度由中心城市向广袤的城市乡村延伸时,对新事物最为敏感的青少年便以无比的热情、好奇与向往融入了这个基于计算机平台的崭新文化范式。生逢其时的他们追随着网络的足迹成长,在这个让自己获得足以同父辈平等对话甚至于拥有更多话语权的空间,品味着这种信息生成和传播系统提供的包罗万象又千变万化的信息大餐,接受着这种新型文化范式对自己思维方式、思想观念、价值取向、生存方式、生活质量以最富时代特色的深刻影响。

互联网对世界文明的贡献是巨大的。它不仅创造了世界上不同国家、不同民族文化与信息及时、快捷多媒体互联传播的平台,促进了人类信息的交流和共享,而且创造出了一种新型人际交往方式和生活空间。计算机互联网对传承文明、共享信息、刷新知识、服务人类以及促进社会交流、人际互动等活动,提供的时空环境和方便程度是过去任何一种信息载体无法与之比拟的。但是历史告诉我们,任何信息技术的重大发明,毋庸置疑地都要首先反映它的发明者的价值诉求,都要与它的信息技术的创造者、话语解释者、运行规则的制定者的自身利益发生联系。互联网亦然,它为自己的发明创造者带来的政治、经济和文化的利益,远远超过其他共享者。进行西方网络文化对我国青少年思想和行为负面影响的研究,是在充分肯定西方网络文化对世界文明的突出贡献的前提下,从任何事物都具备正反两方面特性出发、从我国在信息网络化发展中存在的问题这一视角出发而进行的研究。它所预设的研究目标是为正在进行信息化建设的我国文化信息部门以及与互联网结下不解之缘的成长中的我国青少年,自觉抵御西方网络文化的负面影响、科学合理的利用网络文明提供运筹策略。

一、西方网络文化的生成背景、基本特征及内涵

西方网络文化是西方话语背景下的网络文化,除了具有西方话语体系并反映着西方国家的生存实态和价值诉求外,还有着网络文化的一般特征。要弄清西方网络文化如何体现西方国家生存实态和价值诉求,如何对中国的青少年造成负面影响,首先必须认识肇始于西方的网络文化的生成背景及特征。

(一)网络文化的生成背景

网络文化是以信息化与数字化为本质、借助于多媒体和计算机互联网络技术而存在的具有新质的一种文化,没有现代科学技术所提供的网络载体及其网络信息技术等物质基础,也就没有网络文化。也就是说,网络文化必须以计算机网络系统为物质依托。计算机网络系统是现代信息技术催生的信息生成和传播系统,是

现代信息技术带给渴望信息能快捷及时传输、实现信息资源共享的智慧生物的宁馨儿。只是它的生成被第二次世界大战结束以来两极对抗中的冷战色彩深深涂抹。

正如历史上的每一次军事竞争都是对人类科技的最有力的推动一样，第二次世界大战结束以后长达半个世纪的美苏军备竞赛，客观上对人类的科技进步产生了极大的促进作用。20世纪60年代，正是世界上以美国和苏联为首的两大阵营的极端对峙期，冷战思维控制着两大利益集团的行为方式。这一背景，要求科学技术工作者必须以满足国家的政治利益、经济利益、军事利益为追求，要求科学技术必须有一个大的发展来为称霸世界的霸权行为服务。争取战略优势，客观上给计算机网络的发展提供了动力和条件。当时美国计算机网络采用的是中央系统控制方式，它的致命弱点是一旦敌方首先摧毁控制中心，就意味着整个通信网络的瘫痪。美国人担心，一旦出现这种情况，分布在美国本地和全球各地的美国战略核力量，即使没有受到第一次核打击，也将会由于通信中断而失去迅速反应的能力。从某种意义上说，采用中央系统控制方式的通信网络，集合的程度越高，受到破坏的可能性也就越大。基于对这样一种战略性利益的担忧，美国国防部提出着手研究核战争条件下的计算机通信方法，以保证在遭受第一次核打击之后，美国军方的控制中心能够迅速地恢复通信联络，从而保证美国各个分散的战略力量之间能够一直保持联系的畅通。

为满足这一战略背景的特殊需要，美国科学界协调行动，终于在1969年实现了相距千里的几台计算机之间的互联互通①。事过20年，人们进一步认识到，这一实验的成功意义非同寻常，它开

① http://www.isoc.org/internet/history/brief.html#introduction.

辟了一个被称作“网络时代”的新天地。互联网的出现,改变了网络的工作方式,尤其是它在网络语言、网络身份、网络交通、网络管理等几个关键技术上取得关键性突破之后。网络被设计成不需要控制中心就可以互联互通的系统。根据TCP/IP协议,系统中的任一终端计算机可以在网络提供的诸多路线中,通过其中任一可用线路而不是某一固定线路来发送信息,而在信息传输过程中,当它发现一些节点被破坏而出现此路不通情况时,便会自动绕过这些节点,通过其他路线把网络重新连接起来①。网络的共享性好,利用率高,人类因此从真正意义上实现了渴盼已久的信息的快捷传输、信息资源的全球共享的美好愿望。20世纪最后几年,互联网迎来了它的大发展时期。它以矫健的步履,从美国军事指挥中心的战略平台走向高等院校、科研机构、商业部门、国家政府机关,走向各类社会团体直到普通家庭,悄无声息地走向人类生活的方方面面。

在网络技术的生成发展过程中,网络文化也在悄悄地萌芽并逐渐成熟。应该说,网络文化本身首先是一种西方国家所创造的技术文化,它要求网络行为人必须以服从西方国家制定的网络协议、网络通用语言、网络规范和网络价值取向作为网络时空的准入条件;同时,网络文化又是西方国家与网络行为人共同创造并丰富发展的人文文化,它要求网络行为人以符合网络的感觉方式介入网络人文环境。网络行为人在创造或适应网络技术要求过程中,又不断地将自己对网络的认识和理解以及期待带入其中,将个人和社会的思想观念、情感体验、价值态度等纯粹属于文化层面的东西带进网络,共同创造了网络文化新时空。随着网络的发展和网络技术的不断突破,网络文化

---

① http://www.isoc.org/guest/zakon/internet/history.

新时空突破了最初由网络精英一统天下的格局，成为普通人特别是青少年能够随意进入的新型生存空间，网络文化也因此赢得了最为广泛的接受基础和创造力量。

（二）网络文化的基本特征

网络文化与"网络"的内涵有着密切的相关性。1995年，国际"联合网络委员会"（FNC）为网络作了如下定义：网络为全球性的信息系统。这一定义为网络的技术工具性特征所圈定。随着网络的发展，随着网络对人类生活的全方位的植入，今天的网络不再是一种全球性信息技术系统，已经成为以计算机技术和通信技术为其物质基础，以发送和接受信息为核心，以反映基于计算机平台的包括人类网上生产方式、生活方式、交往方式、思维方式等在内的文化形态。正因为网络的这一特征越来越在人们网络生活中得到凸显，将网络作为一种人类的新型生存空间来理解也已成为当今社会的一种共识，对它的认识与研究也正在成为当今的一大热门，网络文化概念也因此推出。集合几种比较有代表性的观点，结合我们自己的认识与思考，我们认为，网络文化是以信息化与数字化为本质、借助于多媒体技术和计算机互联技术而存在的具有新质的一种文化，是网络技术文化和以网络意识形态观念及生活方式为主要内容的人文文化的总和。"网络文化作为一种以网络技术为基础，以网上生存为核心内容的新文化形式，它不仅造成了人们对以往传统的占主流地位的文化价值规范的反思和检讨，而且也极大地扩充了现代社会中人们文化生活的深度和范围，并正在塑造出全新的文化价值体系。"①

① 冯鹏志：《伸延的世界——网络化及其限制》，北京出版社，1999年版，第25页。

网络文化不是既有的传统文化形式在网上的简单延伸，而是在与传统文化的相互融合、渗透的过程中形成的一种新型文化。这种新型文化以其鲜明的特征在极短时间内征服了世界，影响了人类。研究西方网络文化须首先弄清楚网络文化基本特征。因为西方网络文化只是网络文化的特殊部分，网络文化具有的特征也是西方网络文化具有的特征，两者是共性与个性的关系。网络文化的特征可从以下三个层面分析。

1. 从网络文化的技术层面分析。

第一，网络文化具有时空压缩的高时效性和覆盖范围的广泛性。网络克服了物理世界的时空限制，视天涯为比邻，为人类快速敏捷地获取信息、加快人际交流频率提供了技术性保证。从地域上讲，网络是全球性的，世界各个地方，不管是繁华大都市，还是偏僻小村庄，都可以成为网络世界的覆盖者，任一网络行为人都可以不受时空限制建立各自的网络在线关系。

第二，网络文化具有表现形态的艺术性。网络文化以技术的多媒体传播为特征，其表现形态是数据、文本、声音及各种图像在数字化环境中的一体化传播。数字化环境中的各类表现元素的灵活自由表达，使得网络文化传播形态多样，艺术渗透力强，形成的生动活泼的视听空间和美不胜收的艺术效果使人产生身临其境的感觉。正因为如此，它能在不太长的时间内，从美国的军事战略平台扩展开来，迅速走向社会，走进家庭，渗透到现代人生活的每一个角落，在追新求异的青少年中赢得最响亮的回声。

第三，网络文化具有高度的虚拟性。所谓虚拟，特指以符号构成事物以及代码事物关系的一种活动状态，它与现实不同但却有现实实在的所有特点。网络文化中的虚拟性，即是网络行为主体按照既定的目的在虚拟空间环境下使用网络符号营造的存在形态,它与现实空间相照应。在虚拟空间中人们的实践行为通过网络完成,网络本身成为了一种"现实社会"之外的"虚拟社会"。人们在这一虚拟空间中可以隐去物理世界中一切有关个人的角色符号而以并不存在的符号出现于网上。网络文化的高度虚拟性为人们的自由网络作为提供了条件,人们根据各自的符号认同构成网络群体和网络在线关系。网络行为中形成的网络群体、网络在线关系、网络共同话题、网络舆论却会在现实社会中反映出来并影响社会,干预社会。

第四,网络文化具有传播方式的交互性。所谓交互性,就是用户参与传播过程,并在一定程度上同网络组织或网络行为人进行双向或多向的交互活动,一道参与传播,一道控制传播过程。网络空间是一个信息任意存取的环境,是思想自由交流的场所;网络又是一个互连、自主的计算机传输系统,网络中的计算机是平等的,无主从之分,网络组织或网络行为人都可以对网络信息进行加工、处理、修改、放大和重新组合,还可对信息进行再传送,实现不同时空的网络互访。这一变化意义深远,它意味着人类的传播方式在传统的轮状传播之外又发展了网状传播,信息的交流与创造得到了极大的延伸。

2. 从网络文化的精神内核层面分析。

第一,网络文化具有网上文化传播的平等性。网络文化传播的网状传播模式与线性传播模式和轮状传播模式相比,更具有授受关系的平等转化特征。网络组织和网络行为人只要拥有入网电脑,就可以在任何地方任何时候获取信息、传播信息,并可随时随地对信息进行加工、处理、修改、放大和重新组合,彻底改变了在传统传媒中信息的接受者只能被动地接收信息而不能在接收的过程中对信息进行再加工再传播的授受关系。据此特征，如果不考虑受资金技术等因素的影响而造成的客观存在的网络文化传播的不对称性的话，从理论上讲，网络文化时空中的每一网络组织和网络行为人所获得的传播权利是一样的、平等的，他们之间形成的授受关系往往出现非恒定的转化，在现实生活中影响人与人之间交流的一些障碍性因素因而得到根本消解。

第二，网络文化具有信息交流的自由化特征。由于网络突破了传统文化的各种限制，它为每一个上网的用户提供了一个广阔的自由对话的领域。网络文化不仅增强了不同地域文化和传统文化之间的接触与交流，而且增加了不同文化背景下的个体之间自由接触的机会，这种接触由于存在网络行为人既是信息的受者又是授者的角色同一性关系，加大了人际交往的自由度，增长了人的主体意识和活动能力。

第三，网络文化具有信息资源的高度共享性。网络时空环境允许在同一时间内对同一信息源进行同主题的多用户访问，实现了资源供给与需求的一致，将本属于个别文化区域的资源转变成了所有文化区域的共同资源，大大促进了不同文化之间的交流、共享、对接与融合，有助于各种文化范式之间的互动。

第四，网络文化具有信息结构的无中心性。网络是一个信息高度离散化的国际文化系统，在这一时空中，没有哪一门类的信息可以对其他信息进行排斥。而且网络也不可能受到哪一家专门机构的完全控制，各子网络的所有者都以自己为中心独立平行地发布信息，网络因为多中心而呈现无中心化特征。不同文化积聚在网络这一平台，都在各自相对独立的页面中存在，任何文化都不能以垄断的形式对其他文化进行封锁和压制，进而满足着人们对信息获取的需要。

第五,网络文化具有文化的多元一体性。网络文化的多元性体现在对一切不同区域不同民族不同文化范式的包容。在网络空间,物理世界中原本因冲突而被人为隔离的文化得到了共时贮存与展示。多元性成为网络文化时空里的一大景观,使一切相同或相异甚或相冲突的文化得到了相安无事的安置。但是无论什么范式的文化一旦要进入网络必须是被网络文化重新编码的文化,无论既有的文化形态和内容是什么,只要进入网络就必须重新被网络按照特有的方式收容,被重新编码黏合成一种符合网络文化范式的新质文化。

3. 从网络文化的创造过程分析。

首先,网络文化具有瞬间生成、快速传播、不断增加的特点。网络文化的信息总量总是处在一个不断地创新、不断地积累、不断地增加的过程中。在这一过程中,既有的信息被不断地传播、共享,同时又不断地被新的信息所覆盖或代替,在一种无序的状态下不断地进行着信息流动和交替。网络文化的这种不断自我丰富自我更新的机制,使得网络信息每一秒钟都在生成,都在更新,都在丰富和变化,成为人类历史上从未有过的非恒定的文化存在方式和能在动态中保持总量的无止境增加的文化类型。

其次,网络文化具有快速满足创造者思维的速度、深度、广度的特点。网络环境下的思维是一种交互式思维,是多个思维主体通过计算机网络实现信息交换和情感交流,在相互学习、相互启发中及时、全面地实现思维的创造性的一种新型思维,适应了人们对思维的速度、深度和广度的要求,以及知识经济时代对创造性的要求。在这一信息生成和创造的空间,人们的幻想能力和联想潜力得到极大挖掘,新的思维领域不断得到拓展,新的模拟方法和虚拟技术得到应用,大大提高了创造性思维的效率①。

人类历史上从来没有哪一种文化范式像网络文化这样具有如此多样、风格迥异的特征。网络文化集这些特征于一身,将自己同以往任何时候的任何文化区别开来,将喜欢追新求异的青少年一网打尽。网络文化又是丰富多彩、令人神往迷恋的。辩证唯物主义告诉我们,任何事物的发展都具有双重性,网络文化也概莫能外。当人们对网络文化还仅仅只能进行简单的审视的时候,就已经讶然于这样的发现:原来网络文化既具有突出的积极作用,又有着明显的消极作用,尤其是对于成长中的青少年。青少年是网络文化的被影响者被塑造者,也是网络文化的再创造者再塑造者,更是网络文化运用者,他们以超过成年人的速度掌握网络技术,接受着网络文化的熏陶,在上网的接受能力、上网经验的积累等方面迅速超过成年人。

(三)西方网络文化的具体内涵

网络、网络文化、西方网络文化三个概念在其上位概念"文化"的统摄下构成了"西方网络文化"概念系统。西方网络文化是指网络条件下由西方人所创造并在一定的意识形态观照下积累、发展起来,蕴涵着西方文化符号体系,体现着西方人文精神,反映着西方生活方式、价值观念、道德意识的具有鲜明西方色彩的文化形态,是西方人所创造的、寄生于信息技术之上、表现西方社会文化和生活现实的虚拟生存空间。西方人在建立和发展网络、展示西方的科学知识和技术才能的时候,也把西方人对网络的认识和理解以及期待带进了网络文化时空。西方网络文化并非一个与网

① 毛勤勇:《近年来网络热点问题研究综述》,江南大学学报,2003年第6期。

络共时生成的文化形态,它伴随西方网络技术的发展而发展,在西方网络向全球社会生活的全面逼近的过程中呈现出来。

其一,西方网络文化是萌芽并发展于西方的网络技术文化。网络是当代科学技术的衍生物,作为高科技化了的物质信息载体,作为观念形态的文化样式,网络文化中起基础性作用的是网络技术文化,它借助西方信息技术革命的成果实现了与传统文化的界别:就其技术的工具性特征而言,西方网络文化依附于现代科学技术,特别是多媒体技术,是一种彻底理性化的数字文化。

其二,西方网络文化又是西方人创设的具有鲜明特征的生存空间和生存方式。作为以计算机互联为平台而建立起来的信息交流网络,不仅仅将人类社会生活向数字化世界作了简单的延伸,为人类的最经济快捷最有效能最直观的全球性信息交流活动提供可能,更主要的是创造了一种区别于现实生活的数字化虚拟空间,为人类创造了另一种崭新的生存方式。在这一生存空间中,人们依靠被西方格式化了的话语系统、符号系统进行信息交流,开展思想、观念、态度、价值取向的表达活动。西方网络文化空间成为既与西方社会现实生活紧密相联,又与现实生活有别的第二生存空间。

其三,西方网络文化还包含通过网络延伸的传统西方文化,亦指网络西方文化。网络由西方人所创造并实际控制,在很大程度上它是呈现西方国家的价值诉求的载体,是展现西方物质文化、精神文化、制度文化等强势文化影响的空间。西方网络文化既体现在网络界面所展现的西方人的价值观念、思维方式、生产生活方式等心理态文化和精神生产成果等理论态文化中,更体现在西方人的社会活动方式、制度文化与活动成果等物质态文化中。因此,西方话语背景下的网络,背负着西方国家的价值诉求走向世界,淋漓尽致地展现着西方价值观念、生活态度、生存方式。

其四，西方网络文化是网络空间的霸权文化。在网络世界，西方网络文化不仅仅是作为网络文化的一个重要单元存在，更主要的是作为一种控制性文化而存在。网络萌芽于西方，带着西方文化的胎记横空出世，西方的思想观念、价值态度也随着这一新型生存空间的个性与张力的不断扩散而向网络所及的一切地方扩张。网络不再仅仅是作为简单的信息交流平台而存在，而是作为文化价值体系而风行于世。虽然网络空间在容纳非西方国家的文化方面体现出了它的多元性，但在西方网络文化强势影响面前，任何非西方国家在网络上的价值诉求的能量都十分有限。现在以至今后相当长的一段时间，网络都将毫不例外地成为受西方国家和民族的历史传统和文化习性深刻影响的空间。

应当看到，西方国家对世界的影响并非网络时代才出现。过去的几百年，西方国家通过政治、经济、军事上的强势力量而将自己变成了世界的中心。只是在非网络时代，西方国家的这种影响主要表现在政治上的强权渗透、经济上的资源掠夺、军事上的领土扩张，表现在它对其他国家和民族生存空间的挤压。而在意识形态层面，在深层文化价值空间，西方国家强势进攻却遭到非西方国家强烈的民族意识、根深蒂固的历史传统和民族习性的顽强阻击，更兼时空阻隔等因素的存在，西方国家在意识形态、深层文化价值等方面的影响一直受到了重重限制。网络时代的到来，使情况发生了根本变化，过去对西方文化起到很好阻击作用的时空屏障被网络轻易化解。西方国家将网络工具解释权、网络规则制定权、网络话语支配权牢牢地掌控在自己手里，将网络变成了可供自己任意作为的空间。一方面，他们通过网络强力推行西方的文化标准和价值观念，将西方的文化作为一种普世文化而在世界恣情推广，使得非西方国家的人们一旦接触网络便会陷入西方文化极度膨胀的空间,被逼迫着接受无孔不入、无处不在的西方文化的影响。一方面,他们将网络当做发挥政治效用的利器。网络出胎伊始,就不仅充当着传输西方文化标准和价值观念的工具,在其文化标准和价值观念等文化内核中,还包含着一系列的意识形态等政治文化诉求。西方国家将网络作用于他们所实施的政治颠覆策略,利用自己在网络上的种种优势,极力向世界上特别是坚持社会主义道路的国家传输西方资产阶级的意识形态、政治制度,极欲通过西方网络文化的全面渗透为这些国家培养主流价值观念的背叛者和摧毁者。西方网络文化正在对世界造成极大的冲击,它的影响效果是过去西方国家依靠政治、经济、军事的力量也难以获得的。尽管西方网络文化的冲击正在成为世界上大多数国家目前极为困顿、极为棘手的社会问题,具有全球性色彩,但是由于社会制度、文化背景不同,它对我国的冲击尤为惨烈,而我国的青少年首当其冲。

二、西方网络文化造就了多元文化信息构成的世界图景

网络作为一个信息高度离散化的信息传输与共享系统,具有超大容量的信息超市的美誉,只是这个信息超市目前以至今后相当一段时期都必然地会被西方人所控制。西方网络文化将物理世界中因冲突而被人为隔离的各类异质文化进行重新编码,黏合在网络这一特殊信息平台共时贮存与展示,将不同民族不同类型的文化形态在网络这一虚拟时空里获得了相应的安置,营造了由多元文化信息构成的世界图景。

(一)西方网络文化涵蕴着丰富的文化信息

西方网络文化包容着大量富集的文化信息,特别是西方国家各个时期、各类文明成果都在网上得到了共时展示,促进了人类对这些文明成果的了解。它所提供的蔚为壮观的信息大潮,兴奋和满足了对信息如饥似渴的网络冲浪者。从来都没有哪一种信息载体,能够像网络那样充盈着人类贡献的文明成果。网络行为人通过鼠标的点击,能从西方网络文化时空的众多界面上及时全面地获取来自西方的不断生成、不断被刷新的新思想、新观念、新事物、新情况、新动向,把握政治、经济、军事、科技、文化等方方面面的最新状况;通过鼠标的确定,选取自己中意的信息,以不断丰富自己的信息库存,根据最新信息不断确立或校正自己的行动目标,在瞬息万变的竞争环境中赢得制胜的主动权和影响力;西方网络文化中蕴涵丰富的社会百科,满足着网络行为人对知识的需要,人们在这一各种思想、各类知识相互激荡、相互渗透、相互融合的平台,获取天天都在被刷新的认识世界、改造世界的思想、方法和实现手段,提高着自己对发展变化着的客观世界的适应能力以及改造客观世界的实践能力。接触网络,接触西方网络文化中涵蕴丰富的有益信息,是网络行为人的网络行为的出发点和归宿点,然而西方网络文化时空不可能永远都是丽日高照而没有乌云,不可能是让我们浪漫地念着"芝麻开门"就可以欢欢喜喜疯狂涌入的藏着奇珍异宝的洞穴。西方网络文化在将信息超市的大门洞开,将富含营养的各类文化信息奉献于它的消费者的同时,也将芜杂繁冗甚至有害的信息堂而皇之地摆上了柜台。

(二)美国为首的西方国家主导着网络信息的制造与传播

由于各国的信息技术装备水平的不一样,各国在全球信息互联网中的信息传播的流量也是不平等的。以美国为首的西方国家凭借经济和信息技术上的优势,居于这个覆盖全球的互联网的中心,主导着全球信息的制造与传播,占据了互联网上文化与信息的制作和传播的制高点。据有关权威机构统计,美国的CBS(哥伦比亚广播公司)、CNN(美国有线电视传播网)、ABS(美国广播公司)等媒体巨头,每天在互联网上发表的信息量是世界其他国家发布信息量的几十倍。仅美国目前拥有的数据库就占到全球70%以上。美国和西方主要资本主义国家垄断了世界大部分地区80%—90%的新闻信息。美国发布的商业和娱乐节目,在互联网上更是占据了绝对的优势。他们通过网络表达自己的利益诉求,宣传自己的态度,推销自己的价值观念、道德标准、生活方式、宗教传统,使"人们一进入因特网就进入了美国文化的环境之中"①。

西方国家通过网络,使得今天的世界比以往任何时候都更加西方化,人们一进入网络,便进入一个西方文化语境。西方人利用这一文化信息场景,柔性地颂扬西方的文明发达进步,灌输着西方生活优越的理念,宣扬西方的社会制度是最好的。尤其值得注意的是近年来西方国家以青少年为对象的网上宗教活动以及网上结社活动愈演愈烈。过去西方人利用空中传教,受时空限制收效甚微,在今天,利用网络传教已经成为西方国家的重要手段。一些外国宗教组织企图重返中国,恢复旧有的宗教隶属关系和在宗教上的特权,重新控制我国的宗教。我国青少年也因此成为西方宗教

① 关世杰:《因特网与文化帝国主义》,国际政治研究1999年第1期。

势力和挂着宗教外衣的邪教组织争夺的焦点。

（三）西方网络文化流泻着大量有害的文化信息

西方网络文化中流泻着大量对我国青少年思想和行为具有负面影响的信息，这些负面信息，概括起来可以分为三大类型。

第一，宣传西方社会政治制度和意识形态，诋毁社会主义政治制度和社会主义意识形态的政治信息。西方的主流传媒担负着为西方国家政治服务的特殊角色。“向全世界宣传美国制度比共产主义制度优越”，“对抗共产党和极权国家、鼓动美国式的新闻自由、输出美国的价值观”等等从来就是他们企图融化掉社会主义的主要做法。在这种国家主流思想支配下，西方网络文化中有关非西方国家尤其是社会主义国家的政治信息便都有了一个人为的设定。这些信息均以所谓优越的西方社会政治制度和意识形态作为参照来反映或制造的。在西方网络文化视域中，社会主义政治制度和社会主义意识形态是非人道的；社会主义国家，领导人邪恶，暴力盛行，法纲松弛，腐败猖獗，人权纪录糟糕，人民生活困顿，缺少最基本的自由保障，对世界和平构成重大威胁，民主力量和民主人士受到高压打击等等。在西方，“妖魔化”社会主义的言论和信息大量存在，有关中国的信息总是免不了这样的内容：所谓中国践踏人权、迫害“法轮功”、压制宗教自由的信息；所谓“黄祸”危及全人类、中国军事威胁世界和平的信息；所谓中国国内官场腐败、政治前景不明的信息。[1] 有关中国的相关信息在其倾向性释放着西方国家希图通过网络引导舆论、影响历史的巨大能量。

---

① 李希光：《再论妖魔化中国》，选自《中国新闻奖新闻论文作品选》，重庆出版社 1998 年版，第 408—414 页。

第二,低级庸俗的网络性文化信息。所谓低级庸俗的网络性文化信息特指网络时空里受功利驱使或观念误导的具有消极的、不健康的、否定意义的带有色情色彩的文化信息。网络性文化是西方性观念、性态度在网络时空里的再现,是网络文化中被展示得最为淋漓尽致的内容,也是我国青少年接触接受得最多最充分的内容。低级庸俗的网络性文化信息的主要表现形式是淫秽色情的图、文、声、像的多媒体传播,如美国的“阁楼”、英国的成人网站“假日”、加拿大的脱衣舞俱乐部“sizzle”以及类似十八禁、极乐世界、美女集中营等一切含 sex 的网站网页。这些网站的内容在中国大陆受到严厉查禁,但在性自由大行其道的西方国家却可以在网上畅行无阻。低级庸俗泛滥成灾的性文化信息,已是西方网络文化中不可或缺的一部分。世界著名的色情刊物《花花公子》已开始在网上合法传播,一些网站开辟的色情实时表演节目,只需要缴纳一定额度费用,网络用户就可以极低的价钱透过电脑观看色情在线表演。表演时还可以采取互动的形式,也就是说,荧屏上的表演女郎,可以根据观赏者的要求,做出各种富有挑逗性的动作。在“十八岁以下禁入”一类明禁暗诱语言提示下进入这样的网站,成人世界中动物性的一面便尽现眼前。这类网络性文化主要由挑逗性的性语言构成的黄色语言信息;由若隐若现、半遮半掩直到完全裸露的成人躯体信息;由卡通人物摹拟或真人表现的靓女俊男交媾的性行为信息等等构成。这类黄色信息在线展示时,伴之以经过多媒体技术处理的声、画立体效果,渗透力极强。据有关网络方面的专家估计,低级庸俗的性文化信息大约占网络非学术性信息总量的47%,而大量的包含在各级各类网页链接中的色情信息更是俯拾即是。网络已成为西方性观念、性态度、性行为的主要展示场,青少年比任何时代都更容易接触这些低级庸俗的东西。网络上的黄祸泛滥已然成为一个世界瞩目、家长忧心、青少年惶恐的问题。西方低级庸俗的网络性文化信息已被人们视为网络文化之于青少年的第一大负面影响。

第三,以制造社会混乱为目的的负面信息。这类信息主要以中国这样的社会主义国家为传播影响对象。我国正处在进行改革与发展的伟大时代,一个机遇和挑战并存的时代,一个成绩与问题共生的时代。一些对我国心怀不满的敌对分子和组织,通过网络有目的地发布不符合事实的信息,误导人们对真实信息的认识和把握,采取造谣诬蔑、挑拨离间等卑劣手段,丑化中国政府形象,涣散人心,制造社会混乱,危害我国的安全。这类以制造社会混乱为目的的负面信息主要集中在这样一些方面:(1)历史事件的纪念日期,如发生于1966年的"文化大革命"的周年纪念时期;(2)在中国社会发展的某一关键时期,如某种制度改革力度加大期间;(3)重大事件或突发事件的发生时期,如1998年夏天的特大洪灾、北京天安门广场中国公安对法轮功自焚者的及时处理;(4)对党和国家领导人的捕风捉影式的去留升迁原因的猜测;(5)因官民纠纷或群体事件酿成社会局部动荡时的各类非议。课题成员在长达4年的观察中发现,一到中国社会改革发展的关键期、重大历史事件历史人物的纪念日期、重要新闻发布期,以制造社会混乱为目的的这类负面信息就会骤然剧增,而在这类信息来源的说明中其惯用的手法则是"据消息灵通人士透露"或"据某某市民提供线索"等等。中国国内的任何一件可资西方敌对势力利用的小事件,都可能在网上被任意扭曲、放大、夸张。

从网上青少年的跟帖中可以发现,青少年尤其是关心政治的大学生往往受影响最深。

三、网络文化在我国转型期青少年中的流行趋势

网络文化从诞生至今,其兴也速其勃也疾,恰似扯满风帆的航船,霎时间已在世界各地找到了停泊的港湾。可以这样说,从农耕文化到工业文化,从来没有哪一种文化,能像网络文化那样面对那么多不同层次的不同类型的受众,也从来没有哪一种文化能在横向的共时性平面上,兼容那么多的文化类型。网络文化是一次最为深刻的文化范式转型,是大众文化向精英文化的一次毫不显山露水的整体抬升,是主流文化同边缘文化、亚文化等弱势文化在同一空间的共同亮相。在网络文化空间中,主流文化不再以其高高在上的姿态,俯视其他文化范式的渺小,多种文化范式的悄无声息的融合,使得网络文化具有了极为广泛的接受基础和文化本身的创造力量。在网络文化范式中如鱼得水般欢畅地生存着的青少年们,他们面对上一代人赠予的“传统文化的文盲”的嘲讽,将“现代文盲”的称谓回赠给他们的批评者。因为网络文化不管多么大众化,网络文化特征注定了这一文化范式的掌握者,必须具备相当的英语水平和一定的电脑知识和操作技能,而这正是青少年的强项,是今天的青少年胜于上一代人的地方。青少年在这一文化范式中消解着“传统”的影响,交往方式也由物理世界的人际交往向网络世界的人机交往转变。我国青少年已成为互联网上最主要和最活跃的群体。

(一)网络在中国的动态发展

应该说,网络在中国正赶上了风云际会的好环境。改革开放

的中国以向世界学习，向世界求知、求解的胸襟，为网络的发展提供了绝好时机。有关网络在中国的发展情况，许多公司和研究机构都开展过相关的调查，其中影响最大的是直属中国国务院新闻办公室的中国互联网络信息中心。

自1997年10月起，中国互联网络信息中心开始每隔半年进行一次中国互联网络发展状况统计调查，截至2004年12月31日，已进行了15次。这些统计调查给我们提供了不同时间点上中国大陆互联网发展的众多数据。1997年10月的首次调查表明，中国大陆上网用户总数还仅为62万，到2004年12月31日，就达到了9400万，与首次调查相比，2004年中国大陆上网用户数比1997年的62万增加了150.6倍①。

中国互联网络信息中心调查报告同时显示，历年的上网用户中，青少年占了相当大的比例。第15次调查数据表明，在各个年龄段中，18岁以下占了16.4%，18岁至24岁的年轻人所占比例达到35.4%；网民受教育程度，高中以下(含高中)占42.3%，大学本科和大专占54.7%。年龄年轻化，高学历化，青少年成为网上生力军，网络正在成为他们生活的一个不可或缺的组成部分。

(二)网络在青少年中的流行轨迹

网络文化在我国青少年中的流行始于20世纪90年代，得风气之先者当首推北京等地的高校。1994年中国科学院联合北京大学、清华大学建设中国科学技术网络；1996年国家开始建设中国教育和科研计算机网，计划联结全国大部分高校和数千所中、小

---

① http://www.cnnic.cn

学。1996年，北京市重点中学101中学与北京高拓电子科技有限责任公司合作，率先在国内推出101远程教育教学网，两年后，用户遍及全国近30个省市自治区数百所中学，受益学生达数十万。1997年，我国首家网络辅导学校——国联网校开学，为许多没有条件进入重点中学的学生提供了不受时间和空间限制的最优秀的教学技术①。1998年，北京城区四年级以上的青少年总数约为54万，而其中网络用户达23万②。其流行的轨迹主要是由北京、上海、广州、深圳等大城市和经济发达地区再到中小城市(镇)以及经济较发达的农村。

(三)青少年网络行为的调查与描述

我们于2002年10月至2004年12月，用两年的时间对青少年网络行为进行了调查。调查采用问卷调查、个案走访、网吧暗访等方式进行。除了2004年12月的问卷调查外，还利用出差、旅游等机会，对重庆、北京、成都、绵阳、苏州、海口、昆明、西双版纳(景洪)的网吧进行了暗访，对个别家庭、个别中学生班级网页进行了长达两年的网络使用情况追踪调查，积累了一定数量的个案材料。调查数据显示，上网学生的数量在逐年上升，这与中国互联网络信息中心公布的情况一致。网络的发展由中心城市向四围辐射，一些地处偏壤的乡镇的青少年由过去通过进城上网到就地上网，并且一旦接触便大都迷恋难舍。在大学，几乎100%的学生都与网络有了密切联系，不少

① 黄育馥:《信息高速公路与两个文明建设—政策的思考》，中国社会科学出版社2000年版，第55页。

② 《四成学生家中有计算机　23万北京娃网上跑》，《北京晚报》1999年1月24日。

大学生对网络十分依赖,周上网时间5小时以下的占调查总数的44.2%,5至10小时的占25.8%,10至15小时的占17.8%,15小时以上的也占到了12.3%。上网时间远远高于平均每周上网1小时的一般网民(中国互联网络信息中心将平均每周使用互联网1小时以上的中国公民定义为中国网民)。中学生的情况与大学生基本相似,但表现出明显的两极分化。一部分比较听家长的话和学业压力大的中学生,上网时间较少,平均每周不到1小时,甚至只是偶尔上网。这部分中学生在初中占31.2%,在高中占40.5%,且女生多于男生。一部分则是终日痴迷的网络成瘾者,他们所占比例不大,只占5.8%。除此之外,则是介于两者之间的网络爱好者。

在持续两年的调查中,我们去得最多的是网吧。一到寒暑假,我们在网吧中见得最多的是青少年,玩得最投入的也是青少年。他们迷恋于网吧,在恍惚闪动的显示屏前,已然枯涩的眼睛仍在随着鼠标的滑动骨碌碌地转,他们玩网上游戏,交网上朋友,谈网上恋爱,建网络家庭,养网络宠物,在网上旅游,常常是焚膏继晷,夜不归宿。青少年沉溺于人机环境越久,与物理世界中的人面对面交流和沟通便会越少。喜欢玩电脑进网吧的学生家长和老师反映,孩子们自从恋上网络,与父母沟通的时间明显少了,与身边同学交往少了,社交圈子窄了,对娱乐活动的热情也降低了,上课无精打采,逃课缺课行为时有发生,成绩直线下降,考试焦虑症加重,从而更加加重个人在现实生活中的自卑心理,更加向往能让他获得自我认同的网络。我们已经追踪4年的一位中学生,其性格变化也支持了这一认识。他已由小学时的天真活泼的"话多多"变成只有在网上才神采飞扬的网迷。对人、对外界、对曾经非常着迷的旅游也不再有热情，越来越不愿与同学来往，惟一想去的地方就是网吧。

青少年喜欢网络生活，不是简单的爱你没商量的情感冲动，让青少年情切切意拳拳难割难舍如醉如痴欲罢不能的原因是网络文化的丰富性、多样性、自主性和迷人的虚拟生活。青少年是从儿童的幼稚期过渡到成人期的人群。在这一重要的人生阶段，他们由儿童时期的天真、单纯、直率步入到了"为自己的小抽屉加锁，为自己的日记本找隐蔽的地方"的时期。网络，正是网络，将人际交往变成了由数字代码的人机交往，消释了一切被物理社会定义的有关个人交往的种种规矩。青少年从这些束缚中脱身而出，走入网络，根据自己的兴趣爱好和设想，寻找自己想像中的一切，做自己喜欢做的一切，在网络环境的自我重塑中获得自我认可。在网上，他们的个性得到张扬，自尊心得到相对的满足，美轮美奂的网上世界也使得学习的压力和紧张心理得到缓释。他们在网络文化时空中欢畅地呼吸，自在地生活，成为"用键盘接触世界，用网页解释生活、用鼠标点击未来"的网络一代。

在上网的青少年中，登陆、点击、接触西方网站的情况又是怎样的呢？针对这一问题，课题组于 2004 年 12 月在重庆、成都、北京、上海、广州、深圳等地 6 所大学的 1377 名大学生、11 所中学的 1596 名中学生中进行调查。大学类型包括师范、工科、农业、综合；中学类型中既有重点中学，也有普通中学，还有职业中学。问卷调查在大学按专业抽样，在中学按班级抽样，共发放样本 2973 份，收回样本 2973 份。调查的结果见下表。

青少年学生登陆西方网站的人数比例(%)

登陆情况	中学生		大学生		大中学生总数	
	人数	百分比	人数	百分比	人数	百分比
经常登陆	81	5.1	87	6.3	168	5.7
偶尔登陆	471	29.5	504	36.6	975	33.1
登陆过几次	192	12.0	207	15.0	399	13.5
想登陆但线路不通	129	8.1	228	16.6	357	12.4
想登陆语言不通	363	22.7	168	12.2	531	17.4
从不想登陆	339	21.2	177	12.9	516	17
未填	21	1.3	3	0.2	24	0.7
合计	1596	100.0	1377	100.0	2973	100

调查数据显示,中学生和大学生登陆、点击、接触西方网站的情况呈现出较大的差异。大学生中包括经常、偶尔等登陆过西方网站的人数占57.9%,中学生则只有46.7%,少于大学生11个百分点。想登陆因线路不通没能登陆上的中学生只占8.1%,大学生则高达16.6%,在登陆西方网站意愿较强的人群中大学生的比例远远高于中学生。想登陆但因语言不通不能登陆的,中学生高达22.7%,大学生则降低至12.2%,说明因英语水平限制,不能直接进入西方网站的中学生远远高于大学生。从不想登陆西方网站的人,在中学生中还占21.2%,到大学生中则已降至12.9%,可见青少年登陆西方网站的意愿是非常强的。可以预见,随着网络联通条件的改善,随着青少年英语水平的逐年提高,登陆西方网站的青少年将越来越多。流动于西方网站和网络中的西方网络文化,加上渗透延伸到国内网站和网络中、用中文表现的西方网络文化,在对青少年产生多方面积极影响的同时,也把西方网络文化所特有的负面影响带给了中国的青少年。在网络文化负面影响下,我

国青少年的思想行为可能向着与社会主义主流文化所期待的相反方向发展，青少年成长中的不稳定性和不可预测性大大增加。

四、西方网络文化对我国转型期青少年负面影响的分析

不可否认，作为20世纪末西方人贡献的最伟大的科学技术成果，网络对青少年的影响厚重而深远，作为负载其上的西方网络文化对青少年的积极影响十分的明显和深远。正值求知欲最为旺盛的阶段的青少年们，以无比的热情，追逐着网上涌动的种种新事物、簇簇新浪花。他们怀着深深的好奇去点击那些标新立异的学说和观点，以网络上的见解和观点来观照社会、解释社会现象和社会变化。西方网络文化也向中国青少年展现了它峥嵘的另一面，为我国青少年的成长带来种种负面影响。

（一）西方网络文化对我国青少年政治思想带来冲击

在西方学界，有学者已经明确地指出，西方媒体的目标就是依靠柔性力量推进全球主义的意识形态。所谓柔性力量就是指文化形态的力量，认为柔性力量的意义和作用是足以同军事和经济等具有强迫性的力量同等重要的控制世界的力量，而这种力量具有非强迫性。在信息时代，柔性力量作用越来越重要，它的有效发挥能达到依靠刚性力量达不到的目的。西方学者所说的柔性力量包括以美国为首的西方价值观以及西方人权、自由、民主等观念对世界的影响力。他们希望通过有效渠道发挥柔性力量的作用，用西方价值观引导世界，其战略意义在于传播与西方国家利益相吻合的战略议题和主题。所以，利用网络达到意识形态和文化价值的

渗透来实行和平演变的既定战略得到一届又一届政府的切实实施。在网络时代之前,西方国家所依赖的工具主要是广播、电视、报纸等大众传媒。美国前总统里根就曾向《美国之音》提出被学者称做西方人针对东方的无所顾忌的传媒宣言:要"向全世界宣传美国制度比共产主义制度优越"。据此,《冷战后美国之音的六大任务》明确提出:(1)对抗共产党和极权国家;(2)鼓动美国式的新闻自由;(3)输出美国的价值观;(4)提供广泛的学习机会;(5)向全球解释美国的政策;(6)为美国的文化、贸易、旅游等提供服务。20世纪80年代末,西方国家更进一步提出了要"打好一场没有硝烟的新的世界大战"、"融化掉社会主义"的意图,提出要在21世纪"解放"全世界,建立以"西方文明为指导的新的世界"。冷战结束后,尽管形势发生了很大变化,但美国的根本方针没有改变,它要担负起领导世界的责任,要用美国模式改造世界的既定方针没有改变①。

网络时代的到来,使西方国家的文化柔性力量找到了更为便捷有效的载体,尤其是西方网络文化的主要代表美国,在全球的统治地位进一步加强,利用网络文化影响世界的意识更是变得无所不用其极,网络文化正在成为西方国家"自西徂东"整合世界的工具。

西方网络文化体现着西方国家的这一主流思想,我国青少年接受着来自西方网络文化中最具张力的意识形态、政治制度的深度影响,一些青少年思想政治观开始出现偏差,个别青少年甚至走向了国家和人民所期待的反面。他们中的极个别人为表现自己的

① 李希光:《再论妖魔化中国》,《中国新闻奖新闻论文作品选》,重庆出版社1998年版,第408—417页。

标新立异，利用网络下载、张贴来自西方国家的反动政治信息，发表有违国家宪法的言论。在对网吧的明察暗访中，我们面对个别迷惘着双眼发表着愤世嫉俗言语的青少年学生委婉发问：为什么对给予你们最大期待最大关怀的祖国横加指责？为什么对祖国发展成就视而不见，一定要以西方世界的眼光来抹杀自己祖国的成就，夸大失误？得到的回答大多是以西方国家发表的网络政治信息为参照，而稚嫩的回答让我们感受到了另一种真实：是西方网络文化中存在的一些不实的政治信息的误导。青少年喜欢标新立异，加上政治上的单纯幼稚，没有足够的智慧来理解西方国家的一些有识之士的提醒：假如中国全面实行资本主义制度，加入国际强权政治的游戏，就会在西方国家的游戏规则面前处于被动挨打的境地。

（二）西方网络文化消解着我国青少年的传统价值观念

西方网络文化的负面信息正在影响着我国青少年正确人生观的形成，正在使一些青少年丧失崇高的精神支柱和远大的理想抱负。我们发现，长期接触西方网络文化的青少年，经常自觉不自觉地按照西方网络文化营造的世界图景去认识世界、解释社会。他们在亦步亦趋地效仿西方人的时尚、穿着、饮食习惯的同时，也在接受着西方人生价值观的熏陶。一些青少年在网络文化中由被动而渐次趋于主动地接受着西方人生价值观念，并潜移默化地认为西方的一切都是最好的，西方人所做的一切都是合理的。“人家西方怎样生活”、“人家美国青年怎样”、“要是在西方怎样”，当 BBS 中就某一话题进行中西比较讨论时，西方价值观就成其为一些青少年的判断前提，一种对既有事实的认同依据。我们对北京、上海、成都、重庆等地的校园局域网中的 BBS 内容进行梳理，发现在表达各自的人生价值观的各种跟帖中流露出以下一些带有共性的问题。

一是人生目标狭隘。在网络这一虚拟世界中，青少年们往往将人生的目标表达得直白而且实惠，不少人锁定在这样一个方位：有钱，娶个漂亮的 MM，生个可爱的 baby；玩遍世界，吃尽人间美味。青少年们的这一人生目标，有其满足自身需要的合理性，但仅仅从个人利益出发去确立人生的目标，在这样的人生目标的指引下的我国青少年断难挑起民族振兴的重任。

二是伦理观念错位。青少年对人与社会的本质及其相互关系的认识比较模糊，他们不能正确地对待个人与他人、个人与社会的辩证关系，往往把社会看成束缚个人发展的一张网，信奉人都是自私的，信奉主观为自己、客观为他人的人生哲学。不少青少年缺乏集体观念和社会责任感。值得深思的是，今天的不少青少年不再愿意像雷锋那样活着，怀疑雷锋精神的存在价值，"嘻，未必真有雷锋"成为他们对雷锋式行为的一种嘲弄，拒绝崇高，讽刺高尚，自甘平庸，宁愿在粗俗中获取满足。

三是人生行为自私。今天的青少年的自我意识得到前所未有的加强。经济转型环境下个人物质利益观念的强化，拜金主义倾向的抬头，使得一些青少年变得十分自私，他们不能正确地评价自己，片面地追求自身的尊严、人格的独立，有着与社会需要不太适应的过分的成功欲和表现欲。一些青少年过于急切地向往自我的充分表现，渴求自我得到充分肯定，但又不愿做所谓的下里巴人的工作，不愿付出艰苦的努力，因而时常感到不被理解、不被重视。一些青少年时而自卑，时而自傲，行为的情绪色彩十分浓厚，喜欢我行我素，较少顾及行为的影响及后果。有时自视甚高，自我感觉良好，有时又无精打采，觉得生活毫无意义，甚至会为了一点并不重要的原因与社会、他人对立甚至走上自我毁灭的绝路。

四是人生态度随意。热衷于搞网络夫妻配对、多角恋爱，学习不思上进，追求享受和时髦，图阔气爱虚荣，精神生活空虚，认为人生如游戏，一切如游戏，其行为自然而然沿着游戏人生、游戏一切的轨迹发生。

从青少年网络讨论中梳理出的以上消极观点和表现中可以发现，那些影响一代又一代中国人，支撑中华民族伟大崛起的民族精神和民族文化正在受到西方文化价值观的消解：自强不息、刚毅奋进的人生态度，被及时享乐、得过且过的人生态度取代；敬德修身、助人常乐的重德精神，人贵物贱的人本精神，忧国忧民、献身国家的爱国情怀，经世致用、实事求是的务实精神，协和万邦、各族一家的共处精神，和为贵、和而不同的人和精神，富贵不能淫、贫贱不能移、威武不能屈的高风亮节，先忧后乐的广博胸怀和济世精神，尊老爱幼济弱扶贫的人道主义精神等优秀的传统价值观，正在受到不少沐浴着欧风美雨的青少年的质疑。在西方网络文化营造的个人主义、享乐主义、拜金主义的安乐椅上躺着的青少年，难免不被慢慢摇入极端自私的梦乡，慢慢摇向与民族优秀传统观念相对立的一面。

（三）西方网络文化引起我国青少年性观念、性态度、性行为的变化

一些专家和青少年家长评价说，西方网络文化中对我国青少年的负面影响最深最烈的首推西方网络性文化，尤其是其中的色情文化。网络性文化在西方网络文化中占极大份额，它已使得我国青少年——不独青少年，亦包括网络文化的一切接受者——的性观念发生剧变。青少年的性观念、性道德以及性行为，正在这一剧变的冲击下同传统观念相分离，同自己的父辈

大相径庭。

父辈们曾经在被扭曲的性爱观的观照下走进成人世界，他们曾经将性爱视作低级庸俗的行为而极度压抑控制，使得自己尽可能地不思不欲不为。在封建的保守的落后的性爱观观照下，他们淡然了各自的性别特征，性心理受到扭曲。今天不同了，国门洞开，包括性观念在内的各种观念蜂拥而至。研究西方网络文化，不可避免地要涉及西方网络性文化；研究西方网络文化对我国青少年的影响，不可避免地要涉及西方网络性文化；研究西方网络文化对我国青少年的负面影响，不可避免地要将西方网络性文化对我国青少年的影响列为最主要的影响。

这里所说的西方网络性文化对我国青少年的负面影响，特指西方网络性文化中宣泄人的动物本能，表现不健康的、消极颓废情调的性文化的影响，是对我国社会性观念、性道德具有否定意义的东西。在网络上主要表现为淫秽色情的图、文、多媒体形式传播。应该说，在中国大陆的各类网页中，消极颓废的性文化也不同程度的存在，但在制度和技术的双重阻遏下这类消极颓废的性文化只能偷偷摸摸地传播，并时常受到严打。但我国青少年却可能越过制度和技术的双重阻遏进入海外各类暗含“18 岁以下禁入”等挑逗性字样的网站或网页。

在西方，网络性文化深深受到“性解放”思潮影响。20 世纪 50 年代末的“性解放”运动曾在美国蔓延，到六七十年代达到高潮，至今影响不衰。这场“性解放”运动摧毁了西方世界传统的性道德、性观念，对社会和家庭带来巨大影响，造成严重后果。英国前首相玛格丽特·撒切尔曾说：“我们正在遭受 60 年代播种下去的东西的报应，那些时髦的理论和放任的哗众取宠的论调，造成了这样一种社会背景，自我约束和自我克制的古代美德在这种社会背景下都被抹了黑。”①尽管性解放的恶果早已显现，性解放思潮屡屡遭到西方主流社会普通民众和宗教组织的反对和批评，但在西方多元文化背景下和对性解放性自由的是非认识难以统一的情况下，一些国家对这类文化的传播采取了宽容态度，甚至有的还予以制度保障，使得淫秽、色情等丑恶内容能够自由出入规定的网页。毋庸讳言，在中国传统文化中，也存在色情文化，但在儒家文化支配下形成的中国的文化传统、社会价值观念和文化制度，对于色情内容的东西却一直是持拒斥态度的，并在“存天理、灭人欲”的统治文化控制下，一度达到谈性色变、谈性语禁的程度。固有的文化传统虽然压抑了色情文化的发展与传播，但却压抑了人的个性，扭曲了人的性心理。而在今天的网络时空，却又走向了另一极端，网络成为了低级粗俗的性文化任意泛滥的平台。应该说，世界上任何一个负责任的政府都对网络文化中低级庸俗的性文化对社会，尤其是对青少年的影响和毒害是有清醒的认识并持拒斥态度的，不少国家或地区为此还出台了相关的法规予以治理。但由于文化传统、社会价值观和社会制度不同，低级庸俗的西方网络性文化对我国的危害比对西方国家的危害更为严重。

在我们的调查中，多数青少年都在有意或无意之间浏览过黄色网页，许多青少年在不经意间受到无所不在的网上黄毒的影响。事实上，只要发生网络行为，要想躲过网络性文化的侵袭几乎是不可能的，即便是在集中治理整顿网上黄毒期间，我们也曾在一些网站的贴图区内搜索到西方黄色照片和众多的跟帖。在平时，尤其是节假日，黄色信息泛滥更是几成灾难。你躲得过主页，躲不过链接，躲得过一二级链接，躲不过夹在各级链接或者 BBS 中的各类

① 马休斯编译：《X 级革命》扉页，中国文联出版公司 1998 年版。

跟帖,谁也休想躲过网络性文化的包围和影响。一些青少年无意间闯入 sex 世界,在对一幅幅不堪入目的画面进行一阵阵脸红心跳的浏览后再难自拔。一些青少年为自己的"荒唐"和"堕落"自怨自艾,有的夜不能眠,饱受痛苦煎熬。对相当一部分青少年而言,他们有过第一次后就再难制止自己深度陷入,在低级庸俗的网络性文化信息的影响下,他们变得精神萎靡不振,身心健康受到严重影响,有的青少年人格受到影响,产生性堕落或性侵害倾向,个别人甚至走向犯罪的深渊。

网络性文化空间对于青少年而言应是具有隐秘性的领域,特别是对于各种性问题,牵涉复杂的性关系、性行为、性过程、性后果,是青少年在未接受相关教育或做好相应的心理准备前不能进入的。但西方网络文化为青少年提前进入成人领域提供了条件,成年人生活中本来属于秘密的一面——平庸、缺陷、邪恶、性、暴力等等被青少年提前目睹。对青少年而言,网络使得他们有了进入成人秘密世界的通道,有了接触成人世界的体验,却不可能有成人的那种认识世界持正自身的能力。过早的泄密,只能让他们带着歪曲的世界图像和理解上的困惑来看待性文化;过度的性渲染,又使得青少年对性爱的认识变得乖戾。有关青少年性观念的网上调查表明,青少年在异性交往方面更加注重情感上的寻欢作乐,大多数学生理解和认同婚前行为,超过半数的学生同意婚前性行为,超过 30% 的学生认可多个性伙伴和婚外情,约 17% 的学生认可商业性性行为。① 新浪教育的一个网上调查结果更是让教育工作者们吓了一跳。调查者将婚前性接触程度分为四个级别,让被调查者选择自己可以接受的程度:A. 拥抱;B. 爱抚上半身;C. 爱抚生殖器

---

① 叶松庆:《守望当代大学生的道德底线》,《青年研究》2003 年第 6 期。

部位；D. 性交。结果为：选择 A 的占 15.37%；选择 B 的占 13.36%；选择 C 的占 16.93%；选择 D 的高达 54.34%。在一个隐蔽了个人身份的私密性极强的网络聊天空间，一位网名叫“一阵风”的 19 岁女孩认为：“现在的人喜欢谈性并津津乐道，不就是人体器官嘛，摆弄得烦不烦，不就是百十来斤的肉嘛。”一位叫“夜之花”的 20 岁女孩认为：“现在的大学生恋爱，不就是男生解决点生理需要，女生蹭点钱花吗？各取所需，自由无敌。”年轻人的直白透析出对性行为的随意性，让教育工作者终于明白高校周边的各类鸳鸯屋为何总是野火才烧去，春风吹又生。在高校，因为上网而结缘，因 e 网情深而同居者比比皆是。在校同居、旅游结伴同居甚或长期租房同居已很普遍。鸳鸯屋遍布高校周边民居，因其引发种种问题，受到校方的一再制止，奈何禁而难止，往往先是风起青萍，渐成气候，然后发展到非禁不可的时候，于是全社会齐抓共管，禁而停止，随后却又悄然复兴，再到非禁不可，又开始复一轮禁止——泛滥——禁止的循环。

网络在成为一些青少年偷窥成人生活、引发性幻想的所在的同时，也在成为一些青少年意淫的地方。他们直言不讳地将上网比作“性教育课”，将异性作为网络在线时的施动对象，在网络虚拟环境下进行直接占有行为的尝试，最突出的表现是一些黄色作品在他们的键盘敲击下被大量创作出来。这些以小说、诗歌、散文、动漫、音画、笑话等形式存在的赤裸裸的乱性之作在制度的规束下难有阵地时，像《难忘的第一次》这类打色情擦边球的黄色作品便应运而生了。

接受调查的一些教育工作者言：网络造就了一个乱伦乱性的性市场，成为青少年性体验的交流场，引发性幻想、性罪错的孳生场。随着西方网络性文化对青少年生存时空的全面植入，我国青少年的性道德观念正在发生剧变，他们强调"性"的惟一性，消解"爱"的神圣性，分裂爱情、婚姻、责任与性行为的相关性，在行为上体现"性"的无社会性、无责任性以及对社会规范的超越性，因而导致众多青少年在性取向与性行为上对社会规范的深度冒犯与剧烈对抗。在青少年满怀好奇点击和传播参与中，一个个以传播色情信息盈利为目的的网站大量涌现。中国互联网协会互联网新闻信息服务工作委员会主办的"违法和不良信息举报中心"开通仅 3 天，就接到各类举报 4603 件，其中 95% 的举报针对淫秽色情网站①。一些青年为利所趋，大量下载淫秽色情作品通过网络传播或复制成光盘向社会散发，如建立"酷美女网际乐园"的河南青年，专门向上网者提供性行为图片和色情小说；制作成人文学库的武汉某重点大学毕业生，利用互联网下载了近 400 篇淫秽文章制成光盘四处传播，流毒广远。我们在 2003 年春季以暗访形式走访了重庆市朝天门相关市场和石桥铺赛博数码广场，从成摞的光盘中发现了隐藏其间的让人脸红心跳的图片和文字，从警觉的老板那里套到了光盘从何来流向何处：来自网络，流向社会各个角落。

（四）西方网络文化对我国青少年道德观念形成强劲冲击

网络文化具有环境虚拟的特征，能消解行为人应有的道德行为约束力，青少年在这一虚拟空间中恰似蓝天中初学飞翔的小鸟，莽莽撞撞飞向了大海和山巅，也飞向了乌云和闪电。

西方网络文化在道德意识方面展现的是道德主体自我化倾向。在环境虚拟的网络空间里，青少年们信奉那句网上名言"没人知道你是一只狗"，可轻意地化解现实社会的一切道德约束，将

---

① http://net.china.com.cn/chinese/ic/426129.htm

"你想怎样就怎样"、"怎样都行"等在现实社会无法实现的想法付诸网络实践。由于网上道德规范具有非强制性特征,而网上行为又具有环境虚拟等特点,行为人身份可以隐去,是否遵从网络道德规范,主要靠内心信念来约束自己,个人素养的保障作用因此显得十分重要。而在一般情况下,青少年自律的道德素养并没真正形成,在网络环境中十分容易跃过有限的道德自制力放任所欲。越来越多的证据说明,青少年迷恋上网的原因之一,在于网络可以使他们无须按照物理世界中的道德规范去做,而是想怎么做就怎么做。由此,网络时空环境下的青少年网络犯罪问题正随着我国计算机的普及而呈上升趋势,据中国公安部公共信息网络安全监察局透露,我国立案侦查的青年计算机网络犯罪案件呈逐年递增趋势;作案类型包括利用网络传播恶意攻击我国政治制度的反动信息;与各类邪教势力遥相呼应,蛊惑人心,制造社会动乱;故意编造恐怖信息,引发社会动荡;传播色情信息;利用网络传授强奸、杀人及自杀技巧,教唆他人犯罪;充当黑客,制造病毒,扰乱计算机系统的正常运行;利用自己所掌握的解密技术,攫取重要机密等等。匪夷所思的是不少青少年并不认为上述行为属于非法,他们认为,网络就应该是让大家想说什么就说什么、想做什么就做什么的地方,"连网上行为都要受干涉,那还是网络吗?"他们容忍甚至羡慕各类网络越轨行为,在对待黑客行为的态度上,我们的调查对象中有近一半的青少年认为,黑客是电脑程序方面的天才,令人佩服;甚至有青少年以当黑客作为自己的人生目标。网络犯罪人的年龄呈现出低龄化现象,犯罪起始年龄越来越小,由 20 世纪 90 年代末期的 20 岁左右下降至现在的 15、16 岁,犯罪动机五花八门:寻找开心,盲目好奇,探究私密,追求心跳,挑战法律,满足自己的叛逆心理,不一而足。网络道德失范以及由此引起的网络问题,尤其是网络犯罪问题,不仅仅严重影响了青少年的成长,也严重地破坏了社会秩序和社会稳定。

(五)西方网络语言阻碍青少年自觉认同与正确使用汉民族语言

由于网络“发端于美国并兴盛于美国,它的构成方式是由美国人所设计并符合美国文化的特点,英文是网络上的主流语言,网络上流动的信息主要来自美国。因此,它实际上也就要求任何一个入网者必须学会美国的语言,适应美国式的思维方式和熟悉美国文化。在这种情况下,全球网络化的过程更像是一种美国文化的全球化过程,或者说是一种以美国文化为代表的英语文化的殖民化过程”①。当一个国家或民族不再把自己的语言当做这个国家主权和尊严的象征而任由其他语言替代,那么它所带来的可能不仅是这个国家或民族每一个体利用本民族语言能力的下降,还必将导致该民族个体殖民心态的萌发。与此同时,民族语言结构系统尤其是词汇系统还将因外来语言的植入而变得面目全非,在独特的网络语言符号的影响下,被粗暴地蹂躏成传统语言与网络语言的杂交体,致使交际范围因脱离网络文化环境而价值失效、表意失效等现象发生。进入网络文化世界,在占网络信息总量不到5%的汉民族语言构成的界面里,汉字、英文混杂,象形符号乱跳,稀奇古怪的新词语充斥页面。网络语言已把严谨精致的汉民族语言翻了个底朝天,造成自五四以来,对汉民族语言的最大冲击。遗憾的是我国青少年们并没意识到这种冲击对中国民族文化的波

① 冯鹏志:《伸延的世界——网络化及其限制》,北京出版社1999年版,第290页。

及,他们在受着污染的同时还扮演着污染的创造者角色。为了上网方便也为了在网上表现另类心态,他们以牺牲传统语言的纯洁性为代价,创造着具有网络特征的个性鲜明的网络语言,主要有:

a. 移植。将英语的读法和写法直接移植到汉民族语言中来,其结果是汉英杂交混用,这类最为常见。

b. 符号替代。用计算机上的特殊符号替代汉语言表意,初识者须细心揣摩才能知情会意,如“:-D”,表示非常高兴地张嘴大笑;“;-)”表示抛媚眼,另有别意;“(-_-)”表示神秘的笑;“(:-&”表示正在生气;“(:-(”表示愁眉苦脸;“:-(”表示悲伤;“:-(*)”表示恶心、想吐;“:@%&$%&”表示骂人的话等等。

c. 脏话反语。使用被主流社会摒弃的或是只在网络环境下使用的言语,或是对传统语言意义进行逆向解构,将褒寓贬将贬寓褒,颠倒了传统语言语义系统,成为只能在网上少数人中交流的特殊性意义符号。前者如网络上大量存在的 TMD 等脏话,后者如“东东真是可爱的天才,百分百蛋白质,风趣又善良,MM 的偶像,菌男的气质,再见再见”(这个家伙真是可怜无人爱的天生蠢材,十足的混蛋白痴神经质,疯疯癫癫好没趣,一生善变没天良,靓女们见到就要呕吐,霉拙拙的小男人气质,我再也不想见)。

d. 任意生造新词短语,像:“7456,TMD! 大虾、菜鸟,都是些蛋白质,到偶的烘焙鸡上乱灌水,这些水桶真是 BT! 哥们儿用不着 PMP。94 酱紫,待会儿再打铁。886。”(气死我了,他妈的! 这些网络高手和新手都是些混蛋白痴神经质,都到我的个人主页上来留言,这些人真是变态! 大家用不着拍马屁。就是这样子,待会儿再贴帖子。再见了。)

有人对于青少年的以上网络用语持宽容态度,认为任何语言都是活动的人的产物,是变化中丰富,发展中进步的,对于今天的网络语言,除了大量显而易见的糟粕外,一般也取宽容的态度,不必大惊小怪,更不必横加指责,而是要用发展的眼光看待它,研究它,引导它,任何过早的指责是不适宜的,也是不公平的。有人视青少年的以上网络用语为民族语言的最大污染,并为此深感忧虑。著名作家冯骥才认为:网络语言为传统语言带来了冲击,甚至产生了一定的烧伤度,网络语言的美国化倾向,影响了中国主流文化的含蓄、严谨和精致。我们今天所能做的又是必须做的是对于网络语言中的庸俗低级予以抑制,对于其中的负面影响予以消除。语言是一个民族的根,是一个民族传统文化的表达工具和传播载体,它需要发展更需要相对稳定,它的稳定程度越高越能体现它的所属民族的向心力。青少年在汉英混杂,充盈着替代符号、替代语音的网络语言环境中,不断使用这些不伦不类的语言表意和沟通,必然极大地影响他们运用汉语表情达意的正确性,久而久之会使他们失去对民族语言认同和潜心学习的兴趣。这次调查发现,不少大中学生都以会用能识网络语言为自豪。中学的语文教师反映,现在中学生的作文中已是网络语言漫天飞,个别学生文字表达甚至基本网络语言化了。大中学生使用汉语作文的能力,已明显地低于以往的学生。

(六)西方网络文化中的暴力信息可能导致青少年暴力行为上升

西方网络文化中大量的暴力信息,可使青少年们对暴力血腥的非人道行为麻木起来,可能导致青少年的侵犯行为。湖北大学大学生教育研究社所做的一项抽样调查表明,在1500名拥有电脑的小学生中,约有77%的学生86%以上的上网时间是在玩游戏。网上游戏内容大多是西方国家制作的情境逼真的打斗型。网络游戏同网外游戏很不一样之处，在于网络游戏更加接近真实。尤其是通过局域网或互联网进行的对战游戏，较之过去以电脑储存对手进行的游戏更加具有真实感和现场感。国外有学者证明，常常玩网络暴力游戏会增加青少年的攻击性，如果暴力游戏所模拟的情节和场景越接近真实，游戏者表现出来的攻击性越强，尤其是当游戏人的暴力对象是虚拟的“真人”时，在不断的高紧张、高对抗性战斗中，游戏者会出现情境的倒错，将生活现实误以为是虚拟网络空间，用网络游戏上虚拟的暴力动作攻击对手，引发暴力犯罪。不断受到暴力血腥等非人道行为的刺激，还会丧失同情心，缺失对人生命的珍重，导致个性性格的改变，形成暴力性人格。这一结论正被各类传媒所披露的信息所证实，也被各类研究团体的研究和调查报告所支持。

五、加强我国网络文化建设，抵御西方网络文化负面影响

（一）我们能否如此抵御：建立自己的互联网

西方网络文化连绵不断地将其意识形态、价值理念、生活方式四处散布，潜移默化地影响着它的所有接触者，影响着接触者既有的观念和价值判断体系，在创造一种新型的生存空间、生活方式的同时，又破坏了既成的生存空间的秩序和价值认同。人们在对它又爱又恨，又恨又怕，又怕又难舍的情结中接触它，接受它，受它深度影响。面对西方网络文化对我国青少年的浸淫，人们有理由担心，长期躺在西方编织的网络文化筛子上的我国青少年，可能将一代代国人引以自豪的民族感情筛去，可能在西方国家“西化”、“分化”图谋中成长为西方人所期待的角色。在看到西方网络文化的

不良信息对国家、社会和青少年成长造成严重负面影响的现实后，人们自然而然地想到用排斥和拒绝的策略来抑制或是完全摒弃西方网络文化，一些人提出了建设中国人自己的互联网的主张，希冀以釜底抽薪的方法来抗衡西方网络文化，抵御西方网络文化的负面影响。

可能吗？答案是否定的。因为尽管西方网络文化占据了网络的大部，但网络毕竟是为全人类所共有的生存空间。网络文化的多元性特征彰明了网络文化并不存在一种文化对另一种文化的摒弃排斥，它只是在网络时空因其力量的强弱而出现或被挤压或被延伸的情况。在这一共时层面里，要紧的不是西方网络文化有多么强大，而是我们自己的网络文化展示了多少，创造了多少，与西方网络文化取得了多少对话的分量。既然网络的多元一体性决定了网络文化可以对其他文化范式兼容并蓄，既然西方网络文化不能消灭，那么又为何不可以在网络系统中创造属于我们自己的网络文化。既然我们已经被全球化浪潮席卷到了以网络作为联结点的地球村中，那么我们就应该而且必须紧跟时代，因应形势，创造更新的符合网络环境的新型文化，增强自己在网络文化空间中的分量，发出更强劲的声音。不这样做，即便举全国之力，搞出所谓的属于自己的网络，也等于"主动地"将自己摒弃在了世界之外，我们曾经封闭的大门又将因此而再次关闭，我们对民族文化的所谓保护，恰恰可能导致保护对象在这种保护的过程中式微衰落。这是我们不愿意看到的最糟糕的结果。我们能够做的而且必须做的就是针对西方网络文化对我国青少年的负面影响，拿出适合网络文化特点的强有力的抵御对策。

（二）明确一个目标

我们不可能游离于世界之外建立所谓自己的互联网，却可能建立共存于世界网络文化之林的自己的网络文化系统，建立与世界网络文化整体既有联系又具有不同存在价值的网络文化样式。我们的网络文化并非“西方文化中心主义”视域中的网络文化，也不是“中国文化中心”支配下的网络文化，它以符合马克思主义的网络文化价值观来观察、衡量、鉴别、选择、利用、创造网络文化，以是否有利于中国公民身心健康成长，是否有利于中国公民爱国主义情感养成，是否有利于中国公民精神文明、物质文明建设环境的形成等三个“有利于”为标准，来估价网络中的一切文化信息，估价网络文化的价值。

当网络横空出世之际，网络文化是作为一种科技文化而存在的文化，是少数科技精英所掌握的一种工具文化，它的价值在于运用网络技术实现彼此之间的信息传输与信息共享，其文化价值体系包容在网络技术、规则、法度等非人文的层面；当网络文化发展到一定历史时代，当它成为当代人的一种生存方式，将网外文化在这一平台上做着新的延伸和新的演绎并衍生出新的文化气象时，网络文化就必然要告别自生自灭状态而进入人为的建设状态。网络进入我国已有十余年历史，已经融入到社会生活的方方面面，是到了该为我们自己的网络文化建设确立目标并以此规束网络活动的时候了。网络文化应该向什么方向发展、目标是什么，成为网络发展过程中必须要面对要解决的问题。面对网络的诸种面相，面对网络文化生成与发展中的诸多问题，尤其是面对西方网络文化中不良文化元素对青少年咄咄逼人的攻势，我国有必要对自己所需要的网络文化提出明确的预设目标。在当前，我国网络文化的建设目标应做如下定位:利用全球互联网这一人类新型文化信息平台,努力建设一个与社会主义经济、政治体制相协调与社会主义先进文化要求和精神文明建设相符合的、导向正确、调控有序、富有活力、协调发展的网络文化运行机制和系统,即开放的属于中国自己的网络文化新型阵地。

网络文化的建设目标是一个方向性问题,是网络文化向着什么方向、什么目标发展的价值取向问题,它并非彻底限制西方网络文化在我国网络环境中的存在,而是要规定我们自己的网络文化发展的"应该"并以此来抵御西方网络文化不良信息的影响。网络出现自西方,网络文化的发展也渊源于西方。既然西方为网络文化作了最为浓墨重彩的描绘,网络的一切接触者使用者也就自然成为西方网络文化的深刻影响者,成为西方网络文化的烙印携带者。当我们为网络文化建设进行目标定位时,其实就已经将自己摆在了与西方网络文化的对话者的位置:即不但做网络的被动接受者,更要做网络的主动的塑造者,做网络文化的再创造者。为网络文化建设目标定位,也就为我们自己的网络文化价值体系中的诸多单元做了预设,即对我们的网络道德文化、网络观念文化、网络价值文化、网络信息文化、网络审美文化等的"应然"性目标做了安排,也从如何有利于我国青少年的成长的角度对网络文化建设提出了要求:网络应该成为向我国青少年传播先进文化的载体,成为我国青少年创造先进文化的平台,成为我国青少年健康文化生活的新的活动区域,成为与时代要求合拍的能有效地服务于建设中国特色的社会主义宏伟目标的助推器,成为培养品格高尚、身心健康、素质优良的各类人才的课堂。为此,我们必须以开放的胸怀,接受西方网络文化的积极影响,摒弃负面影响,充分利用网络这一新型生存空间,开展同西方网络文化的塑造与被塑造的竞争。

实现网络文化的建设目标,当务之急是以先进文化的网上传播作为占领网络文化阵地的着眼点。直到今天,可以这样说,我们对网络的发展过程就是西方网络文化对不同文化背景、不同社会制度、不同宗教信仰和不同生存状况的人类社会的影响过程的认识还不够到位,反应还不够灵敏。我们对网络其实是一种信息传播方式更是一种文化传播途径、谁掌握了网络谁便拥有了一种传播某种文化的权利和影响力的道理的认识并不深刻,还缺乏系统有效的应对措施。然而,当今世界各国的各种社会利益集团则早就发现了这一点,早就在竭力开辟属于自己的网络文化领地。我们要迎头赶上,以对抗西方咄咄逼人的影响,需要科学有效地运用这一利器,宣传马克思主义科学理论,阐释只有社会主义才能救中国、才能发展中国的道理,倡导符合人类根本利益的道德情操和价值观念。在这一新型传播视界中赢得自己的位置,发出自己的声音;要在"统筹规划,国家主导;统一标准,联合建设;互联互通,资源共享"的网络文化建设方针的统摄下,建立以中央网站为枢纽,以各地的局域网、校园网为支撑的网络体系;结合青少年特点,投入人力物力,投入专项资金,建立网络文化传播体系,以富集的网络文化信息资源、形象生动的网络文化内容、丰富多彩的网络文化形式影响青少年,在西方网络文化不良信息咄咄逼人的攻势面前做出积极回应。

(三)实施六大调控手段

我国网络文化要健康发展,实现预定的建设目标,必须借助一定的调控手段。调控得力,抵御西方网络文化不良信息对我国青少年的负面影响就有了保障。网络文化的调控,重在社会调控。

网络文化的社会调控,是网络社会系统中的某一社会组织或社会群体为维护网络社会秩序,保证人们的网络社会生活和生产的正常运行,运用网络社会中整体性或集体性的力量来影响、引导、预防、约束和规定网络社会成员的思想和行为的一种手段、方式和过程。由于网络自身存在的多元一体性、虚拟性、开放性、自由性等特征,更由于中西方在认识网络文化的利弊方面存在的差异以及各种社会利益群体出于自身利益的考虑,使得网络文化的社会调控不可能采取全球一体性行动,或者提出具有普遍意义的强制性要求。我们的调控还主要是针对西方网络文化的负面影响所采用的防御性对策,还主要是针对我国网络环境提出的控制手段。同时,网络文化的社会调控不可能以一种单一而凝固的形式存在和发挥作用,它需要有与网络文化特征相适应的综合性手段。冯鹏志先生提出的内化控制、外在控制两种途径为我们解决网络文化的社会控制提供了新思路。所谓内化控制,是指对网络病态现象和网络偏差行为从网络行动者内部进行的化解和控制,即通过一种网络社会化的过程及其各种步骤的磨炼和影响,来引导网络行动者将合理的网络社会规范和价值观念内化为自己的人格品质,从而适应网络社会所要求之正常行动方式和秩序的过程。所谓外在控制,则是指在网络社会中通过正式的和非正式的制裁措施来控制各种问题,维系网络社会的正常生活秩序。① 其实无论是内化控制还是外在控制,都不可能被单一使用,它融合在网络文化调控的一切细部,表现在导向调控、教育规束、道德约束、法律制裁、经济制约、技术控制诸方面,是诸种社会控制要素的联动作用。

---

① 冯鹏志:《伸延的世界——网络化及其限制》,北京出版社 1999 年版,第 264—270 页。

1. 导向调控。

网络文化的导向调控，是将符合主流文化的理想信念、价值观念、行为规范引入网络文化，从而使我们的网络文化传播者和接受者的思想、观念、态度、行为在西方网络文化的强劲攻势面前能沿着主流社会所期待的方向发展。我们已经能够确信，网络文化较之其他文化范式具有更大的随意性，它作为一种特殊的文化形态，与主流社会所确认的主流文化存在或融合或消解或并行不悖或相对而行的情况，有时更是作为消解主流文化及其主流文化的异化力量而存在。要确保网络文化能沿着社会主义主流文化所期待的方向发展，就绝不能让网络文化自生自灭、自产自销，绝不能让网上行为随心所欲，绝不能让网络信息像过去相当一段时间那样放任不管。要像国家强行规定大众传媒必须要有正确的舆论导向那样，要求每一个网站，都必须根据自己的专业分工或行业特点，提出自己的建站目标，在网页显眼醒目的地方彰明自己的网站宗旨；要积极组织优秀民族文化和先进文化上网，毫不含糊地开发运用网上资源，明确提出网站建设任务。要针对青少年已经成为网络文化的主要消费者这一现实，将网络建设成为向青少年展现全民族悠久历史文化和当代先进文化的平台，建设成为激励青少年追求真善美的阵地，建设成为有助于青少年在文化多元性和多样性的环境中接触、接受、理解、记忆民族文化以及世界各国优秀文化和历史文化的场所，使青少年在积极健康的网络文化环境中，获得身心的健康发展，形成科学的人生观、世界观和价值观。

2. 教育规束。

网络文化的教育规束是通过社会组织以育化的方式约束网络组织及网络行为人，是教育网络组织及网络行为人在主流社会所规定的范围内进行网络活动的一种控制手段，其中最主要的教育规束手段是利用教育机构和社会舆论进行或隐或显的育化引导。教育规束对象包括一切网络组织和网络行为人，对待像青少年这样的网络文化的接受主体，网络文化的教育规束就是要通过教育引导青少年明白网络文化应是什么，而不应是什么；在网络时空环境中应该做什么，而不应该做什么，与青少年一道探讨如何防止不良网络文化对自己的侵害。

网络是一个信息高度开放的文化系统，没有哪一类信息可以对其他信息进行完全的屏蔽排斥，也不可能有专门的机构能完全控制信息的生成与进出，不管网管制度今后多么严格、技术多么先进，我们会发现与网络文化负面影响的抗争将是一场猫捉老鼠式的永无宁日的斗争，网络上空的霞光朗照只能是一种理想的守望。我们最需要切实做到的却只能是未雨绸缪式的加强青少年的网络行为教育。基于此，作为一种对策，有必要将网络文化教育纳入今天的学校计算机课程教育体系，在网络技术教育内容之外增加以保护青少年免受网上毒素、网上陷阱侵害为目的的安全上网教育；以提高青少年网络信息鉴别与处理能力为目的的青少年信息选择和创造能力教育；以培养青少年对网络色情、暴力、诈骗、犯罪等不良或有害信息的分辨判断和抵御能力的教育；以培养青少年网络法律意识为目的的法规教育。目前不少家庭实施的“银根紧缩法”使孩子没钱上网、“关停电脑法”使孩子没法上网、“全程跟踪法”使孩子没地上网的做法不可取。网络不是妖魔，对于青少年更应注意引导，即引导他们正确认识网络生存与现实生活的关系与区别，引导他们用先进文化分析和评价泛滥于网络之中的形形色色的资产阶级人生观、充分揭露其消极落后腐朽的本质；引导他们充分利用网络文化中的一切积极元素，优化自身素质；引导他们做网络文化的健康消费者和再创造者。

3. 道德约束。

网络文化的道德约束，就是利用网络行为人的良知和内心信念来规范调整网络行为的举措。由于网络环境存在虚拟、开放、多元等特点，网络组织和网络行为人的网络生存不仅存在“能不能”的技术要求，还存在“该不该”的伦理要求，尤其是在网络行为人在网络环境中所能感知到的制度性约束力大大降低的情况下，道德对于网络行为人以及网络组织的控制能力就会鲜明地表现出来。网络道德与现实世界中的道德规范有着必然的联系，网络道德是现实世界中的道德规范在网络世界中的延伸，作为一种控制性力量同网络文化的法律调控一道规范着网络组织和网络行为人的活动。虽然网络道德调控缺少像法律调控那样的强制性，但网络道德由于具有主要依靠网络组织和网络行为人自身的“良知”和内心信念来维持的特点，在化解和控制网络问题等方面具有超强能量，可以浸透到法律难以企及的地方，在网络文化的社会调控中发挥着其他任何调控手段都难以企及的作用。网络文化的道德约束既针对网络组织也针对网络行为人，特别是对于像青少年这类最容易受网络文化负面影响的群体。我们在实施网络文化的道德约束的实践过程中，一是要引导青少年正确认识网络环境，理解网络技术理论与网络道德的关系，要利用青少年参加学习计算机和网络技术课程以解决自己网络技术的“能不能”问题等机会，向他们明确提出诸多网络行为的“该不该”的伦理道德要求；二是要使青少年学习网络道德规范，明确网络道德的具体所指，要根据青少年网络活动的特点，结合青少年网络行为实际，从禁止什么、提倡什么、鼓励什么三方面入手，使每一位青少年懂得尽管网络环境下行为人身份可以隐去，但行为人对道德规范的遵从、行为人持正自身的内心信念在网络时空中依然样样不能缺少；网络世界也绝不是不负责任地寻开心、盲目好奇、探究私密、追求心跳的所在，不是“你想怎样就怎样”、“怎样都行”的世界。三是指导青少年不断反思自己的网络行为，养成遵守网络规则的良好习惯，通过不断的反思、领悟，将网络道德内化为自己的自觉行为。四是加强青少年网络自律道德教育的力度，促进网络道德人格的形成。要鼓励青少年形成这样的心性和德性：在网络的每一个终端，面对网上翻飞的缤纷信息，能让心中燃着文明的圣火，以道德的力量约束自己的网上不轨行为发生。团中央、教育部、文化部、国务院新闻办、全国青联、全国少工委、全国青少年网络协会公布的《全国青少年网络文明公约》，旗帜鲜明地提出了“五要”和“五不要”，以此作为规范青少年网络行为的重要举措。其具体内容为：要善于网上学习，不浏览不良信息；要诚实友好交流，不侮辱欺诈他人；要增强自护意识，不随意约会网友；要维护网络安全，不破坏网络秩序；要有益身心健康，不沉溺虚拟时空。“五要”“五不要”，一句话针对一个问题，提倡什么，反对什么，立场鲜明，内容明白晓畅，简洁凝练，非常适合青少年记忆。它的出台，使网络文化环境条件下的青少年的网络道德建设有了具体的指向和内容，现在的问题是设法将这些道德条文转化为青少年的内心信念和自觉行为，提高青少年自觉抵御网上不良信息的道德意识，使文明上网成为更多青少年的现实行为。

4. 法律制裁。

网络文化的法律制裁是通过法律的强制性来控制网络社会问题保证网络社会在秩序中发展的调控手段。正如有什么样的游戏就应有什么样的游戏规则，网络已经成为人类新的生活方式，适应这种生活方式的规则就应该相应出席，如果这种规则缺席，那么网络文化则将在无序的运作中或被葬送或失去发展的动力。网络在其诞生的初始期，曾经在很大程度上主要依靠道德的力量来约束。然而"在网络领域，仅仅依靠伦理不能完全解决问题，伦理道德毕竟是一种软性的社会控制手段，它还需要硬性的法律手段来支撑。对于那些缺乏起码道德责任感或良知已经泯灭的人来说，网络伦理自律可能不足。因此，网络立法就显得十分重要。①到现在为止，我国已有《全国人大常委会关于维护互联网安全的决定》、《互联网信息服务管理办法》、《互联网电子公告服务管理规定》、《互联网站从事登载新闻业务管理暂行规定》等若干个法律法规。相关法规法律的出台和日益健全，使得网络文化的调控有了依据。但从当今互联网发展对法规的需求看，我国的互联网法规还缺乏系统性，还没有形成以专门法、综合法为纲，以专项法规和配套法规及地方法规为目组成的和谐的法律有机体。我们亟须借鉴别国的经验，尽快制定出包括网络信息发布制度、网上信息审查监督制度、网络知识产权保护制度、网络人权保护制度、网络保密制度等等在内的法规。针对青少年已成为网络文化消费的主体且自我保护意识和自我保护能力都较弱等特点，有必要借鉴新加坡等国的经验，尽快制定一部以保护青少年为指向的青少年网络行为法。还应依法规范网络组织的网络行为，强化对局域网、校园网的管理，加强对免费个人主页及其链接的审查，落实实名注册登记制度。对那些利用网络传播与社会主义主导意识形态相背离的各类负面信息或进行网络犯罪的人，要运用法律武器予以严惩。用法律的强制手段，遏止西方网络文化中不良信息向我国网络的蔓延，为青少年营造良好的上网环境。

5. 组织制约。

① 于都:《网络媒体的十七大热门话题》,《中华新闻报》,2003年第10期。

网络文化的组织制约是利用组织的力量对网络文化进行的调控。网络文化的组织制约可分为三个层面。

第一是国家网管中心的宏观调控，属于制度的调控，如制订网络文化的发展方向、目标和网管条文，完善网络健康运行的机制。我国的网络发展至今虽然已有十多年历史，但网络文化的管理还处在初始探索阶段，最有力的组织调控手段是建立自中央到地方的各级网络文化管理机构，设立专门的承担网络文化管理的部门，形成以网络文化管理中心为核心的全国一体化的行政管理体系。要借鉴其他国家在利用组织调控手段保证大众传媒沿着主流社会期望的方向发展的经验。目前，网络环境的秩序显然已经再难由某个组织维系，能协调全局统一网络管理者非政府莫属，加大政府对网络社会的组织调控已成为必然要求。要像调控大众传媒那样，成立国家领导下的网络管理机构，统一协调网络信息管理工作。通过这些机构制定网络发展规划、网络文化管理的规章制度，明确网络运营规范；健全网络文化审查机制和反应机制，对敏感问题和容易引发社会争议的信息重点审查，对网络引发的社会问题做出快速反应；统一协调全国各级网络管理组织对网络信息的监控与研究，对网上信息进行适时分析，及时发现网络行为人存在的问题，特别是一些带有共同性和倾向性的问题；畅通信息反馈渠道，协调各地方政府和各级网管部门，以保证行政干预有力，管理严格彻底。

第二是地方政府与各级网络主管部门的政策调控。这是以国家网络文化管理中心为核心的全国一体化的行政管理体系中的重要一级，其任务是把握网络文化的现状及发展趋势，制定有利于网络文化发展的各项措施和实施方案，监管网络文化动向，整饬网络文化环境，协调各职能部门对网络运营公司和各类网站的治理整顿，依法追究网络违规行为。网络存在于社会的每一个角落，要使网络组织制约等调控手段发生作用，真正做到行政干预有力，管理严格彻底，就必须依靠地方政府和各级网管部门具体地发挥作用。要通过他们的管理权限，控制不健康的网络文化在网上的泛滥。对达不到网管目标的网站或有犯规越矩者，惟一的出路就是关闭或转行，以使网络行为人不得不把维护网络文化健康发展放在优先考虑的位置。

第三是网络媒体组织自身的制约，这是与他律相辅弼的调控手段，即自己约束自己，而不是通过外界的压力控制网络组织的网络行为。网络媒体是在网络上从事信息制作、传播、评述等活动的专业网站，是网民获取信息的主流通道。网络媒体已成为实际意义上的大众传媒，其自身的社会责任感和职业道德修养在传播中的重要性越来越为人们所关注。一些网络媒体也已意识到自身存在的问题，开始认真反思。2003 年，中国记协、新华网、人民网、中青在线、新浪网等多家网站联合签署了中国网络媒体北京宣言，表示“始终以‘三个代表’重要思想为指导，遵照‘积极发展、加强管理、趋利避害、为我所用’的基本方针，肩负起促进中国网络媒体健康发展的社会责任，使互联网真正成为传播先进文化的重要阵地”。继后，30 多家网站签署《互联网新闻信息服务自律公约》，承诺自觉接受政府管理和公众监督，坚决抑制淫秽、色情、迷信等有害信息的网上传播，抑制与中华民族优秀文化传统和道德规范相违背的信息内容。网络文化组织需要在四个方面承担相应的社会责任：即承担舆论引导的责任；承担向受众提供真实、快速、全面、准确信息的传播责任；承担传递严肃文化知识和社会遗产的责任；承担提供健康有益的休闲娱乐活动的责任。

近年来，一些城市的退休的教师、机关干部自发组成网络义务监管组织,活跃于网络管理第一线,查禁各类负面信息,教育青少年远离黄毒的行为给我们以启示:一支运行良好的兼职人员队伍,也是维护网络文化健康发展的全天候有生力量。

6. 技术控制。

网络文化的技术控制是根据国家的有关法律,在研究网络文化对于社会各阶层接受心理、访问习惯、认同差异等基础上,从网络传播应用技术的角度所进行的调控。其具体做法是用必要的科学技术手段,过滤不良信息,限制不良信息的蔓延,减轻不良信息造成的后果。这些科学技术手段有:开发各类过滤黄色和暴力内容的软件和防火墙,阻止不良信息进入网络终端,要求一切公用上网电脑终端必须在其浏览器中安装分级过滤软件,并强行设置适合青少年浏览的层级;开发只能连接到健康网站的搜索引擎,专供家庭使用,以方便家长和孩子们选择浏览网站;设立网络监测报警系统,对系统甄别出来的网络不良信息采用马赛克技术等及时屏蔽;对刻意传播反动政治信息的境外网站进行技术性封锁,对宣传淫秽、色情、赌博、暴力、凶杀、恐怖、封建迷信和教唆青少年犯罪等信息的网址,通过列入黑名单等方式,禁止其进入搜索引擎的服务器。对网络文化中存在的文化信息垃圾等问题,世界各国都在运用科学技术手段,限制其在网络空间中的蔓延,减轻造成的不良后果,我们完全可以学习和借鉴这些措施和手段,并结合我们的实际,加大研发技术的投入,不断开发阻止和屏蔽不良网络文化信息传播,减少网络依赖行为的各种技术软件,以技术对应技术,净化网络文化空间,尽最大可能防止青少年接触不良信息,受到不良信息的侵害。

网络文化的六大调控手段,其实质是从网络的内化控制和外在控制两个维度入手,通过社会中整体性或集体性的力量来影响、引导、预防、约束和规范网络成员的思想和行为，使网络成员按照主流社会的期待来指导自己网络行动，杜绝网络行为偏差的。但我国网络文化的健康发展，特别是有效地抵御西方网络文化不良信息的强势影响，是要依靠包括青少年在内的所有网络成员的共同努力的。所以，六大调控手段的最终目的归根到底是要以先进文化塑造网络，塑造网络组织和青少年的网络文化观，培养青少年文明健康的网络价值观、网络道德观、网络信息观、网络审美观、网络人际观，自觉实施健康文明的上网行为，积极利用西方网络文化中的有益成分，远离包括西方网络文化在内的不良网络信息，使魅力四射的网络文化真正成为有助于青少年获取新知、了解社会、扩大交往、娱乐心身的新型文化空间。

参考文献

一、国内学者著作

1. 黄楠森主编:《有中国特色社会主义文化研究》,山东人民出版社 1999 年版。

2. 刘放桐:《新编现代西方哲学》,人民出版社 2000 年版。

3. 中共北京市委研究室编:《西方世界透视》,人民出版社 1990 年版。

4. 孟节省、林雪原:《西方文化漫谈》,红旗出版社 2000 年版。

5. 李小兵:《资本主义文化矛盾与危机》,中央党校出版社 1991 年版。

6. 李秀林等主编:《辩证唯物主义和历史唯物主义》,中国人民大学出版社 1998 年版。

7. 殷海光:《中国文化的展望》,上海三联书店 2002 年版。

8. 杨德广:《西方思潮与当代中国大学生》,河南人民出版社 1991 年版。

9. 赵鲁杰:《美国全球霸权与中国命运》,人民出版社 1999 年版。

10. 韩召颖:《输出美国:美国新闻署与美国公众外交》,天津人民出版社 2000 年版。

11. 董娅:《挑战与回应》,西南师范大学出版社 2002 年版。

12. 邓卓明:《涌浪中的理性审视》,重庆出版社 1999 年版。

13. 袁明:《美国文化与社会十五讲》,北京大学出版社 2003 年版。

14. 李希光、刘康:《妖魔化与媒体轰炸》,江苏人民出版社 1999 年版。

15. 张小明等:《2004 年:中国文化产业发展报告》,社会科学文献出版社 2004 年版。

16. 祁述裕:《中国文化产业国际竞争力报告》,社会科学文献出版社 2004 年版。

17. 刘继南:《大众传媒与国际关系》,北京广播学院出版社 1999 年版。

18. 花建、于沛:《文艺消费学》,安徽文艺出版社 1989 年版。

19. 潘知常主编:《大众传媒与大众文化》,上海人民出版社 2002 年版。

20. 陈昕:《救赎与消费:中国社会日常生活中的消费主义》,江苏人民出版社 2003 年版。

21. 周寰:《点击网络文明》,中国城市出版社 2001 年版。

22. 冯鹏志:《伸延的世界——网络化及其限制》,北京出版社 1999 年版。

23. 陆俊:《重建巴比塔——文化视野中的网络》,北京出版社 1999 年版。

24. 尹鸿、李彬:《全球化与大众传媒》,清华大学出版社 2002 年版。

25. 黄育馥:《信息高速公路与两个文明建设》,中国社会科学出版社 2000 年版。

二、中文译著

1. [美]莫蒂默·艾德勒、查尔斯·范多伦编:《西方思想宝库》,编委会译,吉林人民出版社 1988 年版。

2. [德]斯宾格勒著:《西方的没落》,乔世荣等译,商务印书馆 1963 年版。

3. [美]马克斯·韦伯著:《新教伦理与资本主义精神》,黄晓京等译,四川人民出版社 1986 年版。

4. [美]杜威文选:《新旧个人主义》,孙有中等译,上海社会科学院出版社 1997 年版。

5. [美]塞缪尔·亨廷顿:《文明的冲突与世界秩序的重建》,周琪、刘亦菲等译,新华出版社 1998 年版。

6. [德]哈拉尔德·米勒:《对塞缪尔·亨廷顿"文明冲突论"的批判》,郦红、那滨译,新华出版社 2002 年版。

7. [美]塞缪尔·亨廷顿:《第三波——20 世纪后期的民主化浪潮》,刘军宁译,上海三联书店 1998 年版。

8. [英]约翰·汤林森著:《文化帝国主义》,冯建三译,上海人民出版社 1998 年版。

9. [美]阿尔温·托夫勒著:《第三次浪潮》,朱志焱、潘其、张焱译,三联书店 1984 年版。

10. [美]约瑟夫·奈著:《美国霸权的困惑》,郑志国、何向东等译,世界知识出版社 2002 年版。

11. [法]托克维尔:《论美国的民主》,董果良译,商务印书馆 1988 年版。

12. [美]J. D. 亨特著:《文化战争》,安狄等译,中国社会科学出版社 2000 年版。

13. [美]罗兰·罗伯森著:《全球化社会理论和全球文化》,梁光严译,上海人民出版社 2000 年版。

14. [英]安吉拉·默克罗比著:《后现代主义与大众文化》,田晓菲译,中央编译出版社 2001 年版。

15. [美]丹尼尔·贝尔著:《资本主义文化矛盾》,赵一凡、蒲隆、任晓晋译,三联书店 1989 年版。

16. [美]兹比格纽夫·布热津斯基著:《大棋局——美国的首要地位及其地缘战略》,中国国际问题研究所译,上海人民出版社 1998 年版。

17. [美]约瑟夫·汤姆森著:《全球化与文化》,郭英剑译,南京大学出版社 2001 年版。

18. [美]约翰·费斯克:《理解大众文化》,王晓珏、宋伟杰译,中央编译出版社 2001 年版。

19. [美]费瑟·斯通:《消费文化与后现代主义》,刘精明译,译林出版社 2000 年版。

20. [德]玛利昂·格莱芬·登霍夫著:《资本主义文明化?》,赵强、孙宁译,新华出版社 2000 年版。

三、外文原著

1. Alan Swingewood: *The Myth of Mass Culture*, London: Macmillan, 1977.

2. Macdonald:*Against the American grain*, Gollsncz,1962 .

3. A. Dorfman and A. Mattelart:*How to Read Donald Duck: imperialist ideology in the Disney comic*. New York,1975.

4. Edward W. Said: *Culture and Imperialism*, New York: Knopf,1993.

5. Brown & Gray: *Political Culture and Political Change in Communist States*, New York: Holmes and Meier Press, 1977.

6. David L. Hall and Roger T. Ames: *Anticipating China: thinking through the narratives of Chinese and Western culture*. Albany: State University of New York Press, 1995.

7. Francis Fukuyama: *The End of History and the Last Man*, New York: Free Press, 1992.

8. Dominic Strinati: *An Introduction to Theories of Popular Culture*, London; New York: Routledge, 1995.

9. Johan Storey: *Culture Theory*, London: Prentice Hall, 1998.

10. F. Jameson: *The Cultural Turn*, New York: Verso, 1998.

11. James Lull: *Popular Music and Communication*, Newbury Park & London & New Delhi: Sage Publications, 1992.

12. John Tomlinson: *Cultural Imperialism: A Critical Introduction*, London: Pinter Publishers, 1991.

13. J. Storey: *Cultural Theory and Popular Culture: A Reader*, New York: Prentice Hall, 1997.

14. Jongsuk Chay: *Culture and International Relations*, New York, 1990.

15. Pitman B. Potter: *The Chinese Legal system: globalization and local legal culture*, New York: Routledge, 2001.

后记

在各国经济和贸易相互依存、各民族文化相互交汇、相互激荡的全球化背景下，研究西方文化在我国当代经济转型社会的存在状态以及对青少年思想影响的问题，是一项很具开创性、挑战性和现实性的研究工作。因受自身学识、视野、社会调查广度和深度、分析研究能力等方面的限制，我们深知呈现于读者面前的这本书还存在诸多不足。抛砖于前，引玉于后，殷殷期盼方家学者能弥补我们之不足，将这项研究引向深入。

本书的出版，除得力于国家社会科学基金的资助外，还得力于人民出版社的大力支持和方国根编审、夏青编辑的辛勤劳动。我们还要特别感谢在课题研究过程中积极支持和参与调研工作的单位领导和老师，他们是成都七中王正可、深圳沙头角中学郭学全、上海延吉中学张引、北京六一中学廖小琴、重庆南开中学段自力和陈霓、重庆二十九中吴晓莉、重庆育才中学党中良、重庆市中心职业学校程序、中山大学张彦、四川大学王德全、重庆大学尹国华、西南师范大学杨劲以及肖世洪、李小红等。感谢西南师范大学和政法学院领导的关心和支持。本书的写作，参阅和借鉴了国内外众多学者的研究成果，这些学者及其成果名称已在注释和参考文献中一一注明，在此一并表示深深的谢意。

本书是课题组成员集体智慧的结晶。书稿各章的撰写者分别是:导言和第一章,董娅;第二章,董娅、袁莉娜;第三章,李国安;第四章,廖小明、邹绍清;第五章,胡建、董娅;第六章,石雪;第七章,李小娟、邓力;第八章,邓力。全书由董娅最后定稿。刘维在调查问卷制作和计算机统计与数据分析中做了大量繁复的前期工作。尽管课题的调查和书稿写作历经3年时间,其间数易其稿,但由于该书涉及多学科的知识理论,面对的社会现实又非常广阔和多变,把握起来有一定难度,诸多不足,敬请读者批评指正。

董　娅

2005年10月2日

责任编辑:夏　青
版式设计:顾杰珍

图书在版编目(CIP)数据

困惑与超越——西方文化与经济转型期的中国青少年问题研究./董娅　邓力主编.
-北京:人民出版社,2006.8
ISBN 7-01-005573-4

Ⅰ.困…　Ⅱ.①董…②邓…　Ⅲ.①文化—研究—西方国家②青少年问题—研究—中国　Ⅳ.①G11②D669.5

中国版本图书馆 CIP 数据核字(2006)第 048442 号

困惑与超越

KUNHUO YU CHAOYUE

——西方文化与经济转型期的中国青少年问题研究

董 娅　邓 力　主编

人民出版社　出版发行
(100706　北京朝阳门内大街 166 号)

北京瑞古冠中印刷厂印刷　新华书店经销

2006 年 8 月第 1 版　2006 年 8 月北京第 1 次印刷
开本:880 毫米×1230 毫米 1/32　印张:12.625
字数:290 千字　印数:0,001—3,000 册

ISBN 7-01-005573-4　定价:25.00 元

邮购地址 100706　北京朝阳门内大街 166 号
人民东方图书销售中心　电话 (010)65250042　65289539